O INIMIGO DO POVO

JIM ACOSTA

O INIMIGO DO POVO

UMA ÉPOCA PERIGOSA PARA DIZER A VERDADE

Tradução
Rogerio W. Galindo

Harper Collins
Rio de Janeiro, 2019

Diretora editorial: *Raquel Cozer*
Gerente editorial: *Alice Mello*
Editor: *Ulisses Teixeira*
Copidesque: *Ana Paula Martini*
Liberação de original: *Lucas Bandeira*
Revisão: *Carolina Vaz*
Capa: *Túlio Cerquize*
Diagramação: *Abreu's System*

CIP-Brasil. Catalogação na Publicação
Sindicato Nacional dos Editores de Livros, RJ

A167i

Acosta, Jim
O inimigo do povo : uma época perigosa para dizer a verdade / Jim Acosta ; tradução Rogerio W. Galindo. – 1. ed. – Rio de Janeiro : Harper Collins, 2019.
384 p. ; 23 cm.

Tradução de: The enemy of the people
ISBN 9788595086074

1. Acosta, Jim, 1971-. 2. Jornalismo – Aspectos políticos – Estados Unidos. 4. Liberdade de imprensa – Estados Unidos. 5. Imprensa e política – Estados Unidos. I. Galindo, Rogerio W.. II. Título.

19-58179 CDD: 323.440973
CDU: 32:070.13(73)

Leandra Felix da Cruz – Bibliotecária – CRB-7/6135

Rua da Quitanda, 86, sala 218 — Centro
Rio de Janeiro, RJ — CEP 20091-005
Tel.: (21) 3175-1030
www.harpercollins.com.br

Para H.O.P.

Sumário

Prólogo

"Estamos na CNN com notícias urgentes..."

Eu estava sentado dentro de um avião poucos minutos depois da decolagem quando o alerta de notícias apareceu nas telas de TV da aeronave. Era a manhã de 25 de outubro de 2018, e eu estava saindo do Aeroporto Nacional Ronald Reagan, em Washington, a caminho de São Francisco, onde daria uma palestra sobre a situação das empresas de comunicação no governo do presidente Donald J. Trump e receberia um prêmio oferecido pelo curso de jornalismo da Universidade Estadual de San Jose. Meu plano era aproveitar o voo para preparar a palestra, mas subitamente me vi grudado na tela à minha frente.

Viaturas do Departamento de Polícia da Cidade de Nova York cercavam o Time Warner Center em Columbus Circle, perto do Central Park. A sede da CNN estava sendo evacuada depois que um pacote suspeito foi descoberto na sala de triagem da correspondência do prédio. Uma bomba tinha sido enviada para a CNN em Nova York. O alvo era o ex-diretor da CIA, John Brennan, um crítico frequente de Trump. O artefato era semelhante a bombas que haviam sido enviadas para alguns dos principais adversários de Trump no Partido Democrata, incluindo o ex-presidente Barack Obama e a ex-secretária de Estado Hillary Clinton, rival de Trump na eleição de 2016.

Tudo se encaminhava para algum tipo de ato de violência, pensei.

Eu já temia que em algum momento a retórica do presidente levaria um de seus apoiadores a ferir ou até mesmo a matar um jornalista. E, quando isso acontecesse, os Estados Unidos passariam por uma espécie de mudança, entrando para a lista de países nos quais os jornalistas não se veem mais em segurança para falar a verdade. Talvez já tenhamos entrado nessa era, uma época perigosa para contar a verdade.

É claro, não havia absolutamente nada que eu pudesse fazer quanto a isso do lugar onde estava, preso a meu assento pelo cinto de segurança no início de um voo de cinco horas rumo ao norte da Califórnia. A única coisa que podia fazer era ver as imagens do terrorismo doméstico na minha minúscula TV de bordo.

Sim, para um repórter, há poucas coisas piores do que perder um grande evento como esse. Mas o "medo de perder um furo" não foi o que eu senti naquele momento. Eu estava furioso. Irado. O que estava acontecendo era um ataque terrorista à empresa de jornalismo para a qual eu trabalhava e, sem dúvida, à imprensa livre dos Estados Unidos.

A partir das vésperas das primárias no Iowa, em 2016, eu tinha coberto tanto a inconcebível ascensão de Trump ao poder quanto sua tumultuada presidência. Meus cinegrafistas, produtores e eu tínhamos coberto os comícios nos quais Trump demonizara a imprensa, chamando-nos de "nojentos" e "desonestos", até que, numa coletiva de imprensa antes de tomar posse, apelidou minha emissora e a mim de "fake news". Ouvimos os gritos de "A CNN é uma droga!" das multidões de apoiadores de Trump, vimos essas pessoas erguendo o dedo do meio para nós e ouvimos que éramos "traidores" e "escória". E, claro, quem poderia esquecer quando o presidente dos Estados Unidos disse que éramos "o inimigo do povo"?

A caminho da Califórnia, rasguei o texto original da palestra que faria para o pessoal na Universidade de San Jose e comecei do zero. Decidi que os estudantes iriam ouvir a verdade nua e crua sobre o que eu vinha testemunhando na cobertura de Trump. Eu tinha medo de que o presidente, como disse mais tarde para a plateia, estivesse colocando nossa vida em risco. Mas não era hora de recuar. A verdade, afirmei, era maior do que um presidente que agia como um bully. Nós estávamos lutando pela verdade, e não havia nada mais importante para defender.

Durante toda a campanha presidencial de Trump e em seus dois primeiros anos no poder, venho registrando anedotas, colecionando citações de fontes, escutando histórias de assessores do presidente e de pessoas que foram ou são ligadas a ele e compilando reflexões sobre aquele que é claramente o acontecimento político mais importante de minha vida. Em vários sentidos, é o evento que venho me preparando para contar desde que descobri que queria ser jornalista.

Tendo crescido nas proximidades de Washington, tenho a política no sangue. O *Washington Post* era entregue em minha casa toda manhã. Meus pais eram trabalhadores operários, mas minha mãe lia o *Post* de ponta a ponta todos os dias. Meu pai trabalhava em supermercados locais e chegava em casa contando que tinha encontrado gente como Dick Gephardt, ex-deputado do Missouri e candidato à Presidência pelo Partido Democrata. Quanto a mim, frequentei o ensino médio com a filha do senador Trent Lott. Eugene Dwyer, pai de meu melhor amigo, Robert, trabalhava no Departamento de Estado.

Ao contrário de muitos jovens jornalistas de hoje, fiz o caminho tradicional, começando no jornalismo local até chegar às redes e à TV a cabo. Ao longo dos anos, trabalhei em toda parte, de Washington a Knoxville, de Dallas a Chicago, aprendendo com grandes profissionais e cobrindo tudo que havia debaixo do sol. Estava em movimento constante, correndo da prefeitura para o tribunal e dali para a delegacia de polícia. Foi assim que comecei a cultivar fontes, conseguir furos e, acima de tudo, fazer reportagens usando toda a minha capacidade de ser justo e preciso.

Depois de algum tempo, a CBS News me deu uma tremenda oportunidade: trabalhar com gente como Dan Rather e Bob Schieffer. Cobri a Guerra do Iraque, o furacão Katrina e a campanha presidencial de John Kerry. Foi uma transição maravilhosa para mim, que me abriu um mundo imenso de possibilidades, mas foi a CNN que me deu o emprego que sempre quis, como repórter de política. Em 2008, cobri a épica batalha entre Barack Obama e Hillary Clinton. Em 2010, criei um nicho para mim mesmo cobrindo a ascensão do movimento Tea Party (uma tarefa que me prepararia para sobreviver aos comícios de Trump muitos anos depois). E, dois anos mais tarde, a rede me escalou para cobrir a campanha presidencial fracassada de Mitt Romney.

Depois da derrota de Romney, a CNN me transferiu para a Casa Branca, para cobrir o segundo mandato de Obama. "Obama sem drama", como ele era conhecido, passou por uma boa dose de drama em seus últimos quatro anos de mandato. O ataque em Bengazi, os problemas no lançamento do site do Obamacare, a ascensão do Estado Islâmico e o escândalo no Departamento de Assuntos de Veteranos foram todos desafios graves para Obama, que prejudicaram seu legado como o presidente que impediu uma segunda Grande Depressão e deu a ordem para a missão que matou Osama bin Laden. Na verdade, muitas das histórias que nos mantiveram ocupados durante o segundo mandato de Obama, como o Estado Islâmico e a incapacidade do presidente em fazer com que uma reforma nas leis de imigração fosse aprovada, colocaram em pauta alguns dos temas que Trump usaria para chegar ao Salão Oval.

Muito antes de se tornar candidato, Trump era um evento político nos noticiários da TV a cabo, em parte devido à sua lealdade ao movimento que questionava a nacionalidade de Obama, baseado numa teoria da conspiração segundo a qual o presidente não teria nascido nos Estados Unidos. Trump era um dos grandes defensores dessa afirmação falsa sobre o primeiro presidente negro do país. Com seu bem-sucedido reality show, *O aprendiz*, Trump já era uma celebridade, mas a conspiração relativa ao local de nascimento de Obama fez dele um nome forte nos círculos conservadores, já que começou a aparecer nos programas de TV para falar sobre sua forte suspeita de que Obama não era de fato americano. Foi vergonhoso.

O establishment de Washington, diga-se de passagem, não considerava Trump uma figura digna de ser levada a sério. E o presidente Obama desdenhava de seus ataques como se fossem agressões retóricas de um "apresentador de programa de auditório". Mesmo assim, eu me lembro de que a imprensa deu um destaque absurdo a essa mentira bizarra sobre o nascimento de Obama.

Quando Trump anunciou que concorreria à presidência, em junho de 2015, pouca gente na Ala Oeste da Casa Branca de Obama achou que ele teria chances de vencer. Para eles, Trump estava mais para piada do que para presidente. Hillary Clinton, eles estavam convencidos, seria a próxima presidente.

Não demorou muito para esse ponto de vista mudar.

No outono de 2015, quando Trump começou a arrastar multidões para seus comícios, lembro-me de participar de uma recepção fora da agenda no gabinete de Susan Rice, conselheira nacional de Segurança. (Era uma espécie de coquetel com os funcionários.) Uma alta autoridade me perguntou se eu achava que Trump tinha chances reais de vencer as primárias republicanas. Claro, eu disse. Veja a quantidade impressionante de gente que comparece a seus eventos.

O pessoal de Obama estava começando a prestar atenção, mas continuava plenamente confiante de que Hillary se tornaria a quadragésima quinta presidente. E não eram só eles, todo mundo pensava assim.

Depois do Discurso sobre o Estado da União de Obama em 2016, saí pelo portão da Casa Branca com uma nova tarefa no horizonte. Pelos dez meses seguintes, iria cobrir a campanha de Trump, desde as primárias em Iowa até a noite da eleição em Manhattan. Depois me hospedaria em um hotel em frente ao Central Park para o período de transição, até que, felizmente, poderia voltar para Washington.

Jamais vou me esquecer do que vi na campanha e do que testemunhei cobrindo a presidência de Trump. Mesmo agora, mais de dois anos depois da posse, continua sendo chocante lembrar de Trump, então candidato, dizendo que poderia parar no meio da Quinta Avenida, dar um tiro em alguém e se safar. Continua sendo chocante lembrar que ele zombou do cativeiro de um herói de guerra, como fez com John McCain, tirou sarro de um repórter com deficiência e definiu os imigrantes mexicanos sem documento como "estupradores" — e mesmo assim escapou do tipo de responsabilização que foi tirando os demais candidatos da corrida pela Casa Branca.

Além das táticas agressivas contra os rivais empregadas em sua campanha, Trump muitas vezes distorceu a verdade, mentiu e atacou as pessoas que o desmentiam, sobretudo a imprensa nacional. Os checadores de fatos do *Washington Post* catalogaram quase dez mil afirmações falsas ou enganosas em seus dois primeiros anos de mandato. Ele triunfou em meio a esse mundo de ponta-cabeça, esse mundo através-do-espelho, porque os fatos já não valem tanto quanto valiam. O falecido senador Daniel Patrick Moynihan disse certa vez: "Todo mundo tem direito à própria opinião, mas ninguém tem direito aos próprios fatos." É difícil dizer que as coisas continuam sendo assim. Hoje em dia, todo mundo tem seu próprio conjunto de fatos. O resultado: os fatos estão sob ataque, a todo minuto, todos os dias, em nosso espectro de comunicações fraturado — pense na Breitbart e na Fox News — e, é claro, nas mídias sociais. Tente fazer uma pergunta que o presidente não queira responder e você poderá ser rotulado de "fake news" ou de "inimigo do povo". Ou pior: uma autoridade do governo me apelidou, acredito que carinhosamente, de "inimigo público número um".

O mais difícil é compreender como tantos de meus conterrâneos americanos aceitaram e, em alguns casos, até mesmo adotaram essa degradação de nossa cultura política. Em resumo, os Estados Unidos mudaram bem diante de meus olhos. Vejo esse fenômeno nas ameaças de morte e nas mensagens violentas que surgem em meus perfis nas redes sociais. Pessoas que se dizem apoiadores de Trump deixaram incontáveis mensagens dizendo que eu deveria ser assassinado por todo tipo de método medieval. Os comentários postados em minhas páginas no Instagram e no Facebook sugerem que eu seja castrado, decapitado e incendiado. Por curiosidade, clico nas contas dos responsáveis por essas mensagens horrorosas. O ódio deles é do mesmo tipo que levou uma pessoa a enviar bombas para a CNN.

Sabendo que eu ainda teria algumas horas antes de o avião aterrissar em São Francisco, reclinei a poltrona e fiquei encarando a tela da TV, pensando sobre tudo que havia nos levado até aquele momento. Apesar do medo que sentia pelo que poderia acontecer com meus colegas e comigo mesmo — a ameaça da violência física agora parecia súbita e horrivelmente real —, eu sabia que não era hora de me deixar intimidar. Era hora de fazer as perguntas difíceis.

Eu me lembro de estar bebendo certa tarde com um funcionário veterano da Casa Branca que disse do nada: "O presidente é louco." Ele prosseguiu, confidenciando que, quando tomou posse, Trump não entendia a Constituição. Quais eram as regras para nomear pessoas para o primeiro escalão?, Trump queria saber. Por quanto tempo um ministro interino pode ficar no cargo? O funcionário estava frustrado com a ignorância do presidente, com seu comportamento. Muitos de nós estamos. Mas será que devemos botar em Trump a culpa por aquilo que presenciamos todos os dias? Ou será que, de vez em quando, seria bom olhar no espelho? Nós queremos que a situação de nossa política seja essa? Ao longo dos últimos dois anos, houve muita discussão sobre a possibilidade de termos permitido que o debate político descesse a um nível abaixo de todos nós. Há um coro crescente, não apenas entre os democratas e os progressistas, mas também entre os republicanos e os conservadores, de pessoas fartas da desintegração da decência em nossas eleições. Nas próximas décadas, o que iremos escrever em nossos livros de história para explicar o que aconteceu com os Estados Unidos?

A resposta: depende do que fizermos agora. Porque tudo está em nossas mãos.

Eu vi minha vida virar de ponta-cabeça cobrindo Trump. Seus ataques a mim e a meus colegas, a jornalistas dedicados e talentosos, têm consequências reais. Minha família e meus amigos se preocupam com minha segurança. Espero que, quando tudo isso acabar, o sacrifício tenha valido a pena. Não. Eu *sei* que terá valido a pena.

1

Molduras vazias

Quando a posse de Donald J. Trump como quadragésimo quinto presidente dos Estados Unidos se aproximava, havia em toda parte lembretes das mudanças dramáticas que o mundo estava prestes a sofrer. Em 19 de janeiro de 2017, eu estava na Casa Branca cobrindo o último dia do governo de Barack Obama. Mas o assunto já não era Obama; o momento dele havia acabado. O assunto era a chegada de Trump. E havia uma sensação de pavor na Ala Oeste da Casa Branca de Obama.

Naquele dia, o último antes de Trump fazer o juramento e começar a governar, decidi andar pelo corredor da Ala Oeste liberado para repórteres, que leva à área conhecida como "Alta Imprensa". É ali que está localizado o gabinete do secretário de imprensa da Casa Branca, e eu estava pelo local, tentando me despedir de algumas pessoas que tinham trabalhado para Obama. O último secretário de imprensa do governo Obama, Josh Earnest, já havia limpado as gavetas. Tinha ido embora. Eric Schultz, vice-secretário de imprensa de Obama, havia feito o mesmo. Schultz e eu tínhamos desenvolvido um bom relacionamento de trabalho durante o tempo em que cobri a Casa Branca de Obama.

Qualquer pessoa que conhecesse Eric sabia muito bem que ele tinha as próprias desconfianças em relação à imprensa. Ele achava que íamos muito atrás dos factoides de Trump, e estava certo. Schultz também gostava de me atormentar por causa da pergunta que fiz a Obama em uma coletiva de imprensa no encontro do G20 na Turquia em 2015. Foi ali que pressionei Obama pela incapacidade de seu governo em controlar a disseminação do grupo terrorista Estado Islâmico, que estava ganhando terreno no Iraque e na Síria, criando um califado que desestabilizava a região e era responsável por assassinar vários jornalistas estrangeiros.

"Por que não conseguimos pegar esses cretinos?", perguntei a Obama naquela coletiva.

Obama deu uma resposta detalhada, um pouco indiferente, quase clínica à pergunta. Apesar de todos os seus pontos fortes e sua inteligência, Obama parecia não ter compreendido a ansiedade da população em relação ao Estado Islâmico, algo que seus próprios assessores admitiriam para mim mais tarde. Na época, os funcionários da Casa Branca ficaram furiosos com a pergunta, e Schultz nunca me deixou esquecer que a equipe de Obama não gostou dela. Daquele dia em diante, Eric me enviava sempre por e-mail os relatos de vários êxitos da batalha que a Casa Branca de Obama vinha travando contra o Estado Islâmico.

"Pegamos um dos cretinos", ele me escrevia de tempos em tempos. Em parte, era brincadeira — ou pelo menos era o que eu achava —, mas também era um jeito de deixar claro que eu os havia irritado.

Nos dias que se seguiram à vitória de Trump, me encontrei com Eric em seu gabinete. Schultz estava com uma aparência inesquecível de angústia e privação de sono. Durante os preparativos para a campanha de 2016, nós tínhamos tido longas discussões sobre a sabedoria de Hillary Clinton na disputa pela presidência. Schultz, como muita gente na Casa Branca de Obama, estava desanimado, achando que Hillary havia estragado o que deveria ter sido uma vitória fácil. Todos eles sofreram uma derrota esmagadora. Todos eles se fiaram no senso comum profundamente arraigado em Washington de que Trump não tinha chance. Como era possível que o sujeito que havia feito a acusação risível de que Obama não havia nascido nos Estados Unidos se tornasse sucessor do primeiro presidente negro dos Estados Unidos?, perguntavam-se todos, apavorados. Como era possível que tudo terminasse assim?

Agora, ali na Alta Imprensa na noite de 19 de janeiro, eu via que Eric e o resto da turma de Obama tinham desaparecido das áreas de acesso da imprensa na Ala Oeste. Olhando em volta, eu só via paredes vazias, mesas vazias e um silêncio estranho. É algo que poucos americanos têm a chance de presenciar. Os assistentes de Obama tinham limpado as gavetas para partir. Era a transição de poder acontecendo. O velho sai e o novo entra. É assim que funciona a democracia.

Nenhuma imagem cristalizava melhor essa fria realidade do que as molduras penduradas no corredor da Alta Imprensa. Durante os anos de Obama, fotografias dos 44 presidentes e de suas famílias foram penduradas ali. Porém, na noite de 19 de janeiro, as molduras estavam vazias. As fotos de Barack, Michelle, Malia e Sasha Obama tinham sido retiradas. Ao longo das semanas seguintes, fotos de Trump e sua família preencheriam aquelas molduras. Até lá, elas seriam telas em branco.

Em certo sentido, todo novo governo é uma moldura vazia, e estávamos prestes a descobrir como Trump iria preencher a sua. Apesar de toda a fanfarronice na campanha, ninguém tinha como saber ao certo como ele governaria. Claro, algumas coisas eram fáceis de prever. A habilidade de Trump de jogar um grupo de americanos contra o outro, seu tom ameaçador em relação aos imigrantes e, sim, o modo como demonizava a imprensa e seus ataques à verdade também foram marcas registradas de sua ascensão ao poder. Trump era rude, na melhor das hipóteses; mas também podia ser ameaçador. Com seu estilo de gestão, a pergunta era clara: ele mudaria o cargo ou o cargo o mudaria?

Muitos especialistas e respeitados historiadores da presidência, talvez em função de uma ansiedade nacional, previram que o cargo que estava prestes a assumir transformaria Trump. Havia um sentimento de que o enorme peso da presidência dos Estados Unidos, com toda a sua pompa e circunstância, recairia sobre os ombros de Trump e faria com que ele se tornasse mais humilde, transformando o executivo de Nova York em um líder que todo americano pudesse admirar. Porém, como observou David Axelrod, estrategista de Obama por muito tempo, as campanhas presidenciais têm o condão de colocar uma lente de aumento sobre o caráter das pessoas — como uma "ressonância magnética da alma". A alma de Trump estava prestes a ser ampliada e projetada no cenário mundial. E as lições aprendidas com os momentos que antecederam 20 de janeiro de 2017 sugeriam que a nação estava às vésperas de um teste memorável e crucial.

Naquela noite de 19 de janeiro, acabei encontrando um último funcionário do governo Obama. Brian Gabriel, assessor de imprensa, me cumprimentou e comentou sobre a mudança inacreditável pela qual o mundo político estava prestes a passar no dia seguinte. Brinquei com Brian que ele praticamente era a Casa Branca. Foi difícil fazer com que abrisse um sorriso.

Enquanto eu conversava com Brian, passou por minha cabeça uma pergunta, que achei melhor fazer enquanto ainda tinha chance. O tratamento que Trump daria à imprensa me preocupou durante toda a campanha, por isso perguntei a Brian se ele se importaria de me contar um segredo.

"Vocês tinham como escutar nossas conversas nas áreas da Casa Branca reservadas à imprensa? Tem algum tipo de equipamento de escuta nas cabines?", perguntei, referindo-me às pequenas estações de trabalho preparadas para as redes de TV e os serviços de notícias nas áreas de imprensa da Ala Oeste.

"Não. Não que eu saiba", respondeu, com um olhar intrigado. Confesso que na época pareceu uma pergunta meio doida, mas a resposta dele meu deu certo alívio. Pelo menos o pessoal de Trump não teria uma infraestrutura pronta para nos espionar, pensei.

Às vésperas da presidência de Trump, eu tinha bons motivos para estar preocupado, com base no que havia visto na campanha. Como repórter cobrindo os governos anteriores, além de boa parte da campanha de Trump, minha suspeita era de que o cargo não o transformaria. Trump me parecia potencialmente despreparado para a Casa Branca. Nem ele nem seus principais conselheiros acreditavam em sua vitória. Mesmo assim, tinham se saído muito bem.

Duas noites antes do dia da eleição, eu estava na Pensilvânia e observei o sinal de que uma onda Trump estava se formando. Ele fazia um evento de campanha perto do aeroporto de Pittsburgh. A multidão era grande e barulhenta. Seus apoiadores eram tão leais que chegaram a vaiar quando uma música de Bruce Springsteen tocou nos alto-falantes. Eles não estavam gritando "Bruce"; estavam vaiando, talvez como reação ao fato de Springsteen ter se referido a Trump como um "imbecil" nas semanas anteriores à eleição.

Mas não foi essa a memória que ficou em minha cabeça. Foi quando o coordenador da campanha de Trump na Pensilvânia, David Urban, veio até mim e disse: "Vem comigo." Caminhamos até sair dali e fomos até a fila de gente que aguardava para entrar. Tinha facilmente mais de dois quilômetros.

"Você acha que isso tem cara de uma campanha derrotada?", perguntou Urban.

"Não, não tem", respondi. Era uma imagem impressionante. Um pensamento me ocorreu: se Trump ganhasse na Pensilvânia, Hillary estaria em apuros.

Na noite seguinte, cobrimos o último evento da campanha de 2016 de Trump, um comício em Grand Rapids com a participação de milhares de habitantes do Michigan usando bonés vermelhos nos quais se lia "Make America Great Again" [Faça a América grande de novo, ou MAGA, na sigla em inglês]. Trump disse que a imensa multidão não parecia exatamente destinada a terminar em segundo lugar. E estava absolutamente certo! Com as multidões que estava reunindo nos últimos dias de campanha, Trump não precisava da imprensa. O que aconteceu depois do último comício em Grand Rapids deixou isso claríssimo.

Embora o avião de Trump estivesse pousado bem ao lado do avião da imprensa, o candidato republicano se recusou a cumprir a antiga tradição de posar em frente à aeronave com os jornalistas que cobriam sua campanha. Uma das assessoras de imprensa que viajava com Trump, Stephanie Grisham, disse que ele não estava disponível. (Sei.) Decepcionados, entramos no avião da imprensa para o último trecho de viagem até Nova York.

Não era surpreendente que Trump removesse a imprensa da foto ao lado do avião. Ele havia passado boa parte do último ano nos atacando. Nós éramos, nas palavras dele, "nojentos", "desonestos", "escória", "ladrões", "canalhas", "mentirosos" e assim por diante. Trump simplesmente não nos suportava.

Eu já havia feito a cobertura de três campanhas presidenciais como enviado especial antes do surgimento de "Donald". Minha primeira foto de véspera de eleição com um candidato foi em 2004, com John Kerry, que perdeu. Jamais vou me esquecer daquele dia. Ao contrário de Trump, que viajava em seu avião particular (batizado pela imprensa de Trump Force One) e que não era o mesmo avião da imprensa, Kerry e os jornalistas viajavam todos no mesmo avião fretado (essa é a tradição da campanha, uma das muitas que Trump ficou feliz em quebrar). E, no dia da eleição de 2004, Kerry foi até a cabine da imprensa e nos entregou casacos vermelhos de lã. Todos tinham a inscrição "Kerry Edwards — Imprensa". (Um pequeno problema com os casacos: "Kerry Edwards" estava escrito num bordado branco brilhante. A palavra "Imprensa" estava quase ilegível num azul-escuro, tão escuro que, num posto de gasolina, depois da derrota de Kerry, um motorista olhou para meu casaco novo e disse: "Que pena, você perdeu." Ele não conseguiu ver que eu era um jornalista acompanhando a campanha.)

Ninguém achava que Trump nos mandaria um casaco. A campanha de 2016 estava chegando ao fim e não houve tempo dedicado à criação de um vínculo com ele, por isso não foi exatamente uma surpresa quando Trump decidiu deixar a foto de lado, uma última oportunidade, como candidato, para fazer as pazes com seu inimigo imaginário. Sem deixar nada ao acaso, a equipe de Trump organizou as coisas para que os dois aviões nem sequer aterrissassem no mesmo aeroporto, com a imprensa pousando em Newark, bem longe do lar do Trump Force One em La Guardia.

Fiquei chateado pelos repórteres mais novos, alguns com 20 e poucos anos, que tinham passado os últimos dezoito meses relatando a candidatura de Trump. Eu queria que eles tivessem aquela foto. Por isso, quando saímos do avião da imprensa em Newark às 3h30 da manhã no dia da eleição e começamos a nos arrastar em direção aos ônibus escuros e tristes à nossa espera, gritei para que todo mundo se juntasse na frente do avião. Faríamos a maldita foto.

Um de meus colegas tinha comprado um cartaz de cartolina com a imagem de Trump. Nós o posicionamos no meio do grupo e nos juntamos para a grande foto. E, com as lanternas dos celulares apontadas para nossos rostos para conseguir um pouco de luz, conseguimos uma belíssima foto, tirada no meio da noite em frente ao avião. Depois dos insultos e dos abusos de um candidato que atacava a imprensa sem parar, posar para aquela foto nos fez dar boas risadas.

Eram 4h30 da manhã do dia da eleição quando os repórteres que acompanharam a improvável, heterodoxa e inacreditável campanha presidencial de Trump chegaram, exaustos, meio bêbados e com o olhar turvo ao hotel preferido da imprensa em Manhattan, o JW Marriott Essex House.

Estávamos em fila, esperando pacientemente pelas chaves dos quartos, quando Reince Priebus, o presidente do Comitê Nacional do Partido Republicano, chegou. Priebus tinha se tornado um conselheiro em quem Trump confiava, permanecendo ao lado do magnata do setor imobiliário quando ele enfrentou maus momentos. Eu sempre gostei de Priebus. Um sujeito simpático do Wisconsin, ele era o articulador do Partido Republicano, falando sempre de forma descontraída com o partido e com a imprensa. Ele me parecia genuinamente humano, uma raridade no ninho de víboras de Washington.

O presidente do Comitê Nacional do Partido Republicano acompanhou Trump nos bons e maus momentos. Tinha feito seu dever comparecendo aos "programas" e lutou bravamente, insistindo contra todos os indícios contrários de que o ex-apresentador do reality show *O aprendiz* conquistaria a presidência.

Mas, falando em particular, Priebus estava menos confiante. No saguão do Essex House, ele veio direto em minha direção e disse: "Vamos precisar de um milagre para vencer." Priebus estava um pouco bêbado naquela manhã. Mesmo assim, eu mal acreditava no que estava ouvindo. Ele simplesmente tinha caminhado até mim numa certa letargia e pronunciado aquelas palavras. Por isso, deixei que ele falasse.

Priebus disse tudo o que os dados lhe mostravam: que a campanha de Trump perderia por uma pequena margem. Na cabeça dele, isso já era uma vitória.

"Você achou que a gente estava morto depois daquela história do *Access Hollywood*?", perguntou.

"Sim", eu disse. "Eu falei isso na TV." E tinha falado mesmo. No programa *The Situation Room with Wolf Blitzer*, no mesmo dia em que o áudio do *Access Hollywood* apareceu. No áudio, como a essa altura a maior parte do mundo já sabe, Trump foi pego dizendo, em meio a outras frases chocantes, que podia agarrar uma mulher "pela boceta" e se safar. Na época, falei que o áudio provavelmente significava o fim de sua campanha. "O fundo do poço": foi como descrevi o comportamento do candidato na gravação. Ah, eu não podia estar mais enganado.

Priebus repetiu: "Você achou que aquilo era o fim?"

"Sim", respondi, sem saber direito por que ele continuava me fazendo a mesma pergunta.

Depois começou a olhar pelo lado positivo, dizendo como a campanha de Trump tinha conseguido sair da beira do abismo e fazer com que as últimas semanas fossem competitivas. Seria uma eleição acirrada, não uma derrota devastadora. Eram coisas que faziam sentido, e era tudo verdade. Era disso que o presidente do Comitê Nacional Republicano, sem dúvida num momento de desespero, tanto em sua carreira quanto em sua vida, estava tentando se convencer. Como mencionei, eu gostava de Reince, e por isso me senti mal por ele.

Ele continuou falando, agora sobre sua impressão de que não havia chance de os Republicanos perderem a maioria na Câmara e de que poderiam manter o Senado. De novo, o presidente do Comitê Nacional Republicano, levemente embriagado, estava falando a verdade. Eu previa as mesmas coisas.

Depois disso, ele foi embora. Já havia desabafado.

Não preciso dizer que Priebus estava errado. Todos nós estávamos. Cinco dias depois, Trump anunciou que Priebus seria nomeado chefe de Gabinete da Casa Branca.

Nem de longe fui a única pessoa a quem Reince comentou sobre suas preocupações a respeito de Trump. O próprio quadragésimo quinto presidente havia escutado suas previsões pouco animadoras. Antes da eleição, Reince deixara claro, dentro da equipe de campanha de Trump, que na opinião dele o candidato do Partido Republicano estava com sérios problemas depois do escândalo do *Access Hollywood*. Depois de assumir, claro, Trump adorava torturar Priebus pela falta de fé que demonstrou na reta final da campanha. Reince ria, mas Trump jamais esqueceu. Claro, ele precisava de Reince para passar uma mensagem para o establishment republicano de que não transformaria Washington numa terra devastada. Trump, no entanto, jamais perdoa alguém que não demonstra lealdade. Priebus entrou na Casa Branca como uma mercadoria defeituosa aos olhos dele.

A noite da eleição foi uma experiência surreal. Lá estávamos nós, no salão de festas do Hilton em Midtown, e quase todos os que tinham acompanhado a campanha de Trump esperavam uma derrota humilhante do candidato do Partido Republicano. (Na verdade, estávamos combinando de sair para beber depois.) Nem os eleitores de Trump que estavam por ali pareciam convencidos. À exceção de um bolo em formato de Trump, a atmosfera não era exatamente comemorativa. Durante a maior parte da noite, o salão de festas ficou meio vazio. Então os resultados começaram a aparecer. Os estados penderam para Trump mais rápido do que se previa. Sua vitória na Flórida e na Carolina do Norte foi confirmada cedo, surpreendendo tanto analistas quanto gente de dentro da campanha. No Hilton começava a crescer um burburinho de que talvez Trump fosse se sair bem melhor do que os especialistas tinham previsto.

Não há necessidade de recontar minuto a minuto o que aconteceu. Todos nós lembramos. Mas foi uma cena impressionante. O salão de festas ficou cheio de eleitores de Trump torcendo. Alguns estavam atazanando os repórteres. Olhei para minha colega de cobertura, Katy Tur, da NBC News, que me devolveu um olhar de perplexidade. Minha colega da CNN, a repórter Sara Murray, que também cobriu a campanha de Trump, me mandou um e-mail dizendo "eu te disse". Sara de fato havia previsto que Trump venceria. Eu, equivocadamente, me recusei a aceitar que alguém podia se gabar de agarrar mulheres por seus genitais e se safar. Minha previsão parecia a mais segura.

Os resultados finais só chegariam na madrugada de 9 de novembro. A essa altura, o lugar estava apinhando de bonés MAGA. Olhando para a plateia, lembro-me de ter pensado que um novo movimento político ultranacionalista havia chegado aos Estados Unidos, diferente de tudo que eu tinha visto até então. Nesse momento surgiram Trump e sua família, junto com o vice-presidente eleito Mike Pence e o resto do entourage da campanha. Houve uma ausência de empolgação estranha na sala. Era quase como se as pessoas ali estivessem tão aturdidas quanto nós. Quando tudo acabou, eu me lembro de subir no palanque de imprensa e ir direto na direção de Pence, que eu havia coberto quando foi deputado por Indiana. Ele me disse que estavam prontos para começar a trabalhar. Não acreditei. Eles não faziam ideia do que tinha acontecido.

Quem me deu a real noção de como as coisas estavam dentro da campanha de Trump foi Jessica Ditto, que trabalhava na comunicação e que também estava no salão de festas naquelas primeiras horas da manhã. Dei parabéns a ela e a alguns outros funcionários da campanha que estavam por ali. Ditto respondeu de maneira ácida: "Bom, quem sabe agora a gente consiga uma cobertura melhor da mídia."

Um pensamento passou por minha cabeça: eles ainda estão ofendidos. Ainda estão irritados. Ocorreu a mim que a relação entre a imprensa e o novo governo continuaria tensa.

Eram quase 4h30 quando finalmente pus a cabeça no travesseiro no quarto do hotel. Eu não tinha jantado. Comi uma pequena lata de Pringles, tomei uma cerveja e apaguei. Meu telefone tocou umas três horas depois. Trump seria presidente, e o mundo todo estava começando a surtar.

A impressão era que aquele 9 de novembro iria durar para sempre. Depois de meu cochilo de três horas, saí para correr. Então voltei ao trabalho. Fizemos um vídeo para ser exibido no programa *The Situation Room with Wolf Blitzer* daquela noite. Não demorou para chegar a hora de entrar ao vivo no *Anderson Cooper 360*. Eu estava de volta à roda do hamster. O ritmo frenético da campanha não terminou em 8 de novembro. Na verdade, estava ficando ainda mais intenso.

Enquanto nos preparávamos para fazer nossa entrada ao vivo às oito da noite, algo inacreditável começava a acontecer. Milhares de pessoas marchavam pelas ruas de Manhattan, em direção à Trump Tower, dizendo: "Ele não é meu presidente!" Eu descia a rua Cinquenta e Sete Oeste, em direção à Quinta Avenida, e os manifestantes estavam em toda parte. A eleição de Donald J. Trump tinha terminado. Nascia a resistência a Trump.

Porém, essa nova força política era uma fonte instável de energia, não completamente dirigida ao presidente eleito. Enquanto eu me preparava para entrar ao vivo, com minha produtora, Kristen Holmes, e uma autoridade de segurança ao meu lado, o enxame de manifestantes começou a se aglomerar à nossa volta. Os integrantes do protesto estavam compreensivelmente com raiva. Muitos deles estavam furiosos, e nem todos eram amistosos conosco. Então comecei a ouvir o grito.

"A CNN elegeu o Trump!", gritavam alguns, parte deles diretamente para mim. Outras pessoas tinham a mesma percepção. Nós parecíamos ter dado muito destaque a Trump durante as primárias do Partido Republicano. A direção da rede admitiu isso mais tarde. Nós não o elegemos, mas, como gosto de lembrar a muitos eleitores de Trump, a imprensa como um todo deu um empurrão ao candidato republicano durante as primárias que nenhum dinheiro no mundo poderia comprar.

A hostilidade com que nos deparamos naquela noite parecia não ter limites e soava bastante perigosa. Assim que nossa entrada ao vivo terminou, os produtores do programa *Anderson Cooper 360* nos disseram para sair dali o quanto antes. Nosso segurança nos escoltou através da multidão e fomos embora. Depois de meses ouvindo insultos nos comícios de Trump, agora éramos alvo do outro lado. Era um sinal de como seria o novo mundo em que estávamos prestes a entrar. A eleição de Trump não tinha aliviado as tensões de nenhum dos lados; tinha jogado mais gasolina na fogueira. O país inteiro, tanto os eleitores de Trump quanto seus oponentes, estava nervoso, próximo da fúria.

Evidentemente, os Democratas tinham que parar para fazer uma boa reflexão. Como eu percebera de maneira muito clara durante a campanha, Hillary havia sofrido uma fadiga extrema, algo que acredito que os Democratas não compreenderam por completo na época. Foi um grande erro de cálculo, de meu ponto de vista, do Partido Democrata. Minhas interações com os assistentes de Obama dentro da Casa Branca revelaram que eles tinham uma enorme preferência por Hillary Clinton quando comparada com Joe Biden, apesar do fato de Biden simplesmente ser um páreo mais difícil para Trump. O vice-presidente, tendo em vista seu apelo ao americano comum, com sua pose de "tio Joe", teria facilmente roubado eleitores de Trump na classe operária, e provavelmente teria como manter a Pensilvânia, o Michigan e o Wisconsin com os democratas. O "Muro Azul" poderia ter resistido ao crescimento de Trump no final de outubro. Jamais teria existido o memorando de James Comey questionando o uso inadequado de Hillary de um servidor privado de e-mails para virar a maré onze dias antes da eleição.

O vice-presidente não era perfeito, é claro. Ele, às vezes, era sincero demais, algo que a imprensa amava. Eu me lembro de estar em uma festa de Natal na mansão oficial do vice-presidente, no Observatório Naval americano, no final de 2015. A casa estava cheia de repórteres e de articuladores de Biden. Ao contrário de Obama, que raramente se enturmava ou se misturava com repórteres, Biden gostava de falar com as pessoas em suas festas de fim de ano. Ele conversou com uma dúzia de repórteres por cerca de uma hora no fim da noite antes de nos expulsar. Estava avaliando a corrida presidencial. Ele parecia ocultar sua preocupação com Hillary Clinton usando seu velho senso de humor.

"Marco Rubio é o candidato mais carismático da disputa", disse-nos Biden. "Nos dois partidos", disse, numa aparente referência a Hillary.

"E Ted Cruz?", perguntou alguém.

"Aquele filho da puta", respondeu Biden. "Quer dizer, filho da mãe."

Os repórteres em volta caíram na gargalhada. Mas era o tipo de humor clássico de Biden. Ele tinha esse tipo de humor que podia fazer frente a Trump.

Embora Biden brincasse com a ideia de concorrer à presidência, ele simplesmente não conseguia reunir energia para organizar uma campanha. Tinha acabado de perder o filho, Beau, que morreu de câncer em agosto de 2015. Um membro do Partido Democrata tinha comentado sobre uma conversa que Biden tivera por telefone com membros do Comitê Nacional Democrata na época em que ainda estava decidindo se seria candidato. A certa altura durante o telefonema, Biden disse aos membros do partido que não sabia se tinha o "combustível emocional" para concorrer. Era Biden sendo Biden. Ele era franco. Mas estava exausto. O mesmo Biden que perdeu a esposa e uma filha num acidente de carro quando era jovem acabava de passar por outra tragédia.

Era demais pedir que Biden concorresse de novo. E a Casa Branca tinha deixado clara sua escolha. O pessoal de Obama queria Hillary. Era "a vez dela", foi o que disseram. Eles adoravam Biden na Ala Oeste, mas não havia muito apetite por uma candidatura dele.

Isso posto, derrotar Trump em 2016 deveria ter sido fácil. Não foi. O Partido Democrata desdenhara das chances de Trump, até mesmo rira dele, desde o momento em que entrou na disputa. Agora, de algum modo, ele tinha se tornado presidente.

Durante a transição para o poder, nos meses seguintes, Trump pareceu fazer pouco para unir o país. Em vez disso, fez o que fazia melhor: transformou grande parte da transição num reality show. Enquanto montava seu ministério e a equipe da Casa Branca, fazia com que candidatos a vários postos desfilassem pela Trump Tower. Mas o episódio de *O aprendiz de Trump — A transição*, que era o modo como eu via toda a coisa, que melhor cristalizou esse processo aleatório foi o tratamento dado pelo presidente eleito a Willard Mitt Romney.

Provavelmente seria excessivo me declarar uma autoridade em Mitt Romney. Mas cobri sua campanha presidencial em 2012. Romney fez uma campanha dura, respeitável, mas perdeu, e deu um segundo mandato a Barack Obama. Foi a segunda tentativa do ex-governador de Massachusetts de chegar à presidência e, durante um breve período em 2015, ele pensou em uma terceira candidatura. Mas, no momento em que a campanha de 2016 estava começando a esquentar, Romney deixou claro que não queria perder pela terceira vez. Isso o colocou numa situação estranha. Ele queria muito ser presidente. Membros de sua família estavam dispostos a lhe dar apoio caso ele decidisse concorrer. Mas Mitt, um ser humano absolutamente decente, domou suas ambições e ficou observando a eleição da arquibancada.

No entanto, ele não iria ficar em silêncio. Depois de ter tentado obter o apoio de Trump em 2012 (evento que cobri em Las Vegas), ele sentiu que precisava reparar esse erro. Romney, segundo disseram minhas fontes, se arrependia de ter pedido o apoio de Trump, aval que ocorreu num dia maluco — maluco tanto para o público, por envolver dois homens que não tinham como ser mais diferentes, quanto para mim, pois acredito que foi a primeira vez que Trump me atacou.

Trump participou do *The Situation Room* por telefone, como fazia com frequência na CNN e em outras emissoras, logo depois de minha entrada ao vivo falando sobre seu apoio a Romney. Minha reportagem focava na decisão de Romney de aceitar o apoio de Trump, apesar do fato de o executivo de Manhattan e apoiador confesso da teoria da conspiração quanto ao local de nascimento de Obama ser uma espécie de afronta aos bons modos do ex-governador do Massachusetts.

Depois que a reportagem acabou, Trump reclamou que minha entrada ao vivo parecia ter sido escrita pelo Partido Democrata.

Mais tarde, um funcionário do governo Obama me enviou um e-mail: "Por acaso o Trump acabou de falar mal de você?"

"Sim", respondi. Ainda estávamos a anos de distância das "fake news", mas era evidente que eu tinha irritado Trump.

Avançando para 2016, era como se Romney tentasse desfazer o apoio de Trump. Em um momento crítico no início das primárias republicanas, o ex-governador de Massachusetts ergueu uma enorme bandeira de alerta para o mundo. Em um auditório na Universidade de Utah, eu vi, perplexo, Romney fazer um longo e veemente ataque ao homem cujo apoio ele aceitara de bom grado outrora.

"Ele está tratando o público americano como um bando de idiotas", afirmou Romney. "Se ele conseguir uma carona para a Casa Branca, a única coisa que vamos ganhar é um boné sem graça."

O discurso do ex-governador foi um alerta brutal e inequívoco para a nação. Ali estava o candidato de 2012 do Partido Republicano, um sujeito que não podia ser mais gentil, descrevendo o possível candidato do partido como alguém que não era muito mais do que um palhaço de reality show. Romney, um sujeito cuja ideia de relaxar era abrir uma lata de Diet Cherry Coke, descrevia Trump como uma ameaça única ao mundo que fazia uso de uma fraude para chegar à Casa Branca.

Compreendi muito bem a sinceridade da mensagem de Romney. Como repórter que esteve em seu avião de campanha, eu vi o Romney que o restante dos Estados Unidos não tinha como conhecer de verdade. Duro e desajeitado nos eventos de campanha, ele podia ser engraçado e desarmar os repórteres em suas conversas espontâneas. A maior parte dos repórteres que acompanhavam a campanha dele o via como uma figura paterna admirável — mas, vixe (como o próprio Romney diria), ele era um candidato à presidência desastroso. Apesar de sua decência e de sua qualificação como executivo e governador, Romney era uma máquina de gafes. Hoje essas gafes parecem estranhas. E houve muitas durante a campanha de 2012:

"Eu gosto de poder demitir as pessoas."

"As corporações também são pessoas."

"Pastas de arquivo cheias de currículos de mulheres."

E assim por diante.

Nos comícios de Trump, quatro anos depois, o candidato ridicularizava Romney por sua derrota na disputa de 2012. "Ele tremeu como um cachorro", dizia. Romney "andava como um pinguim", brincava. Os republicanos que iam aos eventos de Trump adoravam. Riam da falta de jeito de Romney com uma crueldade que me pegou de surpresa. Os ataques de Trump não poderiam ser vistos como algo casual. Muitas vezes eram espasmos verbais que emanavam de um candidato que adorava incitar a plateia. Trump não cometia gafes. Ele atacava com insultos sinceros e, em muitos casos, simplesmente detestáveis. Ele usava esse sadismo com maestria.

No final das contas, o Partido Republicano não ouviu o alerta que Romney fez em Utah e, de certa forma, tinha razão para isso. Logo depois da eleição, até mesmo Romney parecia se curvar ao momento. Durante a transição para a presidência de Trump, Romney deu a entender que tinha interesse em ser secretário de Estado de Trump. Muita gente no

Partido Republicano achou que ele seria a pessoa perfeita para o cargo. Ele enquadraria Trump, alguns pensavam. Acalmaria os ânimos. Mas esse casamento improvável jamais aconteceu. O presidente eleito acabou preferindo humilhar Romney, esfregar na sua cara que ele, Trump, conseguiu fazer algo que o ex-governador de Massachusetts, igualmente bilionário (pelo menos no papel), não conseguiu.

Eu estava na sede da CNN em Nova York certa noite durante a transição quando recebi a informação de que Trump e Romney jantariam juntos na cidade. Um dos produtores dedicados a cobrir a campanha, Noah Gray, descobriu onde: no Jean-Georges, que fica no Trump International Hotel, perto dos estúdios da CNN, em Manhattan. Minha produtora e eu fizemos uma reserva para as 5h30 da tarde. Nós dois ficamos sentados no restaurante por duas horas, a conta ficando cada vez mais cara, até que Trump e Romney finalmente entraram. Ficamos enrolando até o momento em que chegaram. Não poderíamos ter dado mais sorte. Eles se sentaram numa mesa a uns cinco metros da gente.

Nós não apenas conseguíamos ver os dois conversando. Estávamos perto o suficiente para distinguir o que estavam comendo. A linguagem corporal era reveladora: Trump sentado com os braços cruzados como o cão alfa, enquanto Romney tentava fechar negócio. O presidente do Comitê Nacional Republicano e futuro chefe de Gabinete da Casa Branca, Reince Priebus, também estava à mesa.

A certa altura, Trump se virou e disse: “Olá, Jim Acosta.”

Fomos descobertos. Mas também éramos clientes e não havia nada que eles pudessem fazer quanto a isso. Entrei no ar ao vivo, falando ao telefone com Anderson Cooper, decidido a fazer um relato completo. Era um pouco exagerado fazer uma entrada ao vivo ali, num restaurante cinco estrelas, sobre um jantar estrelado pelo presidente eleito e por seu antigo rival? Talvez. Mas era um momento impressionante do teatro político, que permitia ao público vislumbrar aquele que poderia ser um instante de unificação do futuro governo Trump.

Caso Trump escolhesse Romney, ele daria um recado poderoso. Em certa medida, seria visto como alguém capaz de unir, de curar as feridas políticas do país. Mas, claro, Trump não é dado a uniões. O "secretário Romney" jamais existiria; o encontro era mera encenação. A imprensa fez várias fotos, e a imagem que circulou naquela noite mostrava Romney com cara de quem comeu comida estragada no jantar. Não foi um de seus melhores momentos.

Recebi respostas diferentes quando sondei funcionários veteranos do futuro governo para descobrir se a ideia de Trump e seu pessoal era humilhar Romney, mostrando esse sujeito absolutamente decente, mas derrotado, curvando-se ao próximo presidente. Uma pessoa com cargo importante insistiu que Trump de fato levou a hipótese a sério. Quando Trump estava saindo do restaurante, perguntei a ele se Romney seria o próximo secretário de Estado. Ele respondeu: "Veremos." E os dois foram embora.

Cerca de quinze minutos depois, vi Romney em frente a seu hotel a poucas quadras de distância. Estava parado na chuva, sozinho, segurando um guarda-chuva.

"Não tenho nada para você, Jim", disse ele.

"Claro", respondi. E deixamos por isso mesmo.

Vi aquilo como uma cena triste e tocante: um homem que, quatro anos antes, fora o candidato republicano à presidência parado sozinho na chuva. Nenhum agente do serviço secreto em volta. Nenhum séquito. Mitt Romney tentara alertar os republicanos a ficar longe de Trump e acabou indo parar na sarjeta.

As feridas abertas e expostas durante a transição só me deixaram mais cético em relação ao que ocorreria com a posse de Trump. Pense na manhã de 11 de janeiro de 2017, por exemplo. Faltando pouco mais de uma semana para a posse, o presidente eleito Donald J. Trump fez sua primeira e única coletiva desde a vitória na corrida pela Casa Branca (na verdade, a primeira desde o fim de julho de 2016).

Meu palpite era de que ele não aceitaria minhas perguntas, mas também pensei que poderia aceitar. Trump parece viciado em conflito. E eu, sem dúvida, havia tido meus momentos com ele durante boa parte da campanha de 2016.

Mesmo que Trump tenha reclamado de mim durante a campanha de Romney em 2012, a atitude dele em relação a mim azedou de verdade em 2016, durante uma coletiva de imprensa na Flórida, pouco depois de ele vencer as primárias na Carolina do Sul. Essa coletiva foi realizada, como em geral acontecia, numa propriedade de Trump, seu campo de golfe em West Palm. A configuração das cadeiras para a coletiva foi o primeiro sinal de problemas. Num imenso salão de festas decorado com candelabros dourados e todo tipo de detalhe exagerado à la Trump — havia retratos dele pendurados por toda parte —, os organizadores do evento tinham colocado aproximadamente vinte filas de cadeiras. As quinze primeiras, mais ou menos, estavam reservadas para convidados. No fundo da sala estavam os lugares da imprensa. Parecia que teríamos que gritar nossas perguntas *por cima* das cabeças dos convidados reunidos no salão. Isso claramente tinha sido feito com a intenção de limitar nossas perguntas àquelas que teriam a aprovação dos convidados.

Essa coletiva aconteceu depois do infame debate republicano em que Marco Rubio tirou sarro do tamanho das mãos de Trump. Trump, como todos nós tristemente recordamos, defendeu o tamanho de suas mãos no debate brincando que não precisava se preocupar com nenhuma outra inadequação correspondente (ou seja, o tamanho de seu pênis). Sim, chegamos a *esse ponto* em 2016. A cobertura da imprensa durou dias, com discussões sobre Trump ter defendido sua masculinidade em um debate. Trump não parecia preocupado por estar desonrando a instituição presidencial ao arrastar alegremente a discussão política da nação na lama.

O que leva à minha pergunta nessa coletiva. Perguntei a Trump exatamente isso: "É digno de uma campanha presidencial discutir o tamanho da masculinidade de alguém?"

"Você não devia ter feito essa pergunta", rebateu ele, claramente irritado.

Uma das convidadas, uma mulher sentada à minha frente, deixou registrada sua repulsa. "Que babaca", disse ela alto.

Porém, em seguida, Trump passou a defender o tamanho de suas mãos, descrevendo-as como grandes e belas. Chegou a pedir a um de seus amigos da primeira fila que comentasse sobre sua habilidade no golfe. Para deixar claro, não foi isso que eu perguntei. Depois ele respondeu à pergunta, prometendo ser a pessoa mais presidencial desde Abraham Lincoln.

Mesmo assim, o episódio prejudicou minha relação com a campanha de Trump. Mais tarde, em março de 2016, ele desmarcou de repente uma coletiva que tinha agendado para Mar-a-Lago na noite das primárias na Flórida, uma disputa que venceu de maneira arrasadora, tirando Rubio da eleição. Eu liguei para sua porta-voz, Hope Hicks, perguntando o motivo do cancelamento.

"Por quê? Queria perguntar de novo sobre o tamanho das mãos dele?", indagou ela sarcasticamente.

Também houve um desentendimento entre mim e Trump em maio de 2016, quando ele me chamou de "verdadeira belezinha". Trump estava dando uma coletiva na Trump Tower para responder a perguntas sobre suas doações, ou a ausência delas, a grupos de veteranos de guerra. Isso tinha a ver com a decisão do magnata do ramo imobiliário de não comparecer a um debate em Iowa alguns meses antes, preferindo organizar um evento para arrecadar dinheiro para a causa dos veteranos. Nos meses seguintes, começou a ficar claro que Trump não tinha sido tão generoso quanto dissera. Em maio, os repórteres faziam perguntas difíceis de responder. Onde estava o dinheiro que ele havia prometido aos veteranos? Com quanto Trump tinha contribuído? Ele odiava a investigação, mas adorava estar nos jornais.

Em uma entrevista coletiva na Trump Tower em maio, enquanto respondia às perguntas, Trump lançou mão de seu arsenal de frases cáusticas de efeito. Perguntei por que ele se incomodava tanto com as investigações que fazem parte da campanha presidencial nos Estados Unidos. A pergunta atingia de um de seus grandes pontos fracos: o temperamento. Trump poderia facilmente ter respondido dizendo: "Eu não estou preocupado com a investigação. Valeu pela tentativa, Jim. Próxima pergunta."

Em vez disso, claro, partiu para o ataque. "Eu já vi você na TV antes. Você é uma verdadeira belezinha", rosnou ele.

Não é preciso dizer que, quando chegou o momento de sua coletiva de imprensa antes da posse em janeiro de 2017, ele tinha uma boa ideia do que aconteceria quando me escolheu para fazer uma das perguntas.

Parte da razão para eu imaginar que ele evitaria minha pergunta era o fato de meus colegas da CNN terem acabado de revelar uma história importante, contando que o presidente eleito fora informado sobre a preocupação da comunidade de inteligência americana de que o governo russo teria informações comprometedoras sobre ele. Outro veículo de informação, o BuzzFeed, revelou parte das alegações lascivas, mas não comprovadas, do dossiê, que ficou conhecido como Dossiê Steele. A CNN não entrou nesses detalhes e concluiu que as informações não eram comprovadas e que, portanto, estavam além dos limites de um trabalho jornalístico justo.

Trump não estava gostando nada daquilo. Durante semanas, os democratas vinham alegando que ele já era um presidente ilegítimo, por ter perdido na votação popular para Hillary Clinton e por estar ligado a uma possível interferência russa nas eleições. Na época, havia dúvidas quanto a seus vínculos financeiros com os russos, mas não havia provas cabais de nenhum possível complô. A equipe de Trump via a história dos russos como mais uma tentativa de diminuir o novo presidente, tornando-o um candidato mais fraco para 2020. E Trump já estava pensando em 2020 — sim, antes mesmo de tomar posse. Por isso, decidiu que voltaria a uma de suas linhas favoritas de ataque na campanha: acusar a mídia, especificamente a CNN e o BuzzFeed, por terem noticiado o caso do Dossiê Steele.

O futuro secretário de imprensa de Trump, Sean Spicer, deu o primeiro tiro, descrevendo o trabalho da CNN e do BuzzFeed como "uma tentativa triste e patética de conseguir cliques". A acusação era particularmente frustrante para meus colegas na CNN, porque nós não tínhamos relatado os detalhes dados pelo BuzzFeed, por falta de provas à época. A CNN havia decidido, no entanto, que o simples fato de a comunidade de inteligência ter levado a Trump informações sobre os russos era notícia, e de fato era. Não havia como negar que esse era um desdobramento importante.

Porém, Spicer e a equipe de Trump decidiram botar CNN e BuzzFeed no mesmo pacote, numa tentativa de atacar a credibilidade dos veículos de imprensa em geral. "Apesar de toda a discussão recente sobre fake news, essa caça às bruxas política feita por algumas pessoas da imprensa se baseia em um trabalho de reportagem frágil e, francamente, é algo vergonhoso, uma desgraça", afirmou Spicer.

Preste atenção ao uso da expressão *fake news*. O ataque às "fake news" foi uma manobra cínica. A comunidade de inteligência dos Estados Unidos havia chegado à conclusão de que hackers russos tinham disparado uma enxurrada de "fake news" contra a campanha de Hillary Clinton num esforço para beneficiar Trump. A mais sinistra dessas histórias falsas acusava a campanha de Hillary de manter e explorar sexualmente crianças em uma pizzaria em Washington. Era uma mentira ridícula e revoltante, mas um sujeito maluco da Carolina do Norte acreditou tanto na história que apareceu armado no restaurante, causando um tiroteio. As fake news não eram algo apenas danoso. Eram potencialmente mortais.

Mas Spicer não foi o único a transformar as "fake news" no tópico do dia. O vice-presidente eleito, Mike Pence, continuou o ataque coreografado, referindo-se também às reportagens sobre a Rússia como "fake news".

"Hoje voltaremos a tratar de notícias verdadeiras, de fatos e do real progresso que nosso presidente eleito já fez para reavivar a economia americana e reunir uma equipe que vai fazer a América voltar a ser grande", acrescentou Pence.

Então, numa entrevista coletiva, o próprio presidente eleito elevou a retórica ainda mais. Primeiro, tentou dividir para conquistar, jogando um veículo de imprensa contra o outro. "Quero agradecer a vários veículos, alguns dos quais não me trataram muito bem nesses últimos anos — falo especialmente de um grupo pequeno deles — mas foram muito firmes no ataque a essas fake news e ao fato de elas terem sido escritas basicamente por um grupo e uma rede de TV", disse.

Minutos mais tarde, na coletiva, Trump usou a mesma linha de ataque. "Eu vi a informação; li a informação do lado de fora daquela reunião", disse, em referência ao Dossiê Steele. "É tudo fake news. Tudo inventado. Não aconteceu."

E mais uma vez...

"Bom, vocês sabem, o presidente Putin e a Rússia deram uma declaração hoje dizendo que essa fake news [o dossiê] é realmente uma fake news. Eles disseram que isso nunca existiu", disse Trump, confiando mais na palavra do líder russo do que nos jornalistas americanos e, inclusive, na comunidade de inteligência americana.

Mais tarde, Trump foi questionado por Major Garrett, da CBS News, se ele defendia um tuíte que havia postado comparando a comunidade de inteligência americana à Alemanha nazista. O presidente eleito acusara os líderes das agências de inteligência de vazar material para os grupos de mídia a fim de prejudicá-lo.

A palavra fake foi pronunciada mais uma vez.

Trump também ligou a CNN ao BuzzFeed, que chamou de "um monte de lixo imprestável". O BuzzFeed também tinha sido uma pedra no sapato de Trump durante a campanha, a ponto de ele banir os repórteres do site de seus eventos. Para ser justo com o BuzzFeed, muitos de seus repórteres são excelentes, e alguns deles foram contratados pela CNN.

O presidente eleito, junto a seu novo secretário de imprensa e ao vice-presidente eleito, tinha atacado frequentemente a credibilidade da CNN no período pré-eleitoral. Agora, na coletiva de Trump, eu estava pensando no que acontecia diante de nossos olhos. Ao atacar a CNN, Trump não só atacava a credibilidade de uma das maiores organizações da imprensa mundial, mas também dava início a um grave ataque contra a verdade. O fato de a comunidade de inteligência dos Estados Unidos ter alertado o presidente eleito sobre uma possível trama russa era inquestionável. Era algo que havia acontecido. Aquilo era uma tentativa de dizer às pessoas que alto era baixo, que preto era branco, que fatos eram mentira. E tudo isso estava acontecendo diante de nossos olhos.

Trump mentiu algumas vezes durante a eleição. A maior mentira de todas talvez tenha sido a promessa de construir um muro e fazer com que o México pagasse por ele, tendo em vista os frequentes esforços dele para que os contribuintes americanos pagassem pelo projeto. Ainda assim, havia muito mais na montanha de esterco que era seu discurso de campanha.

Ele acusou falsamente o pai de Ted Cruz de ser parte de uma conspiração para assassinar John F. Kennedy.

Questionou a validade do índice de desemprego americano, afirmando que a taxa devia estar acima de quarenta por cento, quando na verdade estava perto de cinco por cento.

Disse que tinha visto muçulmanos comemorando o ataque terrorista ao World Trade Center em 2001. Isso nunca aconteceu.

Disse ser contra a Guerra do Iraque mesmo tendo revelado em entrevistas anteriores que deu apoio à infeliz incursão militar do governo Bush.

Mentiu sobre a quantia em dinheiro que recebeu de sua família para montar o próprio negócio, dizendo que seu pai lhe dera apenas 1 milhão de dólares, uma fração do apoio financeiro que de fato teve.

Não é de espantar que Trump demonize a imprensa. Como Lesley Stahl, da CBS, certa vez contou a Judy Woodruff, da PBS, Trump lhe confidenciou que chama a mídia de "fake news" para que as pessoas não acreditem no que a imprensa diz.

Ali estávamos nós, sentados no saguão da Trump Tower, ouvindo o próximo presidente dos Estados Unidos jogando nosso nome na lama. Mas Trump simplesmente continuou fazendo o que fez ao longo da campanha: atacando o mensageiro. A mesma coisa que fazia nos comícios. Ao longo da campanha de 2016, ele nos chamou de:

Desonestos
Nojentos
Mentirosos
Escória
Ladrões
Sórdidos
Os piores

A acusação de "fake news" contra a CNN e o BuzzFeed feita na coletiva pareceu um evento coordenado. Como gosta de dizer, quando Trump apanha, ele revida dez vezes mais forte. Depois de ouvir essa crítica humilhante à empresa em que trabalho, e depois de meses ouvindo as plateias de Trump cantando "A CNN é uma droga!" durante a campanha, decidi que faria com que ele respondesse à minha pergunta. De um jeito ou de outro, eu precisava perguntar a Trump sobre os russos. Eles tinham algo contra Trump? E, talvez mais importante, pessoas ligadas a ele tiveram algum contato com os russos durante a campanha?

Por fim, tive minha chance. Durante a maior parte da coletiva, Trump vinha me evitando. Embora eu tenha falado "Sr. presidente" em voz alta e respeitosamente pelo menos uma dezena de vezes, ele escolheu outros repórteres para fazer as perguntas. Olhava para mim e balançava a cabeça como se dissesse: "Sem perguntas." Assim, eu tinha que tomar uma decisão: ou deixar que os ataques prevalecessem (e, desse modo, sairíamos daquela coletiva depois de ser mais uma vez alvo de seus abusos) ou poderia interromper a lógica da coletiva e tentar uma manobra que ele não tivesse antecipado.

Ali estava eu pensando: Trump tinha atacado a credibilidade da CNN. Tinha nos chamado de "fake news". Era justo que fizéssemos uma pergunta, ainda que eu tivesse que criar uma cena. Então, foi isso que fiz.

> ACOSTA: Já que o senhor está nos atacando, poderia nos deixar fazer uma pergunta? Sr. presidente...
> TRUMP: Sua vez [falando com outro repórter].
> ACOSTA: Sr. presidente, já que o senhor está atacando nossa empresa...
> TRUMP: Você não. Você não.
> ACOSTA: O senhor pode nos dar uma chance?
> TRUMP: Sua empresa é horrível.
> ACOSTA: O senhor está atacando nossa empresa, pode nos dar o direito de fazer uma pergunta? Presidente, posso...
> TRUMP: Quieto.
> ACOSTA: Sr. presidente, o senhor pode dizer...
> TRUMP: Ele está fazendo uma pergunta, não seja grosseiro. Não seja grosseiro.
> ACOSTA: O senhor pode nos conceder o direito a uma pergunta, já que está nos atacando? O senhor pode nos conceder uma pergunta?
> TRUMP: Não seja grosseiro. Não, eu não vou lhe conceder uma pergunta. Eu não vou lhe conceder uma pergunta.
> ACOSTA: O senhor pode afirmar...
> TRUMP: Você é fake news. Sua vez [de novo, para outro repórter].
> ACOSTA: Senhor, pode afirmar categoricamente que ninguém... Não, sr. presidente, isso não é adequado.

Balancei a cabeça. Não havia necessidade de ir adiante. Eu já havia deixado claro meu argumento. Em retrospectiva, queria ter dito algo além de "isso não é adequado". Mas era isso; tinha acontecido: um presidente americano contestara a integridade de uma organização de imprensa com uma frase de efeito bem parecida com o "Você está demitido" de seus tempos de *O aprendiz*.

Como um documentário da *Frontline*, da PBS, revelou mais tarde, em um episódio sobre a investigação da Rússia que foi ao ar no outono de 2018, eu afinal consegui fazer minha pergunta, apesar das frequentes interrupções de Trump:

"O senhor, um de seus assistentes ou alguma pessoa ligada ao senhor teve algum contato com os russos durante a campanha?"

Não é nenhuma surpresa que ele não tenha respondido.

Minha interrupção não foi bem recebida pela equipe de transição de Trump. Com o canto do olho, vi o principal estrategista do presidente eleito, Steve Bannon, indo em direção à equipe de segurança privada de Trump. Bannon queria que me tirassem dali à força.

Momentos depois, Sean Spicer foi em minha direção. Ele olhou para mim e disse que, se eu voltasse a fazer aquilo, seria retirado da entrevista coletiva. Para deixar claro o que estava dizendo, fez o gesto que um juiz de beisebol faz para expulsar um rebatedor. Se eu tentasse de novo, Spicer deixou claro, eu estaria fora.

Depois que a coletiva terminou, Spicer foi mais uma vez em minha direção e me deu outra bronca, insistindo que, ao interromper uma coletiva, eu havia ultrapassado o limite e que meu comportamento fora inadequado. Tentei apertar a mão dele, mas ele se recusou. Ele tinha um trabalho a fazer. Tinha que defender seu chefe. Mas eu também tinha um trabalho a fazer. Meu trabalho, naquele momento, era fazer uma pergunta ao presidente. Obviamente, era uma pergunta que Trump não queria responder.

Mas acabou respondendo. No final da coletiva, uma repórter da ABC News, Cecilia Vega, fez a mesma pergunta que eu tentara fazer: se alguma pessoa ligada ao presidente tinha tido contato com os russos durante a campanha. Mas a pergunta dela foi apenas a primeira metade de uma pergunta em duas partes. Trump respondeu à segunda metade da pergunta de cima do pódio, mas deixou de lado a parte sobre o contato com os russos.

Ele enfim respondeu, já caminhando para o elevador no final da coletiva. "Não", disse, saindo às pressas do saguão. Não houve tempo para fazer uma pergunta que aprofundasse a resposta. As portas do elevador tinham se fechado.

Como o mundo ficou sabendo muito tempo depois, catorze pessoas ligadas a ele e à sua campanha tiveram alguma forma de contato com russos durante a campanha. E, como a pergunta tinha sido feita, agora havia uma resposta de Trump gravada. Acontece que, por acaso, a resposta não era verdadeira.

Depois da coletiva de imprensa, percebi a magnitude do que eu tinha feito. No momento, havia agido simplesmente para tentar fazer com que Trump respondesse minha pergunta. Agora, saindo do saguão da Trump Tower, percebi que fizera algo que seria considerado bastante controverso: tinha me colocado como parte da história.

Eu estava curioso para saber o que meus colegas pensavam sobre aquilo. Primeiro, procurei a produtora que estava trabalhando comigo na coletiva da Trump Tower, Elizabeth Landers. Não vou me esquecer da cara dela: estava de queixo caído. Não sabia o que falar. Depois procurei meu antigo produtor, Matt Hoye, um amigo de longa data. Ele estava lá, como produtor de minha colega, a correspondente Sara Murray. "O que você achou?", perguntei.

"Foi ótimo!", disse.

Landers virou para mim e chamou minha atenção. Eu estava meio tonto com aquilo tudo. A CNN queria que eu entrasse no ar imediatamente. Repórteres de outros veículos tentaram me parar enquanto eu ia até a câmera. A pergunta era: por que você fez isso, Jim?

Então relatei ao vivo na CNN os fatos que tinham acabado de acontecer na coletiva. Expliquei que a CNN fora atacada pelo presidente. Merecíamos o direito a uma pergunta, afirmei. Infelizmente, Spicer levou as coisas para o lado pessoal. Em entrevistas posteriores para a rede de TV favorita da campanha de Trump, a Fox News, Sean me chamou de mentiroso e de "vergonha", exigindo que eu pedisse desculpas ao presidente por meu comportamento, que, segundo ele, foi desrespeitoso. Tentei ser elegante. Como expliquei mais tarde na CNN, não levei os ataques de Spicer para o lado pessoal. Na verdade, mencionei que conhecia Spicer havia anos e acrescentei que gostava dele, que o respeitava.

A CNN emitiu uma nota defendendo minhas tentativas de fazer uma pergunta na coletiva. "Ser persistente e fazer perguntas difíceis é o trabalho dele, e ele tem nosso total apoio", dizia a nota. Foi um alívio. É bom quando a empresa lhe dá apoio, ainda mais em algo tão grande.

A nota da CNN abordava algumas das críticas de Spicer e os problemas eventuais que o próprio futuro secretário de imprensa tinha com a verdade. "Como aprendemos em várias ocasiões, o fato de Sean Spicer dizer algo não quer dizer que aquilo seja verdade. Jim Acosta é um repórter veterano da maior integridade e de grande experiência na cobertura tanto da Casa Branca quanto do presidente", dizia a nota.

Aquele momento na Trump Tower, de certa forma, me colocou em rota de colisão com Spicer, um conflito que iria se repetir muitas vezes durante os encontros diários com a imprensa na Casa Branca. Quanto à exigência dele de que eu pedisse desculpas — lamento, mas não vai acontecer. Eu estava apenas fazendo meu trabalho. Além disso, não me lembro de Trump ter pedido desculpas por seu comportamento.

Naquela coletiva em 11 de janeiro de 2017, eu simplesmente tentei fazer uma pergunta. Sou um repórter. É isso que faço. E, como a imprensa tinha estado sob ataque durante a campanha de 2016, o que pensei foi: "Meu trabalho é fazer perguntas para gente do governo e, conforme o velho ditado, falar a verdade ao poder." Porém, depois da eleição de Trump, logo ficou claro que o dever da imprensa era ainda maior do que isso: nós precisávamos lutar pela verdade, porque, de repente, havia uma guerra. Por anos tínhamos feito nosso trabalho supondo que alguns fatos e algumas verdades são universais; neste governo, as coisas não eram mais assim. Tudo precisava ser questionado. Eu queria deixar claro que eles podiam nos atacar o quanto quisessem, podiam nos xingar do que quisessem. Mesmo assim continuaríamos em busca da verdade. E quando estivéssemos convencidos de que a tínhamos encontrado, daríamos a notícia. E não fake news. Notícias reais.

A história da Rússia era uma notícia real porque havia várias perguntas legítimas na época. Estaríamos sendo negligentes com nosso trabalho se não fizéssemos essas perguntas.

Os americanos pareceram concordar. Desde aquele momento na coletiva, espectadores passaram a falar comigo e me agradecer — no aeroporto, na estação de trem, no mercado. As mulheres me aplaudiam no salão de cabeleireiro. Estranhos me paravam na rua para pedir uma selfie. Um vizinho colocou uma garrafa de bourbon na minha caixa de correio. E não foi a única garrafa que recebi. Na verdade, de uma hora para a outra, eu tinha mais do que era capaz de beber.

Foi isso que senti na época, e sinto com uma força ainda maior hoje: não acho que repórteres devam ser o tema de reportagens. Foi assim que aprendi. Mas, naquela coletiva, eu me deparei com uma escolha. Devemos simplesmente aguentar os ataques de Trump? Ou devemos revidar e nos defender? É uma decisão difícil, com a qual os jornalistas se confrontaram várias vezes durante os dois primeiros anos de seu mandato. De meu ponto de vista, Trump representou um novo tipo de presidente, que exige um tipo diferente de estratégia da parte dos jornalistas.

Mas havia uma questão mais urgente naquele dia: o desdém de Trump pela verdade. O presidente estava questionando a validade de uma reportagem legítima. Trump sabia que não íamos acreditar nele, mas também percebia que milhões de seus eleitores aceitariam sua versão dos fatos. Espere um minuto, pensei naquele dia. Esse sujeito no pódio está prestes a tomar posse como presidente. Ele não pode fazer isso. Ele tinha deixado de ser o empresário impertinente que dizia coisas em que a maioria das pessoas acreditava, como os defensores de Trump o descreveram. Esse homem estava prestes a assumir o cargo mais poderoso do mundo.

Algo que tentei deixar claro naquela coletiva é que vale a pena defender a verdade. Ela é a força que mantém a ordem em nosso mundo — no fim das contas, é a única coisa que temos. O presidente eleito estava retirando essa força da balança. Trump, definido por Jeb Bush como "o candidato do caos", era ótimo em criar desordem. Como um funcionário bastante graduado da Casa Branca me falaria mais tarde, tudo isso era planejado.

"Ele usa a instabilidade como meio de governo. Vence ao tornar tudo à sua volta instável", explicou essa pessoa. Assim, Trump controla o caos.

Naquela infame coletiva de imprensa em Manhattan, Trump estava desestabilizando nossa noção coletiva do mundo real. O que era real foi rotulado como "fake". Trump havia negado a realidade várias vezes durante aquela campanha maluca. Mas que mal havia em um político novato fazer isso numa eleição?, era o que as pessoas pensavam. Agora era diferente. Agora era sério. Faltando menos de dez dias para a posse, uma imagem terrível surgiu em minha mente: estávamos à beira do abismo. Em 11 de janeiro de 2017, eu achava que Donald J. Trump havia declarado guerra não só à imprensa. Havia declarado guerra aos fatos. Nossa luta pela verdade começava.

2

A primeira mentira

O dia da posse finalmente chegou, e eu tinha um trabalho a fazer. Minha missão naquele dia era cobrir o presidente, no caso o presidente Donald J. Trump, a partir da Casa Branca — bom, para ser mais preciso, eu estaria no meio do Gramado Norte da Casa Branca. Sim, bem lá no meio, de onde faria minha entrada ao vivo relatando aquele que seria o primeiro de muitos dias surreais do atual governo.

Era estranho ficar ali. Normalmente a imprensa entrava ao vivo da "Praia de Cascalhos", o palanque preparado para a mídia, coberto por uma tenda no extremo oeste do Gramado Norte. Mas, naquele dia, a Casa Branca e o Serviço Secreto deram autorização para que trabalhássemos no meio do gramado da frente da Mansão Executiva, onde havia sido colocado um longo tapete azul ligando a porta da frente da Casa Branca ao palanque de honra construído para o Desfile de Posse. Essa posição invejável me permitiria observar os movimentos de Trump quando ele saísse do trajeto do desfile e caminhasse até a Casa Branca pela primeira vez como presidente.

Um pensamento me ocorreu: eu estava em posição gloriosa para fazer uma pergunta ao novo presidente.

Mas, antes mesmo de Trump chegar, já tínhamos uma notícia em nossas mãos. As arquibancadas ao longo do trecho para pedestres da avenida Pensilvânia em frente à Casa Branca estavam em grande medida vazias. Havia várias fileiras sem ninguém. Claro, havia milhares de pessoas ladeando o trajeto do desfile, mas a minha experiência na cobertura das posses de Barack Obama me dizia que esses lugares não deviam estar vazios. Trump notaria isso (qualquer um notaria). E, Trump sendo Trump, não ficaria feliz.

Os lugares vazios indicavam que ou a plateia reunida para a posse era muito menor do que a das duas posses de Barack Obama, ou o comitê encarregado da organização da posse tinha falhado ao não conseguir lotar aquelas arquibancadas — ou, talvez, um pouco dos dois. Essa imagem inequívoca das arquibancadas vazias, assim como as imagens de uma multidão em geral menor que as anteriores, se tornaria parte de uma história decisiva que estava prestes a ser revelada.

Apesar do tom sombrio do discurso de posse de Trump, em que ele falou que uma "carnificina americana" estava destruindo o país, o novo presidente estava de bom humor. Enquanto ele e a primeira-dama, Melania Trump, atravessavam o Gramado Norte, decidi perguntar — está bem, gritar — uma pergunta bastante tranquila. Pelo menos dessa vez, levantei para ele cortar.

"Como foi o dia, sr. presidente?", perguntei.

"Foi incrível", respondeu ele com um sorriso. Melania, que até aquele momento sempre tinha sido um rosto amigável, pareceu também estar genuinamente feliz.

Muitos colegas me mandaram e-mails me parabenizando por receber uma resposta de Trump. Que bom para você, Jim, alguns me disseram. Era um sinal, eles pensavam, de que haveria paz com a imprensa ou com a CNN, ou talvez apenas comigo. Mas, tendo feito a cobertura de sua campanha, eu sabia que aquilo era apenas Trump sendo Trump. Ele é capaz de ser encantador, mesmo com as pessoas que ele vê como oposição. Ainda assim, aquele era o dia dele. Era a posse dele. Não tem como eu gritar uma pergunta dura e me safar, pensei. O momento de fazer essas perguntas vai chegar. E chegou.

Na verdade, esse momento chegou muito antes do que qualquer um de nós poderia imaginar. Para muitos americanos que tinham votado contra Trump, as duas primeiras semanas do novo governo confirmaram que o pesadelo estava se tornando real. Embora eu achasse que tinha visto de tudo na campanha, houve alguns momentos chocantes até mesmo para mim. Na verdade, as duas principais controvérsias naquelas semanas, a guerra do governo contra a mídia e suas políticas duras contra a imigração, eram questões profundamente pessoais. E o surgimento delas num momento tão inicial ajudaram a dar o tom de como seria boa parte da minha cobertura nos anos que se seguiram.

Começou no sábado, 21 de janeiro, primeiro dia completo de Trump como presidente. Bastava olhar pelas janelas da residência da Casa Branca naquela manhã para que Trump visse e ouvisse que estava comandando uma nação dolorosamente dividida. O protesto em frente à Casa Branca era tão alto que se podia ouvir de dentro da sala do encontro diário com a imprensa. Portanto, Trump também podia ouvir.

Trump teria a oportunidade de ver com os próprios olhos um pouco dessa democracia em ação ao fazer seu trajeto rumo à Virgínia para o ponto alto de sua agenda naquele dia, uma visita à CIA, em Langley. Ele não estava feliz com a CIA na época. Trump culpava a comunidade de inteligência pelos vazamentos para a imprensa de informações comprometedoras que o governo russo poderia ter sobre ele, sem contar todas as histórias sobre a interferência do Kremlin a seu favor na eleição.

Mas o presidente estava agitado por outro motivo. Como faz com frequência, Trump tinha assistido ao noticiário naquela primeira manhã no cargo e ficou furioso com as reportagens informando que a multidão de sua posse, embora fosse decente, tinha sido bastante modesta quando comparada às últimas posses, especialmente as de seu desafeto, Barack Obama.

Mais tarde, Trump deixou clara sua mágoa em um discurso duro na CIA. De pé em frente a um memorial dedicado aos agentes falecidos da CIA, o presidente criticou severamente a imprensa, acusando os jornalistas de mentir deliberadamente sobre o tamanho de sua posse. "Fake news", gritou ele.

"É uma mentira", disse o novo presidente na CIA.

"Eu estou em guerra com a mídia", continuou, como se estivesse em um comício de campanha. "Eles estão entre os seres humanos mais desonestos do planeta." Para Trump, não havia diferença entre um ginásio de hóquei no oeste da Pensilvânia e o centro nervoso da comunidade de inteligência dos Estados Unidos.

"Tínhamos uma multidão imensa. Vocês viram. Lotado. Levanto hoje, ligo em um dos canais, e mostram um lugar vazio. Eu disse, espere aí, eu fiz um discurso. Eu olhei, parecia... parecia que tinha um milhão, um milhão e meio de pessoas. Eles mostraram um lugar em que não tinha praticamente ninguém."

Não era verdade, mas ele foi em frente.

"Francamente, parecia ter um milhão e meio de pessoas. Não sei o número, mas que seja. Tinha gente até no Monumento a Washington. E eu ligo e, por engano, vou parar nesse canal, e mostram um lugar vazio. Disseram que havia 250 mil pessoas. Olha, não seria ruim, mas é uma mentira. A gente colocou 250 mil pessoas literalmente na área à nossa volta — vocês sabem, no pequeno ginásio que construímos. Ali tinha 250 mil pessoas. O resto da área de vinte quadras, até o Monumento a Washington, estava lotado."

Eu sabia muito bem desde a época da campanha que Trump é obcecado com o tamanho de sua plateia. Ele reclamava em todo comício que os cinegras (o nome que o pessoal da TV usa para os operadores de câmera) em seus eventos não desviavam suas câmeras do palco para mostrar as milhares de pessoas que tinham ido assistir a seus discursos. Ele atormentava os repórteres se por acaso ousassem mostrar lugares vazios em suas matérias. Para Trump, o tamanho da plateia era tão importante ou mais do que qualquer coisa que um jornalista viesse a dizer sobre o conteúdo de seus discursos. Criticou sua retórica? Sem problemas. Disse que havia pouca gente na plateia? *Problemão.*

Ressuscitar tudo isso durante a visita à CIA era particularmente problemático. Com a população dividida quanto a seu novo presidente, Trump estava aumentando suas apostas nos ataques à mídia em um lugar sagrado — um local onde agentes da CIA são homenageados por seu sacrifício ao país, por defender a mesma democracia que deveria proteger uma imprensa forte e livre nos Estados Unidos. Para espanto de muitas pessoas na sala, e certamente de muitas pessoas no mundo, houve quem aplaudisse os novos disparos de Trump contra os jornalistas. Como tantos episódios que estavam por vir neste governo, era um fato a um só tempo chocante e perturbador.

Seja como for, o recado estava dado: essa era a CIA de Trump agora. Ele estava no comando de uma agência poderosa que, em tese, poderia ser usada para o mal. Era um lembrete desanimador para a imprensa, eu pensei, o fato de nossas liberdades estarem potencialmente em perigo. Mas Trump e sua nova equipe estavam longe de encerrar seus ataques raivosos contra a imprensa.

Naquele mesmo dia, o primeiro dia completo de Trump no cargo, repórteres da Casa Branca foram convocados até a Sala de Conferências para algum tipo de declaração do novo secretário de imprensa, Sean Spicer. Antes de ser designado como secretário de imprensa da Casa Branca, Spicer em geral era visto em Washington como um porta-voz confiável e até mesmo simpático do Comitê Nacional do Partido Republicano. Quase todo repórter da capital tinha os contatos de Sean em seu celular. Sean sabia ser amistoso. Gostava de sair para beber com repórteres. E mais importante, era solícito. Se você mandasse uma mensagem pedindo para confirmar algo, a não ser que estivesse irritado com você, ele normalmente respondia. Não estarei revelando nenhuma espécie de segredo de governo se contar que ele era minha fonte desde antes da campanha de 2016.

Portanto, não é de surpreender que a maior parte dos repórteres de Washington tenha dado um suspiro coletivo de alívio quando Spicer foi nomeado secretário de imprensa. Muitos repórteres, incluindo eu, achavam que Trump tinha feito uma boa escolha. Os jornalistas que cobriam o governo precisavam de algum tipo de canal para chegar ao presidente, e Sean parecia ser alguém que compreendia o papel importante do cargo ao fazer a ponte sobre o abismo colossal que existe entre o mundo de Trump e a imprensa.

Foi em seu primeiro dia que percebemos que estávamos enganados.

O desempenho de Spicer naquele dia, nem preciso dizer, foi memorável. Ficou claro que as coisas não iam bem quando fotografias da multidão que acompanhou a posse de Trump apareceram nos grandes monitores de tela plana da Sala de Conferências. Spicer, assim como o presidente, repreendeu a imprensa, acusando repórteres de mentir sobre o número de pessoas presentes à posse. Spicer afirmou enfaticamente que a multidão na posse de Trump foi a maior de todos os tempos.

"Foi a maior plateia a testemunhar uma posse até hoje, tanto pessoalmente quanto no planeta inteiro", disse aos repórteres. Ele acrescentou "no planeta inteiro" de maneira obviamente desonesta, como se a quantidade de pessoas que assistiu à posse na TV ou em seus equipamentos móveis de algum modo aumentasse a multidão que participou da posse de Trump. E aí veio outra ameaça, dessa vez do secretário de imprensa.

"Muito se falou na mídia sobre a responsabilidade de fazer com que Donald Trump responda por seus atos. E estou aqui para dizer que isso é uma via de mão dupla. Nós vamos fazer com que a imprensa também responda por seus atos", afirmou Spicer.

Depois de algumas observações acerca de outros temas, e sem aceitar perguntas, Spicer saiu da sala às pressas. Os sites de checagem mais tarde criticaram seu desempenho. "Mentira!", rugiu o PolitiFact. Spicer, vale dizer, disse mais tarde que seus comentários naquele dia foram um equívoco.

Eu estava sentado na cadeira da CNN, na primeira fila, ao lado do correspondente da Reuters na Casa Branca, Jeff Mason. Nós nos olhamos incrédulos e perplexos, tentando entender o que diabos tínhamos acabado de testemunhar. Momentos depois, entrei ao vivo da Sala de Conferências, como fiz tantas vezes durante o governo Obama. Mas essa era uma experiência nova. Não era assim que os encontros com a imprensa costumavam funcionar na Casa Branca de Obama. Nem de longe. Claro, o pessoal de Obama também sabia dourar a pílula, mentir e errar. Mas isso era diferente. Sean Spicer, o novo secretário de imprensa da Casa Branca, tinha acabado de pedir à mídia, e ao resto do mundo, que não acreditassem em seus próprios olhos; era incrível, mas estava pedindo que acreditássemos em Trump.

Depois de recuperar os sentidos, fomos trabalhar. Meu produtor naquele dia, Kevin Liptak, me ajudou a encontrar alguns fatos essenciais que desmentiam o discurso virulento de Spicer desafiando a verdade. Spicer disse aos repórteres que uma cobertura branca usada para proteger a grama do Mall tinha sido instalada pela primeira vez para a posse de Trump, o que dava impressão de haver menos gente presente na festa. Não. Isso era falso. Como descobrimos ao estudar os arquivos da CNN, a cobertura branca sobre a grama também foi usada na segunda posse de Obama. Spicer disse que foram usados magnetômetros e barreiras pela primeira vez no Mall, impedindo que milhares de pessoas comparecessem. Isso também era falso. Como descobriríamos no caso de outras afirmações que a Casa Branca continuaria a fazer, as bobagens que Spicer falou sobre a posse podiam ser facilmente checadas até mesmo via Google.

A apresentação de Spicer foi apenas a primeira onda de distorção da verdade. Kellyanne Conway, durante uma aparição em *Meet the Press* no dia seguinte, cunhou a expressão mais simbólica da era Trump ao tentar se livrar das perguntas que Chuck Todd fez sobre a apresentação de Spicer.

"Não seja tão dramático, Chuck. Você está dizendo que é uma mentira, e eles estão dando... Sean Spicer, nosso secretário de imprensa, ofereceu alguns *fatos alternativos* a isso", disse Conway.

Mas em entrevista em seu gabinete, com seu famoso traje vermelho, branco e azul da posse pendurado na parede ao lado da mesa em que estávamos sentados, Conway deu aquele que talvez seja até hoje seu comentário mais longo sobre a controvérsia, explicando para mim que ela fundamentalmente se expressou mal naquele dia.

"'Fatos alternativos' foi um erro. Eu queria dizer 'informações alternativas e fatos adicionais' e misturei tudo. Jamais tive a intenção de soar orwelliana ou de justificar mentiras. As pessoas que continuam dizendo isso e usando a expressão nesse sentido são mentirosas", explicou, ressaltando alguns dos fatores que tiveram impacto no tamanho da multidão, um assunto que ela confessou desgostar.

"Você podia ver, era como se eu estivesse balançando a cabeça. Eu realmente queria dizer o que estava pensando — que Spicer tinha se baseado em informações alternativas e fatos adicionais. E com isso ele quis dizer que há cada vez mais maneiras de se assistir à posse sem ter que pagar o custo de vir a Washington e estar presente fisicamente no meio da multidão. Hoje usamos telefones e outros dispositivos pessoais. A previsão era de chuva. Foram colocadas barreiras e havia alertas de segurança e acesso", continuou, admitindo basicamente que foi um erro.

"Sei que parece ingênuo", disse ela.

Isso fez muitos repórteres se lembrarem do que Scottie Nell Hughes, ex-integrante da campanha de Trump e ex-colaborador da CNN, disse a Diane Rehm, da National Public Radio, poucas semanas depois da eleição de 2016: os fatos já não são mais fatos.

"Uma coisa que foi interessante observar nessa campanha é que as pessoas dizem que fatos são fatos — eles não são exatamente fatos", disse Hughes numa frase célebre. "Infelizmente, já não existem mais fatos."

Essa atitude estava alinhada com algo que ouvi inúmeras vezes de uma de minhas fontes dentro da campanha de Trump e que se tornaria uma valiosa fonte de informação de dentro da Casa Branca. "A verdade é um alvo em movimento", dizia às vezes essa fonte.

Um tema perturbador emergia rapidamente.

Olhando em retrospecto, a mentira inicial sobre o tamanho da multidão na posse mal tem importância. Mais adiante, a vida das pessoas seria bem mais impactada por outras fraudes, com consequências bem maiores. Em última instância, porém, esse primeiro debate sobre o tamanho da multidão foi importante na época e continua a importar hoje, principalmente porque foi a primeira mentira do governo. É claro, Trump tinha mentido inúmeras vezes na campanha, mas aqui, em seu primeiro dia no cargo, quando estava totalmente no controle da função, nós compreendemos que ele usaria o poder da presidência para continuar a subverter a verdade quando fosse conveniente para seus propósitos — mesmo que isso significasse brigar por fatos que podiam ser facilmente desmentidos. Afinal, era possível ver em fotos liberadas mais tarde para o público que a multidão na posse de Trump em 2017 era menor do que a que compareceu às celebrações de Obama em 2009 e 2013. Com essa ficção, porém, Trump estava anunciando que engendraria sua própria realidade, não importava o que nossos olhos dissessem. Como ficamos sabendo dias depois, ele chegou a chamar o chefe do Serviço Nacional de Parques para reclamar da maneira como a agência lidou com a controvérsia a respeito do tamanho da multidão. Um funcionário do governo Obama que trabalhava para o Departamento de Interior me alertou pelo telefone, mas não consegui confirmar antes de o *Washington Post* dar a história. Tendo em vista o comportamento de Trump, o funcionário estava com medo de falar em público. Não dava para culpá-lo. O jornal *Guardian* revelou mais tarde que um fotógrafo do Serviço Nacional de Parques tinha recortado espaços vazios de fotos da posse de Trump, numa tentativa de agradar autoridades da Casa Branca, incluindo Spicer. A recusa de Trump em acreditar na realidade aquele dia deu imediatamente o tom tanto de sua falsidade quanto dos confrontos com a imprensa que se seguiriam.

Spicer, por sua vez, viria a se arrepender do modo como lidou com uma questão trivial como essa. Em seu primeiro encontro com a imprensa, ele destruiu sua credibilidade. Mentiu na cara dura, algo que repórteres nunca esquecem. Mais importante, Spicer assumiu o padrão de Trump de atacar a ideia de verdade objetiva. Foi um espetáculo devastador. Em retrospecto, a primeira apresentação de Spicer na Sala de Conferências foi um sinal de que ele simplesmente não era a pessoa certa para a função.

Ficar em um púlpito e mentir descaradamente para a imprensa é marca de déspotas e ditadores. Francamente, parecia mais o tipo de coisa que teria acontecido no país natal de meu pai, Cuba. Consigo imaginar tranquilamente uma manchete semelhante no jornal estatal cubano: *Fidel Castro reuniu a maior multidão hoje. Foi enorme!* Essa percepção era perturbadora.

Meu pai nasceu em Havana, Cuba, em 1950, e foi criado numa cidadezinha perto da capital chamada Santa Maria del Rosario. No outono de 1962, quando tinha apenas onze anos, ele foi embora de Cuba. Minha tia Anabel, que fugiu da ilha antes de meu pai e da minha avó, estava morando em Miami. Lendo as manchetes dos jornais sobre as crescentes hostilidades entre Fidel Castro e os Estados Unidos, ela e outras pessoas da família acharam que era hora de levar meu pai e minha avó para os Estados Unidos. Assim, em 29 de setembro de 1962, meu pai e a minha avó fugiram de Cuba. Desembarcaram em Miami com as proverbiais roupas do corpo. Três semanas depois, a Crise dos Mísseis Cubanos deixaria o mundo muito próximo de uma guerra nuclear, alterando para sempre as relações entre Estados Unidos e Cuba e tornando a chegada do meu pai um exemplo impressionante de algo que aconteceu na hora certa.

Essa história da chegada do meu pai aos Estados Unidos teve uma grande influência na minha infância. Quando menino, eu era fascinado por Cuba — não só pela Cuba em que ele foi criado, mas também por aquela que deixou para trás. Como jovem jornalista, acredito que isso me fez ter um apreço ainda maior por liberdade de expressão e imprensa livre. Elas continuaram sendo o pano de fundo de grande parte da minha trajetória profissional, moldando a minha ideia sobre por que era tão importante fazer perguntas difíceis, contundentes. As perguntas difíceis têm que ser feitas não só porque desafiam nossos líderes, mas também porque temos a sorte de morar em um lugar que nos permite fazê-las.

Minha ideia de que é preciso falar a verdade para os poderosos se cristalizou na minha viagem a Cuba com o presidente Obama em 2016, quando os Estados Unidos restabeleceram laços diplomáticos com a ilha. Numa entrevista coletiva histórica que contou tanto com Obama quanto com Raúl Castro, tive a oportunidade de perguntar ao líder cubano sobre a prática do país de manter presos políticos. Castro ficou tão surpreso com a pergunta que tirou do ouvido o fone do intérprete e me deu uma bronca. A expressão de Obama era impagável — tipo "Que droga, Jim". Um dos meus colegas da CNN perguntou brincando como eu estava planejando minha fuga da ilha. Mas, na minha cabeça, a única coisa a fazer era pressionar Castro a respeito dos direitos humanos em Cuba. Ben Rhodes, vice-conselheiro de Obama para a segurança nacional, que fora responsável por conseguir o encontro diplomático entre Estados Unidos e Cuba, estava sentado algumas fileiras atrás de mim. Ele me passou seu BlackBerry com uma mensagem dizendo que estava feliz por meu esforço de pressionar os cubanos a melhorar.

Em parte por ter passado tanto tempo pensando em Cuba durante a infância e a adolescência, eu entendia a importância de ter uma democracia realmente funcional que valoriza a imprensa livre. Afinal, eu não precisava olhar muito para trás para dar valor àquilo que os Estados Unidos tinham feito por mim e por minha família. Temos nos Estados

Unidos direitos e liberdades que vêm sendo negados ao povo cubano há décadas. Isso significa que somos livres para questionar nossos líderes sem temer retaliações. Claro, tenho orgulho de minhas raízes cubano-americanas, mas não quero que os Estados Unidos fiquem mais parecidos com Cuba.

Pensei muito em Cuba durante aquelas primeiras semanas do governo Trump, no que significava viver numa ditadura. Era difícil imaginar nossas instituições sendo enfraquecidas a esse ponto; porém, depois do desastre da entrevista coletiva de Spicer, eu estava começando a ficar preocupado. Afinal, a democracia americana é tão forte quanto a disposição das pessoas em ser responsáveis por seus atos.

Além dessa guerra inicial com a mídia, Trump se concentrou em outra questão urgente em sua primeira semana no cargo: a imigração, tema que o havia catapultado para o primeiro time dos pré-candidatos republicanos durante a campanha de 2016. Como gosto de dizer, os inimigos de Trump quando ele chegou ao cargo podem ser descritos como "os três Ms": os muçulmanos, os mexicanos e a mídia.

Trump deu início à sua campanha com aquele que muitos críticos dizem ter sido o mais evidente ato de racismo de um político no cenário nacional nesta geração. Em seu discurso na Trump Tower em 16 de junho de 2015, quando desceu aquela escada rolante e começou a virar o establishment político do Partido Republicano de cabeça para baixo, o magnata do setor imobiliário de Manhattan estereotipou os imigrantes mexicanos como estupradores e criminosos.

A maior parte dos repórteres é capaz de recitar de cor a fala que contém "Eles são estupradores", mas Trump foi mais longe naquele discurso. Fez uma caricatura similar dos árabes e dos muçulmanos, dizendo que a imigração vinda do Oriente Médio "tem que parar o quanto antes", dando um vislumbre do que viria a seguir.

Mais tarde na campanha, em um comício em Mount Pleasant, na Carolina do Sul, Trump leu um trecho de uma nota escrita por sua campanha naquele dia. "Donald J. Trump defende o encerramento completo da entrada de muçulmanos nos Estados Unidos até que nossas autoridades consigam descobrir que diabo está acontecendo", declarou ele, arrancando aplausos da multidão.

Trump sabia exatamente o que estava fazendo. Ele estava essencialmente indo aonde nenhum político americano decente, fosse democrata ou republicano, ousaria ir. Ali estava um importante candidato presidencial republicano dizendo aos americanos que não havia mal em dar ouvidos a seus preconceitos e aos temores que tinham em relação aos muçulmanos. A tolerância não lhes traria segurança, insistia Trump. Ele traria. Trump, como fazia com tanta frequência, estava semeando a divisão e, sim, o ódio. Mas ninguém achou que isso iria funcionar a longo prazo. Ele estava conquistando ganhos políticos de curto prazo com uma retórica acalorada, claro, mas não tinha como esses ganhos se sustentarem. Era uma dessas áreas em que (olhando em retrospecto, claro) constatamos que estávamos todos errados.

Em 27 de janeiro de 2017, pouco mais de dois anos depois de anunciar, em campanha, que baniria os muçulmanos, Trump transformou seu preconceito em política, assinando uma ordem executiva que barrava pessoas de sete países predominantemente muçulmanos de entrarem nos Estados Unidos. Com uma canetada presidencial, todas as pessoas vindas de Irã, Iraque, Líbia, Somália, Sudão, Síria e Iêmen — ou aproximadamente 218 milhões de pessoas — foram impedidas de colocar os pés em solo americano. Foi outro momento de perplexidade para os americanos. Numa nação fundada em uma Constituição que se opunha ao estabelecimento de uma religião oficial e cujo sistema de justiça proibia estritamente a intolerância religiosa, Trump tinha dado início a uma política que visava discriminar pessoas da fé islâmica.

"Os Estados Unidos não podem e não devem admitir aqueles que não apoiam a Constituição, ou aqueles que colocariam ideologias violentas acima da lei americana", afirmou ele em sua ordem executiva.

Assim como tinham saído às ruas logo depois de sua posse, manifestantes iam agora aos aeroportos do país para lamentar o banimento de Trump. Mal implementado como foi, o banimento causou caos, à medida que dezenas de pessoas, muitas delas cidadãs americanas, chegavam aos terminais para esperar parentes que já estavam a caminho dos Estados Unidos vindos dos países incluídos na ordem executiva de Trump. Avós e netos que tinham decolado acreditando que teriam permissão para entrar no país chegaram aos Estados Unidos sob risco legal. As pessoas choravam enquanto esperavam aqueles que amavam e que tinham sido barrados, tiveram que dar meia-volta e foram enviados de volta para seus países de origem.

"Foi totalmente caótico, uma bagunça", disse uma autoridade da Casa Branca sobre os desdobramentos do banimento.

Essa autoridade colocava a culpa no novo estrategista-chefe da Casa Branca, Steve Bannon, por colocar o banimento e outras políticas nacionalistas na agenda de Trump nos primeiros dias de governo. Antes de trabalhar na campanha de Trump, e antes de sua chegada à Casa Branca, Bannon era o conservador radical que comandava o site Breitbart, um porto seguro para nacionalistas que gostavam de disseminar o medo.

"Havia muita gente que não estava prestando atenção no que estava sendo feito, e algumas pessoas faziam duas coisas contraproducentes. Por um lado, fomentavam o medo e impunham sua própria agenda. Por outro, fingiam que tinham sido eleitas para governar", disse essa autoridade.

Esse caos, é claro, acabou atingindo a Casa Branca, onde algumas autoridades, como o secretário de imprensa da Casa Branca, Sean Spicer, também estavam despreparadas para o problema. Houve, no entanto, outro assessor de primeiro escalão do presidente que pareceu estar bem mais no controle dos fatos, que se desdobravam rapidamente, do que o público foi capaz de compreender na época.

Esse indivíduo misterioso era ninguém menos do que o conselheiro de políticas públicas Stephen Miller, que rapidamente se tornaria um nome familiar na Casa Branca de Trump. Miller era bem conhecido em Washington. Antes de trabalhar para Trump, foi um assistente leal e pouco conhecido de Jeff Sessions quando o republicano do Alabama estava no Senado, antes de se tornar procurador-geral de Trump. Quando trabalhava para Sessions, Miller era o sujeito que enviava e-mails aos repórteres todos os dias com os assuntos mais recentes da agenda anti-imigração do senador. E, quando Sessions embarcou no trem de Trump, Miller também foi a bordo, como autor de discursos. Trump adorava os floreios linguísticos bombásticos de Miller durante a campanha a ponto de pôr de vez em quando Miller para fazer discursos para esquentar a plateia nos comícios, permitindo que um funcionário do baixo clero ganhasse certa fama na campanha. Era uma imagem intrigante. Lá estava Miller, em vários comícios de Trump, preparando a plateia, principalmente com sua retórica estridente anti-imigração. Eu me lembro de pensar: como esse ex-assessor de um senador acabou como animador de plateia nos comícios de Trump? Outros repórteres que cobriam Washington e observaram o fato tiveram exatamente a mesma reação. Aquele é o Stephen Miller? Lá no palco? Falando em nome de um candidato a presidente? Nos bastidores, Stephen era o defensor das políticas anti-imigração. Quando outro veículo informou que Trump estava hesitando em sua promessa de construir um muro na fronteira, Miller me garantiu que uma barreira impenetrável seria construída na fronteira entre Estados Unidos e México. Ele foi enfático, como se estivesse falando de algo cem por cento garantido.

Miller foi um dos principais arquitetos do banimento, elaborando a política, mas responsável também por seus desdobramentos imprevisíveis. Uma fonte graduada do Congresso, do Partido Republicano, me disse que era impossível trabalhar com Miller no assunto da imigração.

Ele fazia grande parte de seu trabalho sujo nos bastidores, em ligações para assessores de congressistas e para pessoas ligadas a Trump que achavam que o ex-assessor do Senado estava fundamentalmente perseguindo um "sonho" anti-imigratório, nas palavras de um conselheiro da Casa Branca. Miller sabia exatamente o que estava fazendo, do ponto de vista de políticas públicas — na verdade, naqueles primeiros dias, talvez fosse uma das poucas pessoas no governo Trump que sabiam. A impressão era de que havia chegado à Casa Branca para munir seus preconceitos de armas, e o banimento às viagens foi sua primeira missão. Se houve confusão na Casa Branca quanto à severidade do banimento e às motivações por trás da ordem executiva, foi simplesmente porque as pessoas não perguntaram a Stephen Miller. Miller não estava se beneficiando de uma política radical anti-imigração. Ele era seu *autor*.

Miller passaria a ser ator fundamental da Ala Oeste da Casa Branca em quase todos os planos do governo relativos à imigração, desde o banimento das viagens até uma proposta para reduzir drasticamente a quantidade de imigrantes ilegais que entram nos Estados Unidos, passando pela emergência nacional que Trump declarou no início de 2019 para construir seu muro na fronteira sul com o México. Se uma política tinha minimamente a ver com imigração, as digitais de Miller podiam ser vistas nela, sempre com as bênçãos de Trump.

Como Miller operava nas sombras, Spicer parecia não estar a par, transformando-se no rosto de um governo que tinha dificuldades para explicar uma política desumana. Sean tentava dourar a pílula de algo que era claramente uma guinada draconiana à direita no sistema de imigração do país, uma guinada que mandou um recado para o mundo dizendo que os Estados Unidos haviam passado para uma nova fase, menos receptiva. O secretário de imprensa, enrolando-se ainda mais em uma espiral de mentiras, insistiu que a nova política não era nada mais do que um sistema melhorado de avaliação de viajantes e migrantes que chegavam aos Estados Unidos.

"Não é um banimento aos muçulmanos. Não é uma proibição de viagens", afirmou Spicer em um encontro com a imprensa em 31 de janeiro, menos de duas semanas depois do início do novo governo. Só havia um problema. Trump usava a expressão banimento o tempo todo.

Se o banimento tivesse sido anunciado com uma semana de antecedência, os "caras maus" teriam se apressado para entrar em nosso país. Tem um monte de caras maus por aí!, Trump havia tuitado no dia anterior, usando a palavra *banimento*.

"Ele usa as palavras que a mídia está usando", insistiu Spicer, enquanto repórteres reviravam os olhos na Sala de Conferências.

Trump, porém, continuaria sabotando seu secretário de imprensa, uma fonte constante de frustração na Ala Oeste. Claro, Trump não estava nem aí. Sean poderia tentar escamotear a verdade ou mentir descaradamente para o público, mas não tinha como esconder o que Trump estava fazendo. As questões que deram vida à sua campanha fariam o mesmo por seu governo. Ele estava demonizando os imigrantes para manter "a base" feliz. Não havia como não perceber isso. Os imigrantes iam se tornar um bode expiatório para Trump de um jeito que não víamos um presidente americano fazer havia décadas.

Assim como no caso dos ataques de Trump à imprensa, a imigração era um tema que tinha a ver com o modo como eu me enxergava, como jornalista e como americano. Sou repórter, claro, mas em primeiro lugar sou americano, e era impossível assistir a esses eventos sem sentir uma tristeza e uma preocupação imensas. Olhando o caos nos aeroportos e na Ala Oeste em tempo real, observando os rostos de algumas crianças que foram pegas pela nova legislação, era difícil não pensar outra vez em meu pai e em sua experiência ao vir de Cuba. Ele só tinha onze anos à época. Claro, estava assustado, chegando com a mãe (minha avó), sem ter certeza de como assimilariam esse novo mundo. Ao ver as cenas nos aeroportos, foi impossível não pensar em sua jornada até aqui.

A chegada de meu pai não foi marcada pela presença de multidões hostis nem por um presidente despejando retórica de ódio. Segundo conta, ele e minha avó encontraram aconchego (tanto no sentido de casa quanto no sentido de calor humano) em uma igreja presbiteriana em Vienna, na Virgínia. Em vez de se estabelecer no sul da Flórida, como tantos refugiados cubanos faziam, meu pai e minha *abuela* migraram novamente depois da chegada, de Miami para o norte da Virgínia, bem perto de Washington. As pessoas na igreja da Virgínia lhes deram casacos e blusas para mantê-los aquecidos durante seu primeiro inverno na capital. Meu pai foi para a escola fundamental e começou a ver a vida como um americano, deparando-se com a gentileza e o espírito receptivo do país. Um de seus professores resolveu ser seu tutor de inglês até que ele se tornasse proficiente e, depois, falasse fluentemente.

Não pretendo pintar um quadro cor-de-rosa da vida do meu pai e da minha avó nos anos 1960. A Virgínia, mesmo a região norte da Virgínia, era... bem, era a Virgínia do início dos anos 1960. Provavelmente não era a melhor época nem o melhor lugar para ser um imigrante cubano. Eu me lembro, como alguém que nasceu nos anos 1970, de ver gente tratando mal minha avó — que eu chamava de Waya, porque eu não conseguia dizer *abuela* quando era mais novo — ao ouvir seu inglês imperfeito. Até hoje, ainda me lembro de uma mulher num supermercado olhando com ódio para minha Waya. A expressão no rosto da minha avó partiu meu coração. Ela estava evidentemente constrangida. Assim como eu.

Meu pai concluiu o ensino médio e começou a trabalhar em mercados, algo que faria pelo resto da vida. Sabe aquela pessoa trabalhando no caixa do supermercado? Era meu pai. Ele fez isso (assim como outras tarefas, como estocar mercadorias etc.) por quarenta anos. A maior parte dos americanos tinha dificuldade em dizer o nome dele, por isso ele pedia que o chamassem de A.J., as iniciais de "Abilio Jesus". Sempre que eu o visitava no supermercado, os clientes me diziam quanto amavam A.J., e meu pai adorava servir as pessoas. O Safeway, em Great Falls, um subúrbio de gente endinheirada, deu a meu pai a oportunidade de conhecer congressistas, jornalistas famosos e astros do Washington Redskins. Meu pai me contava as histórias de todos eles. Tirava fotos com os jogadores dos Redskins e mostrava para mim e para minha irmã em casa.

Ouvindo a retórica que se seguiu ao banimento de Trump, lembrando-me das cenas de ódio contra imigrantes que vi na campanha, eu não conseguia parar de pensar que esse não era o país que eu reconhecia. Enquanto os ativistas anti-imigração mentiam para as pessoas e davam a entender que os recém-chegados aos Estados Unidos eram parasitas preguiçosos, eu simplesmente imaginava esses milhões de imigrantes como gente igual a meu pai, trabalhando no caixa daquele Safeway até literalmente não conseguir mais ficar em pé e só se aposentando quando as pernas ficaram fracas demais para aguentar um turno de oito horas. Meu pai pagava seus impostos. Pagava a Seguridade Social e o Medicare. Fez por merecer sua aposentadoria. Felizmente, também se beneficiou de um sindicato no Safeway que garantiu a ele uma pensão além da aposentadoria que recebe todos os meses. A.J. não veio para os Estados Unidos para tirar vantagem do sistema. Meu pai, assim como muitos dos chamados "sonhadores", jovens e sem documentos, foi trazido ainda criança para este país. Ele jogou de acordo com as regras, trabalhou duro e, junto a minha mãe, ajudou seus dois filhos a se transformarem em adultos bem-sucedidos, e agora goza de sua aposentadoria — apenas aquilo que tanta gente merece.

No fim das contas, meu pai prosperou em parte porque, desde o início, foi bem recebido, do modo como os americanos sempre receberam bem os imigrantes. Sua história de sucesso, assim como a de milhões de outras pessoas, foi possível graças aos valores que os Estados Unidos incorporaram e praticaram — pelo menos até o momento da ordem executiva de Trump. Histórias e experiências como as de meu pai e as de milhões de outras pessoas que vieram aos Estados Unidos em busca de uma vida melhor foram desprezadas em meio à pressa de Trump para instituir o banimento. Se você vinha de um país específico, diziam ele e seu primeiro escalão, você era automaticamente considerado um perigo.

O banimento de Trump aos muçulmanos era problemático não só pelo modo como aconteceu, mas pelo que tinha a dizer sobre o que estava por vir. Em um nível pessoal, o banimento e o tom adotado pelo governo Trump contra a imigração tiveram grande impacto. Antes disso, eu sempre trabalhei apaixonadamente em busca da verdade em meu trabalho cobrindo a Casa Branca, sempre tentei encontrar os assuntos importantes, mas naquelas primeiras semanas foi difícil não sentir o peso desses ataques.

Assim como no caso da guerra de Trump contra a mídia, suas políticas preocupantes de imigração ainda estavam no início e levaria tempo para que se compreendesse até onde o governo estava disposto a desumanizar as pessoas que buscavam uma esperança em território americano. Embora eu não tenha alterado minha cobertura, nem quando estava no ar nem fora dele, nos anos que se seguiram, eu sempre pensaria no caos inicial do banimento às viagens. Os ataques de Trump a essa parte crítica da vida americana eram para mim pessoais desde muito antes de ele transformá-las em política.

Nesse esforço inicial para impor o banimento aos muçulmanos, o governo deixou claro que, para atingir seus fins, não via problema em apagar as fronteiras entre suas ideias relativas à imigração e sua guerra contra a imprensa. Isso foi o prenúncio do que estava por vir, uma vez que a equipe de Trump estava combatendo a imprensa, em grande medida, para abrir caminho para as políticas que ele pretendia implantar no país.

Na primeira semana de fevereiro, menos de um mês depois de se mudar para a Casa Branca, Trump, junto com sua conselheira Kellyanne Conway, começou a deformar a cobertura feita pela imprensa de ataques terroristas, insistindo de modo patético que, de algum modo, a imprensa menosprezava essa ameaça em nome de uma espécie de politicamente correto que tinha saído de controle. Falando ao Comando Central dos

Estados Unidos em 6 de fevereiro, Trump deu uma declaração absurda segundo a qual os veículos de comunicação não noticiaram ataques terroristas. Qualquer um que tenha assistido à cobertura feita pela CNN de incidentes desse tipo está obviamente consciente de que essa é uma mentira absoluta. Mesmo assim, Trump jogou essa mentira ao tentar defender seu banimento.

"Chegou a um ponto em que isso nem é mais noticiado", disse ao Comando Central. "E, em muitos casos, a imprensa, muito desonesta, não quer noticiar."

Esse ataque à imprensa veio depois de uma mentira deslavada que viera poucos dias antes, quando Conway reclamou para Chris Matthews, da MSNBC, que a imprensa não tinha dado cobertura a algo que ela chamou de "massacre de Bowling Green".

"Aposto que para diversos indivíduos é novidade que o presidente Obama interrompeu o programa de refugiados iraquianos por seis meses depois que dois iraquianos vieram para este país, tornaram-se radicais e mentores do massacre de Bowling Green", disse Conway.

Era "novidade" porque nunca houve um massacre de Bowling Green. Conway, que mais tarde disse ter se equivocado, cometeu um erro impressionante. Houve um caso em Bowling Green, no Kentucky, em que dois iraquianos foram presos por fornecerem armas para a Al-Qaeda. Mas nenhum ataque jamais aconteceu em Bowling Green.

Apesar do episódio constrangedor para Conway, a Casa Branca continuou a insistir na falsa narrativa de que membros da imprensa estavam deixando de noticiar ataques terroristas, e que isso servia de justificativa para o banimento. Um dia depois dos comentários feitos por Trump ao Comando Central, a Casa Branca soltou uma lista de 68 ataques terroristas que, segundo a Ala Oeste, não tinham recebido cobertura suficiente da mídia. Era uma confusão risível. A lista da Casa Branca, que continha fatos que iam de setembro de 2014 a dezembro de 2016, incluía, inacreditavelmente, o massacre de 2015 em Paris e dois ataques a tiros com vários mortos em San Bernardino, na Califórnia, e em Orlando, na Flórida. Todos esses três ataques receberam cobertura de praticamente todos os grandes veículos de comunicação nos Estados Unidos por dias a fio. Enquanto resumia no ar para a CNN o que a Casa Branca alegava, eu disse que aquele era um trabalho completamente amador, além de cheio de erros de ortografia. Como Spicer no púlpito no dia seguinte à posse, a Casa Branca estava novamente acusando a imprensa de errar em algo em que ela não tinha errado.

"Uma bagunça" foi o modo como descrevi aquilo no ar para Erin Burnett, na CNN, enquanto falávamos da lista naquela noite. Como eu estava subestimando o caso!

Michael Short, um assessor de imprensa da Casa Branca, mais tarde me enviou um e-mail reclamando da minha reportagem, que ele chamou de "preguiçosa". Preguiçoso foi o trabalho feito pelo governo. Incluir grandes ataques terroristas em uma lista daquelas e afirmar que eles não estavam sendo noticiados eram mais um exemplo da Casa Branca apresentando "fatos alternativos" ao povo americano, apenas isso. E, assim como no caso do tamanho da plateia da posse, o que a Casa Branca afirmava com aquela lista de ataques terroristas podia ser facilmente desmentido com uma simples busca no Google.

Em 10 de fevereiro, pouco depois da ridícula lista divulgada pela Casa Branca, o Tribunal Recursal da Nona Região deu um golpe decisivo no banimento inicial de Trump, decidindo por unanimidade contra a ordem executiva, afirmando que o público tem "interesse no livre fluxo de viajantes, em evitar que famílias sejam separadas e na liberdade contra a discriminação".

Trump tinha perdido, e ele não levou na esportiva, tuitando: **NOS VEMOS NO TRIBUNAL! A SEGURANÇA DE NOSSA NAÇÃO ESTÁ EM JOGO!**

A batalha a respeito do banimento imposto por Trump continuaria. A Casa Branca modificou o banimento mais duas vezes e esbarrou em mais impedimentos do sistema legal americano, antes de finalmente receber uma decisão favorável da Suprema Corte, que decidiu que a terceira versão do banimento poderia ser posta em prática.

Mas tudo isso só aconteceria meses depois. No início de fevereiro de 2017, Trump estava furioso. Estava frustrado, não só com a imprensa, que se recusava a se submeter, mas também com o Judiciário americano, que estava se mostrando um ramo do governo tão forte quanto o Executivo. Nos primeiros tempos do governo Trump, esse foi um sinal de vitalidade da democracia americana. O sistema, posto à prova, estava funcionando.

Mesmo assim, havia motivo para preocupação onde quer que se olhasse. Temporariamente, a questão do banimento dos muçulmanos estava em suspenso, mas, depois disso, passei a entender, talvez com uma clareza que nunca tinha tido, quanto seriam difíceis os meses e os anos à frente. Aquilo que fora um debate mais acadêmico nas semanas anteriores à posse de Trump tinha se transformado em realidade. À medida que meus colegas e eu fazíamos reportagens sobre as novidades do governo, tentando nos manter atualizados em um noticiário que não parou desde os dias de campanha, era como se caminhássemos com todo o cuidado sobre um campo minado. Um deslize, e Trump nos chamava de "fake news". Estávamos o tempo todo conscientes do perigo. Mas lembre que, quando ele usava a expressão *fake news*, não estava falando sobre reportagens falsas. O que o incomodava eram matérias negativas. Ele estava simplesmente tentando ameaçar a imprensa para que ela fizesse uma cobertura mais favorável.

"Ele está trollando vocês", disse-me várias vezes uma fonte ligada a Trump. Em outras palavras, aquilo que vinha da Casa Branca era pensado para nos deixar malucos e abrandar aquilo que Trump via como cobertura negativa. Ele queria que parássemos de socar, usássemos luvas de pelica e reduzíssemos o impacto de nosso trabalho jornalístico. O coração dessa estratégia era, grosso modo, atirar no mensageiro. Repetidamente, Trump tentava moldar as notícias por meio de denúncias contra aqueles que faziam a cobertura.

Todo governo tem problemas com a cobertura feita pela imprensa. Todo governo reclama do modo como os assuntos são retratados e caracterizados. Os republicanos particularmente vêm travando uma guerra contra a mídia "liberal" desde o governo Nixon. No entanto, agora era completamente diferente. Jamais um governo tinha sido tão combativo com a mídia, nem usado de uma hostilidade aberta como modo de forçar sua agenda política. Jamais um governo esteve tão disposto a distorcer a verdade publicamente, ou a usar mentiras para justificar seu comportamento. Aquilo que tinha começado na campanha como um modo de obter aplausos e aprovação de multidões barulhentas em comícios era agora uma clava usada para obter a cobertura positiva desejada por Trump. E essa se tornaria a nova regra para os jornalistas que cobriam a Casa Branca.

O que não deixei de perceber foi uma realidade simples de Washington pós-eleição de Trump: os republicanos controlavam os três Poderes do governo federal. Embora Trump fosse passar os dois anos seguintes silenciando ocasionais dissidentes no partido, ele era excelente em forçar os republicanos a fazer o que ele queria nas questões que realmente lhe importavam. Como em breve ficaria claro, os republicanos, apesar de suas frustrações com Trump, não tentariam detê-lo, não usariam seu poder no Congresso para contrapor seus piores instintos.

No meio desse vácuo estava a imprensa, uma das poucas grandes instituições da vida pública que Trump não tinha como controlar. Esses seriam os termos do nosso trabalho dali em diante. E o fato de não ter como nos controlar não significava que ele não tentaria.

De sua parte, Stephen Miller pareceu adorar exacerbar essas preocupações com os instintos antidemocráticos e autocráticos do governo Trump quando declarou ao programa jornalístico dominical da CBS, *Face the Nation*, que o presidente não deveria ser confrontado em temas como o banimento das viagens.

"Nossos oponentes, a mídia e o mundo todo em breve verão, conforme adotarmos novas ações, que os poderes do presidente para proteger nosso país são muito substanciais e não serão questionados", afirmou Miller.

Esse é o tipo de declaração que se esperaria de um governo autoritário. Um governo que havia mentido desde o início sobre algo tão trivial quanto o tamanho da multidão que compareceu à posse, que tinha levado sua guerra à verdade a um novo e perturbador patamar, afirmava agora estar acima de qualquer contestação. Poucos anos após deixar de ser um obscuro assessor parlamentar, de repente Miller estava em uma rede nacional de TV dizendo ao povo americano que a equipe de Trump não seria questionada.

Assistir àquela entrevista me deixou sem palavras, e fiquei pensando o mesmo que muita gente em Washington: quem esse cara acha que é? Trump tinha atacado o Judiciário, Spicer mentiu sobre o tamanho da multidão presente à posse, Kellyanne Conway inventou do nada um inexistente massacre de Bowling Green, e Stephen Miller disse que nós não podíamos questionar o presidente? Não foi só este repórter, meus caros. Muitos de nós na cobertura da Casa Branca nos encarávamos de olhos arregalados, boquiabertos, confusos. Às vezes era só um olhar de cumplicidade ao sair da Sala de Conferências, mas, com mais frequência, falávamos sobre isso ao sair para beber depois do trabalho. (Certamente nós estávamos precisando de uns drinques naquelas primeiras semanas do governo Trump.) E nós todos dizíamos a mesma coisa uns aos outros, às pessoas que amamos, aos nossos parentes, aos nossos chefes, a quem quer que estivesse disposto a ouvir. Tudo se reduzia a uma única pergunta: quem esses caras acham que são?

3

O inimigo

Cobrir aquelas primeiras semanas da administração de Trump foi como correr por um corredor infinito de espelhos. Em um momento você está noticiando a proibição da entrada de muçulmanos. Aí passa à investigação sobre a Rússia. E, durante todo o percurso, Trump vai tuitando coisas que precisam ser checadas em tempo real. Adicione a isso todas as alegações falsas que desafiam os checadores de fatos diariamente, e você tem um trabalho absurdamente exaustivo. Fontes dentro e fora da Casa Branca estavam ansiosas para divulgar fofocas sobre essa autoridade ou aquele assessor do presidente dentro da Ala Oeste. Naqueles dias, duas facções rivais dentro da Casa Branca atacavam constantemente uma à outra. Era o pessoal que havia trabalhado para Trump na campanha, como Kellyanne Conway e Steve Bannon, contra os assessores que haviam entrado na Casa Branca por indicação do Comitê Nacional Republicano, como Sean Spicer, Raj Shah e Reince Priebus. E, como você já pode imaginar, havia muitas puxadas de tapete dentro de cada facção. Eles falavam muito contra os outros, é claro, mas era um desafio fazê-los falar sobre o que realmente importava, como políticas públicas. Junto a todo o fogo amigo veio um nível de paranoia jamais visto, o que levou a uma grande mudança em relação aos meus dias como repórter na Casa Branca de Obama. Nos anos Obama, autoridades podiam falar com você por e-mail, mensagem ou telefone. Sob Trump, que estava atacando os vazamentos de sua equipe, as autoridades tinham medo de serem vistas falando com a imprensa. Então, muitos de nós tínhamos que transferir nossas conversas com as fontes para aplicativos criptografados, como uma forma de aumentar a privacidade e o sigilo. Algumas fontes eram inflexíveis: falariam via Signal ou WhatsApp ou não falariam de forma alguma.

Mesmo com os aplicativos criptografados, havia um assunto sobre o qual era quase impossível fazer qualquer um comentar: a investigação sobre a Rússia. Fosse em off, ou apenas como contexto de fundo (ou seja, anonimamente), as pessoas estavam preocupadas em se enredar na investigação. Uma fonte em particular me disse que falaria sobre qualquer coisa, desde que não fosse sobre a Rússia.

As pessoas dentro do mundo de Trump entendiam por que nós da imprensa queríamos falar sobre a Rússia. No momento em que Trump chegou à presidência, era óbvio que a história da Rússia ainda renderia por muito tempo, uma vez que o FBI já havia iniciado uma grande investigação a respeito da interferência russa na eleição presidencial americana de 2016. Não demorou muito para os repórteres perceberem que essa análise englobaria eventos que aconteceram não apenas durante a campanha, mas que estavam acontecendo em tempo real. Dessa forma, seria o primeiro grande teste de como a nova administração responderia a um escândalo real. Talvez não devesse ter sido surpresa, então, o governo ter fracassado espetacularmente, aumentando as suspeitas que pareciam alimentar a história.

No vácuo da briga de Trump com a imprensa a respeito da proibição de viagem no início de fevereiro, outro problema contagioso explodiu na cara do presidente. No dia 13 de fevereiro, seu conselheiro de segurança nacional, Michael Flynn, foi demitido depois de admitir ter enganado o vice-presidente, Mike Pence, sobre seus contatos com o embaixador russo nos Estados Unidos, Sergey Kislyak. Grande parte dessa história não surpreendeu a Casa Branca. Isso porque o Departamento de Justiça já havia alertado a equipe do presidente em janeiro — sim, bem na época em que eles assumiram a presidência — de que Flynn estava mentindo para agentes federais (o que já era um crime) sobre seus contatos com o embaixador russo relativos às sanções impostas à Rússia pela administração Obama durante a transição presidencial para punir Moscou por sua intromissão.

Antes e depois da saída de Flynn, a Casa Branca demonstrou a falta de coordenação nas respostas que se tornara uma espécie de norma para a equipe de Trump durante a campanha (eles pareciam atrapalhados na época, e o padrão continuou quando chegaram ao poder). A declaração original sobre o contato de Flynn com Kislyak parece agora uma mentira risível. Eis como Spicer explicou inicialmente esse contato para os jornalistas, em 13 de janeiro de 2016, uma semana antes de Trump prestar juramento como presidente:

"No dia de Natal, o general Flynn procurou o embaixador, via mensagem de texto, e disse, vocês sabem: feliz Natal e próspero Ano-novo. Espero em breve encontrá-lo para que possamos trabalhar juntos. Tudo de bom para vocês. O embaixador respondeu desejando um feliz Natal também, e então, na sequência, no dia 28 de dezembro, enviou outra mensagem na qual disse: Gostaria de te ligar. Posso? Ele recebeu a ligação no dia 28, e os dois conversaram sobre a logística de organizar uma ligação entre o presidente da Rússia e o então presidente eleito depois de empossado. Trocaram informações logísticas sobre como iniciar e agendar essa ligação. Foi isso. Simples e direto."

Simples e direto, só que não. Nunca foi simples nem direto, e isso provocou novas perguntas.

No dia 9 de fevereiro de 2017, o *Washington Post* expôs em primeira mão as conversas impróprias entre Flynn e Kislyak, provocando de imediato uma corrida dentro da Ala Oeste para determinar o que exatamente o novo conselheiro de Segurança Nacional havia discutido com o embaixador. Um bem situado oficial graduado da Casa Branca disse que o vice-presidente Mike Pence havia convocado o chefe de gabinete Reince Priebus para discutir o assunto imediatamente. Tanto Pence quanto Priebus obtiveram as transcrições das conversas de Flynn com Kislyak e as revisaram dentro da Sala de Crises da Casa Branca. Pence estava assustado com a reportagem do *Post*, uma vez que Flynn contradizia declarações do vice-presidente nos talk shows de domingo.

"Eles não discutiram nada a respeito da decisão dos Estados Unidos de expulsar diplomatas ou impor censura contra a Rússia", dissera Pence no mês anterior no programa *Face the Nation*, da CBS.

Priebus então chamou Flynn em seu escritório, onde o chefe de gabinete interrogou o conselheiro de segurança nacional na frente de outros assessores da Ala Oeste, conforme um funcionário graduado da Casa Branca me contou. Irritado com as mentiras de Flynn para o vice-presidente e outros membros da equipe de Trump sobre suas conversas com Kislyak, Priebus queria ter certeza de que outros assessores estivessem na sala.

Flynn enfrentou de imediato problemas com o novo presidente, contou o funcionário. "O presidente já havia se cansado de Flynn antes da posse."

Não que Trump não tivesse sido alertado a respeito de Flynn. Algo extraordinário havia acontecido pouco antes da eleição, quando Trump se encontrou com Obama no Salão Oval: Obama o advertiu a não contratar Flynn.

"Dada a importância do trabalho, o presidente pensou que havia pessoas melhores para assumi-lo, e Flynn não estava à altura", disse um ex-funcionário do governo Obama.

Mas, quando noticiamos na CNN poucos meses depois que Flynn fora demitido, um ex-assessor do governo Obama na área de segurança nacional me disse que, durante a transição, havia uma grande razão para que a equipe que estava de saída da Casa Branca estivesse preocupada com Flynn: a Rússia.

"O nome de Flynn continuava aparecendo", contou um assessor graduado da presidência de Obama sobre a investigação da Rússia.

Spicer confirmou mais tarde que Obama havia levantado dúvidas sobre Flynn durante o encontro com Trump. "É verdade que o presidente Obama deixou claro que não era um fã do general Flynn", disse Spicer.

A mensagem em torno da saída de Flynn foi confusa, assim como tinha sido a decisão de contratá-lo. Apenas horas antes da demissão, Flynn se tornou, de repente, "área cinzenta", segundo um funcionário graduado do governo Trump. Isso foi horas antes de a conselheira da Casa Branca, Kellyanne Conway, dizer que Flynn tinha "total confiança" do presidente. Sean Spicer, num exemplo de desalinhamento de mensagens, disse aos jornalistas que Conway estava errada e que a situação de Flynn estava sendo estudada.

De fora, tudo parecia uma bagunça, e era ainda mais confuso do lado de dentro. Lembro-me de ficar parado durante horas na frente do escritório de Spicer com outros jornalistas esperando pelo destino de Flynn. Cerca de quinze de nós estávamos apertados no pequeno corredor que liga a parte baixa da área de imprensa da Ala Oeste, onde os assessores de imprensa têm seus escritórios, ao covil de Spicer. Funcionários corriam para dentro e para fora do escritório do secretário de imprensa, recusando-se a conversar com os jornalistas. Era uma casa de loucos. Tirei uma foto de todos nós parados ali, esperando por Sean, para registrar o momento.

À meia-noite, Flynn era passado. Inicialmente, a informação foi de que ele se demitira, mas ele foi demitido. No dia seguinte, Spicer admitiu que Trump havia pedido que Flynn se exonerasse por causa de "redução no nível de confiança" e citou especificamente as mentiras do antigo conselheiro de segurança nacional ao vice-presidente sobre seus contatos com Kislyak. Com três semanas de governo, o primeiro conselheiro de segurança nacional do presidente havia sido demitido, e a razão podia ser resumida em uma palavra que assombrava Trump: *Rússia*.

Naturalmente, a saída de Flynn não significava que o problema tinha sido resolvido. Longe disso. Na verdade, as ações de Flynn durante a transição reforçaram a convicção do diretor do FBI, James Comey, de que deveria expandir a investigação sobre a interferência russa em 2016. Teria sido negligência das forças policiais encerrar a investigação nesse momento, apesar dos gritos de "fake news" de Trump. Quanto às reclamações do presidente sobre nossas reportagens relativas à Rússia, como poderíamos ignorar a ironia de Flynn ter caído em desgraça aos olhos de Trump? Afinal, foi Flynn quem liderou os gritos de "prendam Hillary" nos eventos de campanha, inclusive na Convenção Nacional Republicana. Para mim, a atuação de Flynn foi uma das descobertas mais chocantes da campanha de 2016. Eu ia a comício após comício nos quais Flynn, um general reformado, defendia a prisão de Hillary Clinton. As pessoas desconsideravam o fato como se fosse apenas uma questão retórica inofensiva da campanha, mas eu discordo. Era inaceitável. Não se faz isso nos Estados Unidos. Não se prendem oponentes políticos. Resolvem-se as diferenças na cabine de votação. A visão de Flynn, que vestia o uniforme de membro das Forças Armadas americanas, um tenente-general reformado ainda por cima, liderando esse grito de guerra era nada menos que assombrosa, como algo que aconteceria numa república das bananas.

No fim, nem Trump nem ninguém no governo pôde efetivamente controlar os danos do desastre Flynn. O general "Prendam Hillary" Flynn enfrentava a possibilidade de ser ele mesmo preso. Num sinal de como os escândalos futuros seriam mal gerenciados, ninguém no governo foi capaz de controlar ou transmitir a situação de forma eficaz, nem mesmo o presidente.

Na mesma semana, no dia 16 de fevereiro, nos reunimos na Sala Leste para a primeira coletiva de imprensa de Trump como presidente. Fomos informados de que ele estava realizando a coletiva para anunciar a nomeação de Alexander Acosta (nenhum parentesco comigo) como secretário do Departamento do Trabalho. Mas a nomeação de Acosta era apenas um pretexto. A coletiva foi convocada na verdade para que Trump confrontasse perguntas incômodas a respeito da investigação sobre a Rússia e a saída de Flynn.

Eu estava de bom humor naquele dia, então me diverti com "as novidades sobre Acosta" na minha entrada ao vivo antes de o presidente surgir na sala. É aí, imagino, que entram algumas das acusações contra mim por "me exibir". Gosto de pensar que simplesmente não sou tão travado.

"Espero que isso não seja fake news", brinquei com Wolf Blitzer. "'Secretário Acosta' soa superbem", acrescentei. Os jornalistas reunidos na sala riram. Assim como alguns funcionários da Casa Branca. Outros assessores da Ala Oeste, que basicamente me odeiam, franziram a testa, como sempre.

Trump foi questionado sobre Flynn logo de cara. E se lançou sobre aquilo que estava se tornando seu tema obrigatório, chamando a investigação sobre a Rússia de "fake news". Mas havia perguntas importantes a serem feitas. Não era o caso de simplesmente aceitar a palavra dele.

A próxima pergunta, feita por Jon Karl da ABC News, foi (surpresa!) a que tentei fazer na coletiva de 11 de janeiro.

> KARL: Gostaria apenas que o senhor esclarecesse um ponto muito importante. O senhor pode afirmar que definitivamente ninguém em sua campanha teve contato com os russos durante a campanha? E, a respeito dos vazamentos, são fake news ou são informações verdadeiras?
> TRUMP: Bem, os vazamentos são reais. Foram vocês que escreveram a respeito disso, que noticiaram, então, claro, é verdade. Sabem o que dizem, você viu e eles são absolutamente reais. As notícias são falsas porque muito do que se noticia é falso.

As informações vazadas são reais, mas as notícias a respeito delas são falsas. Entenderam? Pense nisso por um segundo. É quase alucinante. Era em momentos como esse que, ao ouvir Trump, eu sentia meus olhos perderem o foco. Meu pensamento nessas horas era: do que ele está falando?

Trump não deveria rebater a imprensa tão vigorosamente por causa dos vazamentos. Posso dizer que, da minha parte, deixei de noticiar inúmeras histórias baseadas em vazamentos de facções rivais na Ala Oeste. Como mencionei antes, assessores da época da campanha estavam sempre vazando informações que prejudicassem os funcionários que entraram na equipe de Trump por indicação do Comitê Nacional Republicano. Da mesma forma, o clã do Comitê estava disposto a macular a imagem dos veteranos da campanha e de auxiliares mais visíveis de Trump, como Kellyanne Conway, Boris Epshteyn e Omarosa Manigault, uma das ex-participantes de *O aprendiz*.

Outro funcionário que criava confusão era Cliff Sims; ele certa vez se gabou para mim de ter ajudado a derrubar um ex-governador do Alabama que se envolveu num escândalo sexual. Cliff ganhou dinheiro indo a público falar da disputa dentro da equipe com um livro de memórias chamado *Team of Vipers* ["Equipe de Víboras"], que, francamente, o pessoal da Casa Branca devia ter imaginado que viria a existir muito antes do anúncio oficial. Muitos assessores disseram que Cliff chegou a gravar Trump sem seu conhecimento, uma quebra absurda da segurança da Casa Branca. Sims negou publicamente essa alegação.

No caso das reclamações de Trump sobre vazamentos reais e notícias falsas, no entanto, as histórias não eram inventadas. Você não deve acreditar nos vazamentos, Trump dizia, porque não deve acreditar nas notícias. Então, alguns momentos depois, ele voltava a reclamar da imprensa, da CNN e... de mim.

> TRUMP: Não me importo com notícias negativas. Posso lidar com histórias negativas melhor do que qualquer um, desde que sejam verdadeiras, e, sabe, durante um tempo, vou cometer erros e vocês vão escrever a respeito, e tudo bem. Mas eu não aceito mentiras. Quer dizer, assisto à CNN, e é tanta raiva e tanto ódio, e apenas ódio.

E lá vamos nós, pensei. Não vamos entrar nessa de novo, disse a mim mesmo, e levantei a mão para interrompê-lo. Trump me viu.

TRUMP: Não assisto mais, porque é muito bom... Ele está dizendo não. Está bem, Jim. Está bem, você vai ter sua chance.

Ele está me chamando para a briga, pensei. Enquanto me preparava para fazer uma pergunta, notei um grande interesse pelo que estava acontecendo. Por alguma razão, as pessoas continuavam a me dar microfones. Era como no parquinho, quando as crianças se juntam em torno de uma briga. Quando comecei a falar, estava segurando três microfones diferentes. Meu diálogo com Trump duraria uns bons sete ou oito minutos. Mas, antes, tentei esfriar os ânimos.

ACOSTA: Muito obrigado, e, só para deixar registrado, não odiamos você. Eu não odeio você.
TRUMP: Ok.
ACOSTA: Então, mudando de assunto...
TRUMP: Pergunte... pergunte para [o presidente da CNN] Jeff Zucker como ele conseguiu o cargo. Ok?
ACOSTA: Se eu puder aproveitar algumas das perguntas já feitas hoje, senhor...
TRUMP: Bem, isso... bem, como sabe, temos outras pessoas aqui. Temos mais veículos, e sua audiência não é tão boa quanto a de outros jornalistas que estão aguardando.
ACOSTA: Na realidade, nossa audiência está alta no momento.
TRUMP: Certo, vá em frente, John [sic].
ACOSTA: Se possível, senhor, o senhor disse antes que o WikiLeaks estava revelando informações sobre a campanha de Hillary Clinton durante o período de eleição. O senhor comemorou isso. Em determinado momento...

TRUMP: Eu achei ok.

ACOSTA: ... o senhor disse... o senhor disse que adorava o WikiLeaks. Em outra coletiva, o senhor convocou os russos para encontrar o que faltava dos trinta mil e-mails. Gostaria de saber, senhor, se...

TRUMP: Bem, ela estava escondendo 33 e então apareceu mais uma pilha depois disso.

ACOSTA: Então seus números estavam errados também.

TRUMP: Não... não, mas de fato eu disse trinta. Só que era mais que isso.

ACOSTA: Se... se eu puder perguntar, senhor, parece que o senhor não tem muita credibilidade quando fala sobre vazamentos, já que é algo que o senhor encorajou durante a campanha...

TRUMP: Certo, pergunta justa.

Depois que Trump defendeu seus elogios passados ao WikiLeaks, tentei manter o diálogo. Era basicamente o que estávamos travando naquele momento: um diálogo. Tinha deixado de ser uma coletiva. Era quase uma entrevista. Havia milhões de coisas para perguntar ali, mas eu tinha essencialmente uma coisa em mente: os ataques constantes de Trump à imprensa e às nossas reportagens, que para mim representavam um ataque à verdade. Eu me senti compelido a explorar o assunto. Não foi fácil. Trump parecia disposto a transformar nossa interação num circo.

ACOSTA: Apenas por causa do uso do termo "fake news" e do ataque à nossa rede, gostaria de perguntar, senhor...

TRUMP: Mas estou tentando tirar o foco das fake news.

ACOSTA: Isto não inva...

TRUMP: Das notícias muito, muito fake.

ACOSTA: Sei, mas o senhor não...

A sala caiu na risada. Trump tem muitos defeitos. Mas timing cômico não é um deles. As piadas continuariam. O presidente estava quase sob interrogatório, com uma pergunta atrás da outra sobre a investigação na Rússia. Contudo, parecia se divertir.

TRUMP: Continue.
ACOSTA: Notícias reais, sr. presidente, notícias reais.
TRUMP: E você não tem parentesco com nosso novo [Trump se refere a Alex Acosta]...
ACOSTA: Não tenho parentesco, senhor. Não. Mas gosto de como "secretário Acosta" soa, devo confessar.
TRUMP: Olhei... sabe, olhei para o nome. E disse, calma lá, há alguma relação aí? Alex Acosta.
ACOSTA: Tenho certeza de que o senhor conferiu isso.
TRUMP: Certo. Acabei de checar... eu disse... eles disseram: "Não, senhor." Eu disse: "Façam-me o favor de voltar e conferir a árvore genealógica inteira."

Tentei retomar o rumo.

ACOSTA: Mas o senhor... o senhor não está preocupado com a possibilidade de estar enfraquecendo a Primeira Emenda, da liberdade de imprensa, a imprensa deste país, quando chama as reportagens de que não gosta de "fake news"? Por que não dizer que é uma notícia que não o agrada?
TRUMP: Eu faço isso.
ACOSTA: Quando o senhor chama de "fake news", prejudica a confiança na imprensa.
TRUMP: Não, não. Eu faço isso. Mas veja bem. Certo. Entendo onde quer chegar — e você está certo sobre isso, exceto por uma coisa. Veja, sei quando devo receber elogios e quando mereço críticas. E algumas vezes digo: "Uau, essa vai ser uma grande reportagem." E sou massacrado. Sei o que é bom e o que é ruim. Eu seria um excelente repórter, não tão bom quanto você. Mas sei o que é bom. E sei o que é ruim.

Trump encaixou um elogio ali para este que vos fala, caso você não tenha percebido. Mas o mais importante é que ele parecia, por um momento, aceitar o argumento de que estava prejudicando a confiança do público na imprensa.

Continuou por algum tempo, mas logo mudou de assunto. A coletiva inteira parecia ser, para Trump, nada mais do que uma oportunidade para reclamar. Ele estava chateado com a cobertura e queria que soubéssemos disso. Havíamos saído do circo a fim de ir para o sofá do psicanalista.

Mais tarde naquele dia, recebi uma ligação. Era de um número que tinha apenas o código de área 202, nada mais. Já havia visto isso antes: era a Casa Branca. Atendi. Era a assessora de confiança de Trump, Hope Hicks.

"Oi, Hope. Tudo bem?", disse, da forma mais amigável possível.

"Oi, Jim. Estou ligando apenas para dizer que conversei com o presidente e ele me pediu que lhe dissesse que achou sua postura muito profissional hoje", comentou Hicks.

Oi?

"Ele disse: 'O Jim entende tudo'", acrescentou. Ela parecia tão animada. Trump estava elogiando minha atuação, é isso? Depois de tudo que aconteceu naquela sala, agora eu "entendia tudo"?

Do que ela está falando?, pensei. Ele me chamou de "fake news" e de "muito fake" para o mundo todo mais de uma vez. O que exatamente eu "entendia"?

Agradeci a Hope, mas perguntei se seria possível o presidente parar de atacar a imprensa. Não é adequado, defendi.

Sem chance. Hicks tinha uma bronca comigo também. (Ela tinha um discurso a fazer e não ia desligar antes disso.)

Nós não entendíamos o presidente, reclamou. Trump realmente quer tornar "a América grande de novo", disse-me ela.

A conversa estava perdendo o sentido rapidamente. Agradeci, e desligamos.

"Isso foi muito estranho", comentei com meus colegas. Mas, pensando melhor no assunto, algo me chamou a atenção. Hicks estava me indicando a maneira de pensar de Trump. Estava me fazendo um grande favor. Quando Trump disse a Hope que "Jim entende tudo", ele basicamente estava dizendo que eu compreendia que suas reclamações eram uma espécie de show. Chamar-nos de "fake news", na cabeça dele, era parte do personagem. Mas esse era o problema, e um problemão: nem todo mundo estava ciente de que era um show. Esse é o meu problema com a retórica de Trump. Em primeiro lugar, eu não gostaria de fazer parte de nenhum tipo de reality show forjado sobre a presidência. Isso não era um episódio de *O aprendiz*. E, como eu podia ver agora em alguns comentários perturbadores e virulentos que surgiam em meus perfis nas redes sociais, inúmeros apoiadores de Trump também não me viam como um participante do último programa de TV em horário nobre de Trump. Cada vez mais, a imprensa estava sendo vista como mais do que "a oposição", como seu estrategista-chefe, Steve Bannon, dissera ao *New York Times* semanas antes.

Essa tendência a demonizar a imprensa se tornaria mais óbvia no dia após a coletiva, quando, logo depois que o Air Force One pousou em Mar-a-Lago, na Flórida, para um fim de semana de golfe, o presidente postou um tuíte perigoso e sombrio.

@realDonaldTrump
A mídia FAKE NEWS (@nytimes, @NBCNews, @ABC, @CBS, @CNN decadentes) não é minha inimiga. É inimiga do povo americano!

Essa era, na verdade, sua segunda tentativa de começar um ataque extraordinário contra a liberdade de imprensa no Estados Unidos. Minutos antes, ele havia tuitado uma mensagem parecida, mas deixara de fora a CBS e a ABC. Aquele primeiro tuíte foi apagado e substituído pelo segundo. A Fox News, é bom notar, não estava em nenhum dos tuítes — na época da publicação deste livro, o tuíte revisado ainda está no Twitter, no perfil operado pelo presidente dos Estados Unidos.

Até aquele momento, um coro de críticos de uma variedade de veículos de imprensa havia me aconselhado a não "morder a isca" do presidente respondendo a seus ataques de "fake news". Trump, argumentavam, estava atraindo os jornalistas para uma armadilha. Ele queria provocar e deixar os jornalistas indignados, fazendo com que comprassem uma briga que ele sempre iria ganhar, argumentavam os críticos. Na minha opinião, todos eles estavam errados.

Trump havia claramente passado do limite, um limite importante. Isso era antiamericano. Não podia continuar sem que fosse questionado.

Eis o porquê: ao chamar a imprensa de "inimiga", o presidente, para todos efeitos, estava fazendo uma ameaça. Na União Soviética, Stálin chamou a imprensa de "inimiga". Richard Nixon fez o mesmo durante o Watergate. Sob Trump, que havia incitado suas multidões de eleitores a bater na imprensa em seus comícios, o perigo era que as pessoas em casa não entendessem o que ele estava fazendo. Seria um show? Ele estava falando sério? Naquele início de governo, era uma discussão acadêmica. Muitos dos apoiadores de Trump viam a questão como um chamado à luta. Minha caixa de entrada e minhas redes sociais estavam rotineiramente cheias de ameaças de violência deixadas por usuários que se declaravam eleitores de Trump. Quando Trump me chamou de fake news, mudei as configurações de notificação na minha conta no Twitter, porque ler todos esses posts era como abrir um esgoto ou, mais precisamente, encarar uma multidão ensandecida.

Memes a meu respeito começaram a aparecer no Twitter. Em um deles, meu rosto havia sido substituído pelo de um gângster de 1940 com a cabeça cheia de tiros. Em outro, um gif mostrava os nazistas mandando pessoas para a câmara de gás, e meu rosto foi colocado sobre o do personagem que apertava o botão de início. Era uma coisa medonha. Uma pessoa deixou uma mensagem no meu Facebook me informando que, se me visse nas ruas de Washington, me mataria. Eu esperava que fossem ameaças vazias. Essas pessoas estavam só descontando sua frustração num alvo fácil. Eu tinha esperança de que elas entendessem que aquilo era um show, como Hope Hicks dissera. Quem dera eles pudessem ver o homem atrás da cortina, nesse reino distópico de Oz.

Antes mesmo de se tornar o estrategista-chefe da Casa Branca, Steve Bannon, uma figura-chave no período de transição presidencial, falava da imprensa como "partido de oposição", uma frase de efeito que o ex-chefe do Breitbart usava para descrever o que ele encarava como uma avalanche de reportagens negativas sobre o novo presidente. A cobertura de imprensa foi algo que Trump e Bannon continuaram a discutir nas primeiras semanas de governo. Numa entrevista, Bannon me explicou que ele e o novo presidente haviam desenvolvido o rótulo de "inimiga do povo" durante suas conversas sobre reportagens das quais não gostaram. Foi uma troca de ideias, disse Bannon, que aconteceu por volta da época da coletiva de imprensa de fevereiro, como forma de pôr em palavras as frustrações de Trump. O termo "inimigo do povo" era um "corolário" natural que derivou dos termos *partido de oposição* e *fake news.*

"Acho que é seguro dizer que ambos tivemos essa ideia", declarou Bannon sobre o rótulo de "inimiga do povo".

Mas ele fez questão de dar a Trump crédito parcial. "Acredito que falei 'partido de oposição' primeiro, e então ele sugeriu 'fake news é a inimiga do povo'", acrescentou Bannon.

O agitador conservador foi cuidadoso ao explicar que Trump não queria dizer que toda a imprensa era inimiga. Contudo, explicou, era óbvio que Trump acreditava que a CNN e outros veículos eram "fake news". Portanto, a CNN, na mente do presidente, era a "inimiga".

Um funcionário graduado da Casa Branca insistiu que Bannon não estava assumindo responsabilidade completa pela expressão. Bannon havia criado "inimiga do povo", contaram-me três assessores do presidente.

"'Inimiga do povo' foi dito pela primeira vez nesta Casa Branca por alguém que passa o tempo todo falando com a imprensa", disse-me o funcionário veterano. "É Bannon, com certeza".

"É para incitar a imprensa. Não as pessoas", continuou ele.

A conselheira da Casa Branca, Kellyanne Conway, me contou em entrevista que não era fã da expressão.

"Não uso essa frase. Contudo, há muitas evidências de que a imprensa é frequentemente a inimiga do relevante", disse.

Ela reconheceu os riscos de usar esse tipo de linguagem.

"É preocupante. É peri..." Conway parou no meio da frase, antes de dizer "perigoso".

"Acho que chamar o presidente de um ativo russo é perigoso", acrescentou.

Falando em tom quase professoral sobre a atitude de Trump em relação à imprensa, Bannon insistiu que o presidente era uma criatura que surgiu direto dos ensinamentos de Marshall McLuhan, o filósofo canadense que cunhou a frase "o meio é a mensagem", uma teoria ensinada nas aulas de comunicação de massa nas universidades. (Eu tenho graduação em comunicação de massa, e estudamos isso.) Trump entendia, disse Bannon, que dominar como funciona a mídia poderia dar combustível às campanhas presidenciais saturadas de notícias de hoje. Controle a narrativa, Bannon e McLuhan dizem, e você controlará a eleição. Essa é a teoria de Bannon sobre como Trump eliminou dezesseis candidatos republicanos como "uma foice cortando mato".

Bannon desdenhou da possibilidade da retórica de Trump levar à violência contra jornalistas. Mas o antigo estrategista-chefe da Casa Branca disse que atacar a imprensa foi um elemento-chave da estratégia de Trump nos primeiros dias de sua presidência. Aos olhos dele e de Trump, contou Bannon, ninguém se importava com o Partido Democrata naquele momento. Os republicanos controlavam a Casa Branca e as duas casas do Congresso. Isso tornou o ataque à imprensa essencial. Trump precisava de um saco de pancadas, segundo Bannon, para manter o controle da narrativa e domar a cobertura. E esse saco de pancadas era a imprensa.

Quanto aos críticos democratas de Trump, como o senador de Connecticut Richard Blumenthal, um ex-funcionário graduado da Casa Branca, riu. "Ninguém sabe quem ele é", disse o ex-funcionário, defendendo que a maioria das pessoas estava mais familiarizada com os âncoras e correspondentes da CNN e de outras redes de TV que cobriam a campanha de Trump e a presidência.

Uma semana depois, no dia 24 de fevereiro, durante um discurso na Conferência de Ação Política Conservadora (Conservative Political Action Conference, CPAC), Trump defendeu seu novo apelido para a imprensa.

"Há alguns dias, chamei as fake news de 'inimigas do povo' — e elas são. Elas são os inimigos do povo. Porque eles não têm fontes, e inventam fontes que não existem. Vi uma reportagem recente que dizia que nove pessoas haviam confirmado. Não há nove pessoas. Não acredito que existam uma ou duas pessoas. Nove pessoas. Me poupem. Porque eu conheço as pessoas. Sei com quem falaram. Não havia nove pessoas. Mas eles dizem, nove pessoas, e alguém lê e pensa, ah, nove pessoas. Eles têm nove fontes. Eles inventam fontes."

No fim, essa designação de "inimiga do povo" importava não apenas porque era uma ameaça à imprensa livre, mas por causa do momento em que Trump a proferiu. Na onda da demissão de Michael Flynn e do aumento do escopo da investigação sobre a Rússia, essas palavras tinham um poder renovado de descreditar nossas reportagens, e eram um recurso cada vez mais importante para manter seus aliados políticos próximos e sua base ainda mais próxima. Por que os apoiadores de Trump acreditariam nas reportagens sobre conluio com os russos, afinal, se esses artigos eram escritos pelos "inimigos" do presidente? Eu explico por quê. Primeiro, lembre-se de que Flynn havia sido demitido pelo presidente por mentir sobre seus contatos com Kislyak, algo real (não falso) que aconteceu. Como a imprensa poderia ignorar algo dessa magnitude? A resposta curta é: claro que não podíamos.

Apesar de a campanha pública de Trump para nos descreditar ser ameaçadora para a imprensa, era nas conversas mais discretas com o governo que surgiam as mentiras mais inquietantes. Como num caso no fim de março, quando tive meu primeiro conflito com Jared Kushner.

Um funcionário da Casa Branca me chamou ao escritório do chefe de gabinete, Reince Priebus, onde encontrei outros dois repórteres que também tinham ouvido falar da saída iminente da subchefe de gabinete, Katie Walsh. Walsh, que veio para a Casa Branca como parte da equipe de Reince no Comitê Nacional Republicano, havia se tornado uma espécie de bode expiatório depois que a Casa Branca foi derrotada em sua primeira tentativa de derrubar o Obamacare. Frustrada com a batalha pela proibição de viagem, a Casa Branca começara a tentar derrubar o principal legado legislativo do presidente Obama, a Lei de Cuidados Acessíveis. Trump estava furioso, culpando os democratas, mas também o Freedom Caucus, um grupo de legisladores de extrema direita que tem como missão derrubar leis que não julguem suficientemente conservadoras. A Casa Branca estava procurando alguém em quem pôr a culpa, e os funcionários optaram por Walsh.

Após a saída de Michael Flynn, Walsh estava sendo vista como a próxima demissão importante da Casa Branca. E eu tinha ouvido que estava prestes a ser demitida.

Sim, a equipe de campanha de Trump estava ansiosa para vazar a notícia, já que Katie era ligada ao Partido Republicano, mas eu não fui o único a receber a dica. A Casa Branca havia pedido que um pequeno grupo de repórteres, inclusive eu, se reunisse no escritório de Reince. O estrategista-chefe da Casa Branca, Steve Bannon, também estava na sala. Os dois nos mostraram o que queriam que noticiássemos: que Walsh estava saindo para se juntar a um grupo externo de apoio à agenda de Trump. Também disseram que ela não estava, de forma alguma, sendo demitida. Estavam distorcendo os fatos, claro.

Então chegou o astro da reunião. O genro de Trump, Jared Kushner, se juntou a nós. Foi a primeira vez que o vi. Ele parecia simpático e educado, embora extremamente magro e alto. Conto essa história só pelo que Jared me disse depois que a reunião acabou. Foi a respeito da Rússia.

"Ei, você é o cara das fake news", disse ele, sorrindo para mim. Achei que estava tentando ser amigável, mas ele queria dizer algo.

"Nossas notícias são verdadeiras", respondi a ele. Então perguntei por que ele considerava meu veículo "fake news".

A história sobre a Rússia, ele respondeu. "É pura invenção."

O que ele estava querendo dizer?, perguntei. Flynn tinha acabado de ser demitido por mentir sobre a Rússia.

É pura invenção, repetiu ele, e foi embora.

Isso não era verdade. Nem de longe.

4

"Rússia, se você estiver ouvindo..."

Ao contrário do que Jared Kushner queria me fazer acreditar, havia sim muitas perguntas urgentes sobre a história da Rússia. De fato, eu mesmo tinha algumas desde a época da campanha. Uma questão que era de interesse particular para os investigadores federais durante a campanha de 2016 era o fato de os russos terem conseguido invadir o sistema privado de e-mail de Hillary Clinton no mesmo dia em que Trump fez um apelo a Moscou para hackear o servidor pessoal da rival democrata.

A campanha de Trump disse mais tarde que ele estava apenas brincando quando falou aquilo. Com certeza não foi a essa impressão que tive, de um ponto de vista privilegiado na primeira fileira da coletiva de imprensa no Trump Doral Golf Course Clubhouse, em 27 de julho de 2016. Trump foi questionado sobre a possível interferência russa — sim, já naquele momento —, uma vez que o Comitê Democrata havia sido hackeado dias antes.

Trump foi bombardeado com perguntas sobre a invasão do servidor do Comitê Democrata. Uma linha de questionamento que parecia irritá-lo era quando perguntavam se ele não estava sendo muito brando com o presidente russo, Vladimir Putin. O presidente russo, segundo a maior parte dos especialistas em política externa, estava interferindo em outras eleições no Ocidente. Somando tudo isso, o consenso crescente era de que Putin estava simplesmente querendo reconstruir a posição da Rússia como uma superpotência mundial, um antigo objetivo do ex-agente da KGB que lamentava o fim da União Soviética.

Uns doze minutos depois do início da coletiva, Trump se voltou para mim. "Por que não ser mais enfático com Putin e pedir que ele fique de fora?", perguntei, referindo-me à invasão do Comitê Democrata.

"Por que eu teria que me envolver com Putin? Não tenho nada a ver com Putin", respondeu Trump. "Não sei nada sobre ele, só sei que ele vai me respeitar."

Então, como continuaria a fazer durante a presidência, Trump expressou dúvidas em relação à probabilidade de Moscou estar por trás da invasão. Tenha em mente que, ainda durante a campanha, a comunidade de inteligência tinha quase certeza de que a Rússia era responsável pela invasão no Comitê Democrata. Trump não aceitava.

"Se for a Rússia, o que provavelmente não é... ninguém sabe quem é", disse. Então, segundos depois, ainda respondendo a minha pergunta, Trump disse algo que nos chocou e, suspeito, também chocou os investigadores federais que acompanhavam a coletiva.

"Rússia, se você estiver ouvindo, espero que encontre os trinta mil e-mails que faltam", disse Trump durante a coletiva de imprensa em 27 de julho de 2016. "Acho que você será regiamente recompensada por nossa imprensa. Vamos ver se isso acontece. Vai acontecer logo."

"Eles provavelmente têm. Gostaria de ver tudo publicado", continuou ele. "Agora, se a Rússia ou a China ou outro país tem esses e-mails, digo, para ser franco, eu adoraria ver tudo."

Depois passou para a próxima pergunta. Mas nem precisava. Tudo que os repórteres na sala tinham de fazer era conferir seus telefones e assistir às notificações tomando conta das telas bloqueadas. Trump, mais uma vez, quebrou a internet. Quase todas as manchetes nas próximas 24 horas falavam do convite de Trump para que os russos invadissem o servidor de Hillary. A campanha de Hillary entrou em parafuso, acusando Trump de colocar em risco a segurança nacional.

Como ficaria mais claro durante os dois primeiros anos do governo Trump, a história da Rússia iria longe e haveria muitas reviravoltas no roteiro (muitas delas bem reais), e cabia a nós noticiar tudo isso enfrentando a hostilidade crescente de Trump e sua equipe. O que começou com Michael Flynn se espalhou rapidamente para outras áreas do governo e até a época da campanha, quando ex-assessores e pessoas ligadas ao presidente foram incluídos na investigação.

Não demorou para que o procurador-geral Jeff Sessions se tornasse a próxima vítima dos efeitos colaterais do inquérito. Sessions entrou no governo Trump via Senado. Nos primeiros dias de campanha, o então senador do Alabama surpreendeu muita gente em Washington ao anunciar apoio à candidatura de Trump em fevereiro de 2016. Isso foi bem antes de o resto do Partido Republicano aderir a Trump.

Vestindo o boné vermelho da campanha de Trump, Sessions anunciou seu apoio num comício em agosto de 2015, no Alabama. "Eu disse a Donald Trump, isso não é uma campanha, é um movimento", disse Sessions.

Trump destacou que ele e Sessions compartilhavam da mesma posição linha-dura de combate à imigração. "Até onde sei, ele é de fato o especialista em fronteiras e em muitas outras coisas", comentou Trump.

O casamento Trump-Sessions era um conto de fadas para os apoiadores que se opunham veementemente à imigração ilegal. Antes da campanha, eu me encontrava com Sessions de tempos em tempos no Capitólio. Ele quase sempre se colocava à disposição para entrevistas se o assunto fosse imigração — foi assim que conheci Stephen Miller. Durante a campanha, Sessions liderou o Conselho Consultivo de Segurança Nacional de Trump, e Miller se tornou um dos principais autores dos discursos de Trump. Dado o que vimos durante a campanha, não foi surpresa quando Trump escolheu Sessions para a vaga de procurador-geral.

Apesar de Sessions ter sido confirmado como procurador-geral de Trump com certa tranquilidade, no fim de fevereiro o chão sob seus pés se tornou menos firme, principalmente por declarações que fez sob juramento durante sua sabatina.

Nos dias que antecederam à sabatina de Sessions, em 10 de janeiro, já haviam sido levantadas dúvidas razoáveis sobre possíveis ligações entre a campanha de Trump e a Rússia por causa de reportagens da CNN, do BuzzFeed e de muitos outros veículos. Foi a respeito disso que Al Franken, senador democrata do Minnesota, interrogou Sessions:

> FRANKEN: Se houver alguma prova de que qualquer pessoa ligada à campanha de Trump se comunicou com o governo russo durante a eleição, o que o senhor vai fazer?
>
> SESSIONS: Senador Franken, não estou ciente de nenhuma atividade do gênero. Convoquei um substituto em alguns momentos da campanha e não tive — nunca tive — conversas com os russos, portanto sou incapaz de comentar o assunto.

Só que a resposta de Sessions não era totalmente verdadeira. Reportagens veiculadas entre o fim de fevereiro e o início de março (após a saída de Flynn) mostraram que as palavras de Sessions não eram exatamente precisas.

Sessions, afinal de contas, teve sim interações com os russos, algo que ele não revelou a Franken na sabatina. Em 26 de abril de 2016, Trump fez um discurso sobre política externa no Mayflower Hotel, em Washington. Eu estava lá. Durante o discurso, Trump falou sobre a política de "Estados Unidos em primeiro lugar", atacou os governos Obama e Bush por deixarem o país perder prestígio e prometeu combater a imigração ilegal na fronteira com o México. Pense em como está o prestígio americano hoje em dia. Mas, mais importante, Jeff Sessions, o futuro procurador-geral de Trump e apoiador republicano no Senado, estava lá. Sem que quase ninguém soubesse, também estava lá o embaixador russo, Sergey Kislyak. Sessions, segundo noticiaram a CNN e outros veículos mais tarde, se encontrou com Kislyak numa recepção privada antes do discurso sobre política externa. O futuro procurador-geral, durante sua sabatina no Senado, não tornou públicos seus contatos com Kislyak e deixou de mencionar esse encontro no Mayflower Hotel.

Ainda me incomoda lembrar que entrevistei Sessions ao vivo na CNN, logo depois do discurso de Trump no Mayflower, sem ter a menor ideia de que o senador do Alabama tinha acabado de se encontrar com o embaixador russo no evento.

Foi uma entrevista rápida, no programa de Wolf Blitzer, às 13h, na CNN. Sessions, é claro, elogiou o discurso de Trump.

"Ele descreveu uma visão e, de muitas formas, foi eletrizante", declarou Sessions, entusiasmado.

Além daquele encontro no Mayflower, Sessions teve outros contatos rápidos com Kislyak, encontrando o embaixador nos bastidores da Convenção Nacional Republicana em Cleveland, junto com J.D. Gordon, um experiente articulador republicano em Washington. Sessions também encontrou Kislyak em seu escritório no Senado, em setembro de 2016. Mas Sessions, conforme seu porta-voz argumentou para os jornalistas, não mentiu para o Congresso, porque ele encontrou Kislyak como legislador, não como conselheiro de campanha de Trump.

Ainda assim, o estrago estava feito. Quando ficou claro que Sessions não havia sido transparente sobre esse e outros contatos com os russos, ele concluiu que não poderia acompanhar de forma legítima o inquérito do Departamento de Justiça sobre a interferência do Kremlin. No dia 2 de março de 2017, quase dois meses depois do depoimento falho sobre os fatos do ano anterior, Sessions se afastou da investigação da Rússia, contrariando o desejo do novo presidente.

"Nunca tive encontros com agentes russos ou intermediários russos tratando da campanha de Trump", afirmou Sessions a jornalistas numa coletiva de imprensa para anunciar seu afastamento. Depois diria, a respeito de seus encontros com Kislyak, que, "em retrospecto, eu deveria ter tido calma e falado que encontrei com uma autoridade russa algumas vezes. Neste caso, com o embaixador".

Mas há boas razões para acreditar que Sessions estava encontrando Kislyak não apenas como legislador. Cerca de um mês antes do discurso no Mayflower, o Conselho Consultivo de Segurança Nacional de Trump se reuniu para discutir uma série de assuntos de política externa, inclusive a Rússia. O encontro no dia 31 de março de 2016 foi registrado numa foto, hoje famosa, divulgada pela campanha de Trump no período das primárias republicanas.

Sentados em torno da mesa estão indivíduos que agora são personagens centrais ou tangenciais na investigação da Rússia. Em uma ponta da mesa está Trump. Na outra, Jeff Sessions. À esquerda de Sessions, duas pessoas que mais tarde seriam interrogadas como parte do inquérito da Rússia: J.D. Gordon e George Papadopoulos, um consultor de política externa que aceitou um acordo de leniência por mentir para agentes federais durante a investigação, provocando mais dúvidas sobre as supostas ligações da campanha de Trump com a Rússia.

Gordon, que também trabalhou para a campanha de Herman Cain em 2012, ganhou alguma notoriedade por sua pequena aparição na investigação russa. J.D. e eu nos conhecemos desde que ele trabalhava para Cain. Ele é um dos poucos funcionários republicanos em Washington fluentes em inglês e espanhol e aparecia com frequência na CNN para gravar para a rede irmã da empresa, a CNN en Español. É uma dessas criaturas em Washington sobre as quais a gente não ouve falar muito hoje em dia, um bom rapaz que, pelo que entendi, só quer servir seu país.

Quanto a Papadopoulos, ele pode ter sido caracterizado mais tarde como "o rapaz do cafezinho" pelos advogados de Trump, mas, de acordo com J.D., George teve um papel fundamental naquele encontro do Conselho Consultivo de Segurança Nacional. Gordon diz que foi Papadopoulos quem apresentou a ideia de Trump se encontrar com Vladimir Putin durante a campanha. Em uma reportagem de Manu Raju, meu colega na CNN, noticiamos que Trump ficou intrigado com a ideia. Trump "prestou atenção", contou-nos Gordon. Sessions, de acordo com J.D., foi contra a ideia de um encontro de campanha Trump-Putin.

Independentemente de Sessions ter se oposto à ideia, esse relato levantou dúvidas sobre o que ele disse na sabatina: de que não tinha conhecimento de qualquer comunicação entre os russos e a campanha de Trump. A própria ideia de se comunicar com o governo russo foi discutida naquela reunião.

Gordon me disse, como um aparte, que Papadopoulos queria ser muito mais que o "menino do cafezinho" na campanha. Ele tentara se impor como um dos nomes da campanha no circuito de talk shows de domingo, e certa vez comentou que seu sobrenome rimava com o de um âncora do *This Week*, da ABC.

"Papadopoulos Stephanopoulos", George Papadopoulos disse a J.D., sorrindo. Gordon pensou que Papadopoulos estava se achando mais importante do que de fato era.

Mas isso não foi tudo que aconteceu naquela reunião de 31 de março de 2016. Como noticiei na CNN, Gordon disse que Trump falou a seus conselheiros que "não queria ir para a Terceira Guerra Mundial por causa da Ucrânia". Pense nisso um momento. Trump não era nem o candidato republicano ainda. Não tinha experiência em política externa. No entanto, o que estava propondo era essencialmente a reversão de uma política dos Estados Unidos. Estava dizendo a seus amigos na equipe de política externa que queria voltar atrás na postura americana em relação à agressão russa. Quase quatro meses depois, na convenção republicana em Cleveland, a campanha de Trump argumentou contra armar os ucranianos no conflito contra os russos, indo na contramão do que muitos veteranos de política externa em Washington, como o senador John McCain, defendiam. Gordon me disse, e esse é um ponto importante, que a plataforma do partido em relação à Rússia na convenção de 2016 era um espelho dos comandos dados por Trump naquela reunião crucial de março do mesmo ano.

Gordon disse mais tarde que estava irritado com algumas notícias publicadas sobre os comentários que teceu para mim sobre aquela reunião. J.D. insistia que ele e seus companheiros de campanha na convenção não estavam tentando diluir ou aliviar a posição americana quanto à Ucrânia. Apenas queriam evitar que as coisas se tornassem mais bélicas. Mas Trump tinha outras ideias. Numa entrevista a George Stephanopoulos, da ABC, Trump afirmou que a política russa tinha sido "suavizada". De qualquer forma, a convenção do Partido Republicano deu o recado de que Trump queria uma relação nova e mais próxima com a Rússia. E Trump repetiria essa mensagem diversas vezes durante a campanha, quando continuou propondo relações melhores com o Kremlin. Os veteranos dentro do Partido Republicano, incluindo McCain, ficaram atentos.

Confio na memória que J.D. tem dos fatos, mas também sei que ele não está muito feliz com a forma como foi tratado pela campanha. Ele me contou que nunca foi pago pelo trabalho que fez para Trump. Também não gostou de trabalhar para Jared Kushner, para quem, segundo me disse, compilou pilhas de informações sobre vários líderes estrangeiros com quem ele tinha intenção de se encontrar, só para ver Kushner desdenhar de tudo que ele havia feito.

Como muita gente que dedicou a vida a Trump no decorrer dos anos, J.D. se decepcionou. Apesar de toda a sua experiência com política e com o governo em Washington, sem falar em sua lealdade a Trump, Gordon acabou involuntariamente dando seu conhecimento de graça para um homem de negócios com fama de dar calote nos fornecedores. Ele não foi o primeiro a se sentir passado para trás por Trump. A CNN e outros veículos noticiaram com detalhes as inúmeras vezes que Trump se recusou a pagar empreiteiros que o ajudaram a construir seus hotéis e cassinos. J.D. e seus colegas conselheiros de política internacional eram apenas os últimos numa longa fila de vítimas.

Para meu espanto, Gordon apareceria em veículos de imprensa conservadores para criticar o inquérito sobre a Rússia. Apesar da forma como a campanha de Trump o tratou, ele permaneceu de certa forma leal ao presidente. Tenho dificuldade em entender isso. Mas J.D. me disse que nunca ficou convencido de que havia uma conspiração entre o comitê de Trump e os russos. Ele sempre viu o que aconteceu como um tipo de comédia de erros, como algo saído da comédia maluca dos irmãos Cohen, *Queime depois de ler*, na qual dois funcionários idiotas de uma academia descobrem um disco contendo informações da CIA que tentam revender para agentes russos. Os assessores de Trump me disseram repetidas vezes que eles eram estúpidos demais para organizar a campanha, então como poderiam conspirar com a Rússia?, brincavam.

Mas havia um detalhe bastante grave para Gordon nisso tudo. Como alguém que poderia acabar sendo envolvido na investigação sobre a campanha de Trump e a Rússia, J.D. passou horas sendo interrogado pelos investigadores do procurador especial. Eles leram para ele e-mails e mensagens de texto que ele havia enviado a outras pessoas, comunicação que o time de investigadores havia coletado para usar durante os interrogatórios. Acabou tendo custos legais na casa das centenas de milhares de dólares, conforme me contou.

Mesmo assim, aquela agora infame reunião do Conselho Consultivo de Política Nacional da campanha de Trump foi um dos primeiros sinais críticos de contatos potenciais entre o candidato republicano e o Kremlin.

A crise causada quando Sessions se considerou impedido de continuar no inquérito foi rápida e tumultuada. Sem querer parecer Forrest Gump, que sempre aparecia em eventos famosos, eu estava com Trump no dia em que Sessions se declarou impedido, servindo de representante das redes de TV. (Como seria muito trabalhoso ter todas as redes em todas as aparições para foto do presidente, um repórter de TV e um cinegrafista, e normalmente um técnico de som, recebem a tarefa de cobrir esses breves eventos filmados para todas as grandes redes de TV. O mesmo acordo existe entre veículos impressos e agências de notícias. Eles também mandam alguns representantes da imprensa escrita para representar o grupo.) No dia 2 de março de 2017, eu estava lá, cobrindo a viagem do presidente a Norfolk, Virgínia, onde ele visitaria um porta-aviões. Enquanto andávamos pelo interior do navio, eu e outros repórteres no grupo enchíamos Trump de perguntas sobre Sessions, que, naquele momento, ainda não tinha se declarado impedido.

"Acho que não", disse Trump quando perguntei se Sessions se declararia impedido. O presidente foi questionado também se acreditava que Sessions tinha dito a verdade durante sua sabatina. "Provavelmente sim", respondeu Trump.

Qualquer pessoa acostumada a cobrir Trump sabia muito bem que ele estava pisando em ovos. Suas respostas curtas, de quatro ou cinco palavras para perguntas sobre a investigação da Rússia, eram um claro indício de que ele não estava a fim de falar. Claro, ele adoraria responder as perguntas dos repórteres, desde que não fossem sobre o inquérito da Rússia. Trump certamente podia ser rude quando não queria falar com repórteres, mas aquele não foi um desses momentos. Tenho a impressão de que ele queria que sua visita a Norfolk fosse seu momento de comandante-chefe. Estava vestindo uma jaqueta de aviador verde oliva e um boné de beisebol azul, o tipo de roupa que um presidente usa quando visita um porta-aviões. E nós estávamos arruinando a experiência ao incomodar com perguntas sobre Sessions. Registrando tudo para tuitar para os milhões de seguidores de Trump estava o diretor de mídias sociais do presidente, Dan Scavino. Depois, antes de embarcar no helicóptero que levou a imprensa de volta ao Air Force One, dei um tapinha nas costas de Dan. Naquele momento, eu ainda tinha um bom relacionamento com algumas pessoas na equipe de Trump. Scavino era um dos "originais" da campanha, a equipe que eu conhecera na estrada, antes da guerra de Trump contra a mídia começar.

Quando pousamos de volta na Base Aérea Andrews, nos arredores de Washington, esperamos no Air Force One, como de costume, até Trump desembarcar e entrar no Marine One para a viagem de helicóptero de volta à Casa Branca. Depois de quase uma hora, ainda esperando dentro do avião, começamos a nos perguntar o que estava acontecendo. Trump estava no avião assistindo à coletiva de imprensa de Sessions, na qual ele leu uma declaração se considerando impedido de continuar acompanhando a investigação sobre a Rússia. Apesar de estarmos a apenas alguns metros dele, não tínhamos a menor ideia de que o presidente estava possesso com a decisão de Sessions.

Todos assistíamos à cobertura em nossos telefones. Os assistentes de Trump estavam quietos. Ficaria óbvio mais tarde que Trump estava muito irritado. Ainda assim, embora fosse transformar Sessions num saco de pancadas durante toda a permanência do ex-senador do Alabama na procuradoria-geral, pelo menos naquela noite Trump defendeu seu correligionário.

Numa declaração divulgada naquele dia, ele disse: "Jeff Sessions é um homem honesto. Ele não disse nada de errado [em sua sabatina]. Poderia ter sido mais preciso em suas respostas, mas isso claramente não foi intencional." E acrescentou: "Toda essa narrativa é uma forma de os democratas justificarem a derrota em uma eleição que todos achavam que iriam ganhar. Os democratas estão supervalorizando as cartas que têm na mão. Perderam a eleição e agora perderam a noção de realidade. A verdadeira notícia são todos esses vazamentos ilegais de documentos sigilosos e outras informações. É uma caça às bruxas!"

Ainda assim, a declaração continha as sementes de alguns dos tuítes hiperbólicos de Trump que estavam por vir — de "vazamentos ilegais de documentos sigilosos e outras informações" a "caça às bruxas!". Mesmo que Trump fosse mais generoso com Sessions naquele momento, a ofensiva contra o inquérito sobre a Rússia continuava.

Trump tentou evitar que Sessions se considerasse impedido. Ele havia feito suas próprias incursões junto ao procurador-geral para evitar que isso acontecesse. Outras pessoas na Casa Branca também tentaram. O conselheiro da Casa Branca Don McGahn conversou com Sessions num esforço para convencê-lo de que não deveria se afastar da investigação. O chefe de gabinete da Casa Branca, Reince Priebus, e o secretário de imprensa, Sean Spicer, fizeram o mesmo.

"Acho que é justo chamar de pressão", disse-me mais tarde um funcionário graduado do governo sobre todas essas ligações para Sessions.

Noticiei o caso na CNN na noite de sexta-feira — ah, o glamour de ser repórter da Casa Branca — no início de janeiro de 2018. Um pouco antes de a notícia entrar no ar, recebi uma ligação de Spicer. Naquele momento, Sean não trabalhava mais para a Casa Branca; ele havia se demitido no verão do ano anterior. É suficiente dizer que nós nunca mantivemos contato depois de sua saída do governo, mas ele ligou para negar que tivesse feito qualquer pressão para Sessions desistir da ideia de se declarar impedido.

"Durante oito meses disseram que eu estava por fora do que estava acontecendo, e agora sou parte disso?", comentou Spicer pelo telefone. "Não é bem assim." Ele acrescentou que havia ligado para Sessions e sua equipe apenas para organizar a coletiva de imprensa.

Mas não havia possibilidade de Spicer resistir a um confronto, sendo ele como é. Se eu não derrubasse a notícia, ele ameaçou me perseguir no Twitter. Eu queria ser chamado de "fake news"?, perguntou. Educadamente, avisei que não iria derrubar a notícia e me despedi.

Já Priebus, que também tentou evitar que Sessions se declarasse impedido, se recusou a comentar.

Apesar da pressão da Casa Branca, Sessions ouviu os conselhos dos funcionários do Departamento de Justiça, que imaginavam que, dadas as circunstâncias, ele deveria se considerar impedido. As implicações de sua declaração eram enormes tanto para o inquérito sobre a Rússia quanto para a permanência de Sessions como procurador-geral. Como Trump faria questão de dizer no próximo ano e meio, ele via a decisão de Sessions como uma traição, talvez a pior de sua presidência. Demonstrando uma falta de conhecimento básica sobre a função do líder do Departamento de Justiça dos Estados Unidos, Trump queria que o procurador-geral se comportasse como seu advogado. A declaração de impedimento de Sessions expôs Trump, e agora o presidente usaria o cargo por conta própria para influenciar a opinião pública e demonizar aqueles que fizessem perguntas. Sua conta no Twitter seria a principal arma em seu arsenal.

No fim de abril, Rod Rosenstein havia sido confirmado como subprocurador-geral, tornando-se o funcionário do Departamento de Justiça que acompanharia a investigação sobre a Rússia depois do afastamento de Sessions. Não demorou muito para sua independência ser posta à prova.

Sem Sessions para protegê-lo, Trump atacaria o inquérito a cada passo da investigação. Durante meses, a apuração fora uma obsessão para ele, mas nas semanas seguintes ele se mostraria especialmente dedicado a ela. Incapaz de evitar que Sessions se declarasse impedido, Trump encontrou aquilo que pensou ser uma nova forma de controlar a investigação: o diretor do FBI, James Comey.

Menos de quatro meses depois de chegar à presidência, Trump demitiu Comey. O presidente, em uma de suas demonstrações mais claras de desonestidade, alegou como motivo para a demissão a forma como Comey lidara com a investigação dos e-mails de Hillary Clinton — sim, aquele inquérito que pode ter entregado a ele as chaves do Salão Oval. Trump citou um relatório concluído pelo novo subprocurador-geral, Rod Rosenstein, criticando fortemente a atuação de Comey na saga dos e-mails de Hillary. Então, em uma carta para Comey, Trump inseriu algo que acreditava ser um parêntese justificativo, afirmando que o diretor do FBI lhe tinha garantido que não havia motivos para se preocupar com a investigação sobre a Rússia.

"Muito embora eu tenha ficado grato por você ter me informado, em três ocasiões diferentes, que eu não estou sob investigação, ainda assim tive que concordar com o parecer do Departamento de Justiça de que você não é capaz de liderar o bureau de maneira eficiente", escreveu Trump numa carta para o recém-destituído diretor do FBI.

Numa espécie de golpe de sorte para a CNN, um dos nossos produtores na Casa Branca, Noah Gray, recebeu uma dica de que o assessor pessoal de segurança de Trump, Keith Schiller, levaria a carta pessoalmente à sede do FBI, que fica a uma quadra da Casa Branca. Era espantoso. Ali estava um dos principais seguranças de Trump, que todos nós conhecíamos desde a campanha e que assumiu função equivalente no governo dentro da Casa Branca, basicamente indo ao FBI para demitir James Comey em nome do presidente. Normalmente, a demissão de um diretor do FBI não aconteceria dessa maneira. O costume era o diretor ser chamado à Casa Branca para receber a má notícia em pessoa. Mas Trump não queria fazer o trabalho sujo, então enviou Schiller. Quem faz uma coisa dessas?

Comentaristas especializados em Direito levantaram dúvidas se a demissão de Comey configurava obstrução de Justiça, um crime passível de impeachment. Trump alimentou essa especulação ao revelar seus reais motivos numa entrevista a Lester Holt, da NBC.

Trump disse a Holt que, de fato, parte da razão para demitir Comey havia sido o inquérito da Rússia. Era uma admissão assombrosa. Por mais desonesto que Trump seja às vezes, ele também pode ser incrivelmente sincero. Essa era definitivamente uma dessas ocasiões.

"E, de fato, quando decidi fazer isso", disse Trump a Holt, "falei a mim mesmo: 'Essa história da Rússia, com Trump e a Rússia, é uma mentira, é uma desculpa dos democratas por terem perdido a eleição que deveriam ter ganhado'."

Bannon alertou Trump e outras autoridades da Casa Branca que o presidente estava cometendo um erro grave. Bannon foi "bastante incisivo sobre isso", relatou-me um ex-funcionário de alto escalão, explicando que a investigação de Comey sobre a Rússia, na época, não estava atraindo a atenção da imprensa.

Um dia depois de Trump demitir Comey, em mais um episódio da série "não tem como inventar algo assim" na Casa Branca, o presidente convidou os russos para uma visita. Não apenas Kislyak, mas Sergey

Lavrov, o ministro das Relações Exteriores russo, também foi recebido no Salão Oval para uma reunião.

Em uma demonstração de trollagem diplomática, os russos postaram fotos do encontro em um dos veículos estatais de comunicação. A nova Casa Branca, cheia de funcionários inexperientes que simplesmente não imaginavam quão calculistas seus colegas no Kremlin podiam ser, não tinha a menor ideia de que os russos liberariam essas fotos.

"Eles nos enganaram", disse, irritado, um funcionário da Casa Branca. "Esse é o problema com os russos: eles mentem", acrescentou. Minha reportagem causou furor naquela manhã, uma vez que estava cheia de ironia, sugerindo que os funcionários da administração Trump eram muito ingênuos em relação às intenções do Kremlin.

Uma nova razão para que a investigação tivesse supervisão independente veio do próprio Comey, tanto em seu depoimento ao Congresso quanto em relatórios sobre as anotações que fez logo após suas reuniões e seus telefonemas com Trump. Comey relatou essas interações em um agora famoso memorando que detalhava um pouco o comportamento agressivo de Trump visando encerrar a investigação sobre a Rússia.

Na declaração sobre suas conversas com o presidente que preparou para ler no Congresso, o ex-diretor do FBI afirmou que, no dia 27 de janeiro, apenas uma semana após a posse, Trump pediu a ele que declarasse sua lealdade durante um jantar.

"Preciso de lealdade, espero lealdade", teria dito o presidente, segundo Comey.

De acordo com Comey, Trump tentou intervir no caso Flynn no dia 14 de fevereiro, numa reunião no Salão Oval. Isso foi um dia após Flynn ter sido demitido por suas declarações falsas sobre as conversas com Kislyak.

"Espero que você encontre uma forma clara de deixar isso para trás, de deixar Flynn em paz. Ele é um bom rapaz. Espero que consiga deixar isso de lado", teria dito Trump, de acordo com Comey.

No dia 30 de março, Trump pediu a Comey que "dissipasse as nuvens" causadas pela investigação sobre a Rússia, de novo de acordo com os registros do ex-diretor do FBI em seu depoimento sob juramento. Trump tentou novamente no dia 11 de abril, pedindo a Comey que deixasse "vazar" que ele não era alvo da investigação.

Na noite em que o depoimento de Comey foi publicado, recebi a dica de que o advogado que Trump havia contratado inicialmente para lidar com o inquérito, Marc Kasowitz, fora visto celebrando no Trump Hotel, em Washington, um ponto de encontro popular de funcionários, pessoas próximas ao governo e amigos do presidente. Kasowitz distribuía charutos e se gabava em voz alta por Comey não haver tocado em Trump durante o depoimento.

"Ganhamos. Fica claro que Trump não fez nada errado", afirmou Kasowitz, de acordo com fontes que ouviram os comentários.

Kasowitz, que havia sido contratado por Trump no fim de maio, não ficou muito tempo no emprego. Deixou a equipe externa de advogados do presidente em julho, depois que a ProPublica revelou que ele enviou e-mails ameaçadores a um homem que sugeriu que ele deveria se demitir.

As confusões e disputas da equipe jurídica de Trump por si só já eram o suficiente para nos manter ocupados naqueles primeiros dias da investigação russa. Nos dias seguintes ao depoimento de Comey, Trump contratou dois advogados famosos em Washington para arrumar a casa, John Dowd e Ty Cobb. Dowd não era difícil de encontrar. Assim que atendeu o telefone, ele me fez cair na risada.

"Ah, não posso falar com você. Você é um cara mau", disse ele, rindo.

Na sequência das revelações de Comey para o Congresso, com a crescente pressão da opinião pública, o subprocurador-geral, Rod Rosenstein, fez algumas mudanças por conta própria, decidindo nomear um procurador especial, um homem de credenciais inquestionáveis: o ex-diretor do FBI Robert Mueller.

Para mim, e para muitos da imprensa em Washington, a indicação de Mueller era o clímax de um período de oito dias surpreendentes que começou com a demissão de Comey. Os eventos daquela semana de maio de 2017 determinariam em boa medida o noticiário e a cobertura do restante da presidência de Trump, mas também mudariam sua estratégia de mídia quanto à investigação. Com o inquérito nas mãos de Mueller e um passo mais longe da influência de Trump, suas opções de interferência estavam ainda mais limitadas. Parecendo acuado, ele passaria a fazer o que faz melhor: começaria a atacar Mueller, a investigação e as notícias sobre eles, embora de fato houvesse dúvidas legítimas que mereciam resposta. Isso aconteceria não apenas em tuítes criticando Robert Mueller, mas também em ataques amplos contra veículos de imprensa, vazamentos e todo tipo de noticiário sobre o inquérito.

Spicer ficava cada vez mais desesperado diante da imprensa, com notícias sugerindo que Trump considerava demiti-lo e até mesmo acabar com os encontros com a imprensa. No momento em que Mueller assumiu o posto como procurador especial da investigação, Trump tentava segurar a imprensa. No dia 30 de maio de 2017, Spicer disse aos jornalistas na Sala de Conferências que Trump estava se sentindo frustrado com as "fake news".

Era um daqueles momentos em que eu achava importante cutucar a onça. Quais fake news?, perguntei a Spicer.

> SPICER: Acho que ele está frustrado, assim como eu e muitos outros, por ver publicadas notícias que são mentirosas, narrativas que estão erradas, "fake news". Quando se depara com reportagens que são perpetuadas e que são absolutamente falsas, não são baseadas em fatos, isso o perturba. E ele tem todo o direito de estar preocupado.
> ACOSTA: Você pode nos dar um exemplo dessas notícias falsas, Sean? Pode nos dar um exemplo?

Spicer começou a reclamar de um erro de um repórter da BBC ao relatar o comportamento de Trump no encontro do G7, que fora retuitado por um repórter nos Estados Unidos. Ao responder à minha pergunta, Sean teve a chance de apontar alguns erros da investigação a respeito da Rússia, mas não o fez. Tudo que conseguiu citar foi um tuíte do qual não gostou.

Quando foi perguntado sobre outros exemplos de notícias falsas, não conseguiu apontar mais nenhum.

"O que estou dizendo é que é essa a razão pela qual o presidente se sente frustrado, porque há uma perpetuação de falsas narrativas, uso de fontes anônimas em número crescente sobre coisas que estariam acontecendo e que, no fim, não acontecem, e eu acho que isso é um problema. Obrigado, pessoal, muito obrigado", disse, deixando a sala de imprensa abruptamente.

Até esse momento da presidência de Trump, sua guerra contra a imprensa parecia mais uma extensão de sua campanha: na maior parte do tempo retórica, destinada a provocar uma cobertura mais favorável ou ao menos dissuadir alguns jornalistas de fazer reportagens negativas. Como pudemos notar nos meses que se seguiram, tudo isso continuou verdadeiro, mas havia mais coisas em jogo, novas frentes de batalha que se tornaram mais violentas na sequência da indicação de Robert Mueller. Dali em diante, todas as notícias sobre a investigação e a Casa Branca ganharam um significado maior tanto para o governo quanto para o país. E isso também era verdade para os ataques de Trump à mídia. Não se tratava mais de frases de efeito para animar a plateia, e sim de algo mais sinistro, que parecia destinado a desmontar a credibilidade de nossas reportagens sobre esse tema específico.

Uma ex-autoridade da Casa Branca contou que Trump continuou obcecado com a cobertura da imprensa sobre a investigação em andamento, um hábito que ficava evidente em seus tuítes atacando o inquérito. "Trump assiste à CNN o tempo todo", disse o funcionário sobre a preferência secreta do presidente. "Ele assiste à Fox News para se sentir melhor", acrescentou.

Publicamente, o presidente jamais admitiria isso, como ficou dolorosamente claro em julho de 2017, quando ele tuitou um vídeo mostrando sua imagem espancando um homem com a logo da CNN sobreposta à cabeça, uma demonstração de violência que incluía a hashtag #NotíciasFraudulentasCNN.

Um ex-funcionário com cargo importante no FBI me lembrou de que, embora Comey tenha decidido informar o público onze dias antes da eleição que estava reavaliando as práticas de Hillary Clinton em relação aos servidores privados de e-mail, o diretor do bureau manteve a investigação sobre as possíveis ligações da campanha de Trump com a Rússia em segredo.

Se a investigação tivesse sido revelada nas últimas duas semanas da campanha, teria sido "fim de jogo para Trump", disse ele.

5

A era Spicer

Tendo como pano de fundo a investigação sobre a Rússia, nós precisávamos continuar fazendo o trabalho do dia a dia — ir aos encontros diários com a imprensa, decifrar a miríade de vazamentos da Casa Branca, tentando confirmar histórias ou arranjar alguém para comentá-las. Todas essas operações típicas de repórteres que cobrem a Casa Branca faziam com que fosse impossível ignorar o tamanho da disfunção que tínhamos diante de nós. Durante os primeiros seis meses do governo, o setor de comunicação da Casa Branca revelou um conjunto impressionante de pontos fracos. Apesar de todo o barulho e de todo o confronto com os repórteres, eles eram completamente desorganizados.

Mesmo depois de sua atuação desastrosa naquele sábado após a posse, quando saiu em defesa do tamanho do público presente à posse de Trump, Sean Spicer continuou fracassando de maneira espetacular. Ele não só usava o pódio da Sala de Conferência da Casa Branca para induzir o povo americano ao erro como também repreendia repórteres de maneira quase incontrolável. Para piorar, deturpava rotineiramente suas explicações sobre as políticas do governo com saladas de palavras inexplicáveis e frases confusas. A mais infame foi quando se referiu a campos de concentração como "centros de Holocausto". Além disso, tentou, sem êxito, impor limites à liberdade de imprensa com a fatídica decisão de desligar as câmeras durante os encontros com a imprensa, uma decisão que só chamou mais atenção para o caos nos eventos que ele conduzia. Era como se a cada dia Spicer sofresse um novo revés. E, de maneira lenta mas constante, a confiança dos jornalistas no secretário de imprensa da Casa Branca caía a níveis que eu jamais vira durante o período em que cobri o segundo mandato de Obama. Nas áreas de imprensa da Casa Branca, os repórteres sussurravam uns para os outros, perguntando-se até que ponto as coisas poderiam piorar.

Não éramos os únicos a fazer essa pergunta. Aos olhos de Trump, o desempenho de uma pessoa na televisão é um atributo fundamental. Ou se é capaz de ter um bom desempenho na TV — como ele teve durante muitos anos contratando e demitindo participantes e celebridades em *O aprendiz* — ou não. Trump estava chegando à conclusão de que Spicer não estava pronto para o horário nobre. A que ponto chegavam suas críticas? Até o guarda-roupa de Spicer: Trump não gostava dos ternos mal cortados que Sean usava na TV.

O verdadeiro problema para Sean, no entanto, é que ele não era talhado para a função de secretário de imprensa. Como acabei por aprender muito bem, ele às vezes mudava de temperamento muito rapidamente e tinha um gosto meio desagradável por vingança. Eu jamais havia passado por isso em minhas interações com ele antes do governo Trump. Na época, se precisava perguntar sobre algo que estava acontecendo no Comitê Nacional Republicano, ele retornava a ligação. Ele podia dar uns cutucões, mas ainda assim era útil. Porém, como costumavam comentar no início da era Trump na Casa Branca, Sean Spicer estava mudado.

"Esse não é o Sean Spicer que eu conhecia" era uma frase comum em Washington no início de 2017.

Jornalistas, articuladores republicanos, funcionários do Congresso — todos tentávamos entender o que tinha acontecido com ele. Percebi a mudança antes do fiasco sobre o tamanho do público na posse, especialmente na coletiva de 11 de janeiro. Mas "Spicy", seu novo apelido, numa referência à imitação que Melissa McCarthy fazia dele no *Saturday Night Live*, estava ficando pior.

Em 31 de janeiro, onze dias depois da posse, Spicer e eu tivemos outro desentendimento, dessa vez em um evento na Universidade George Washington. Frank Sesno, antigo correspondente da CNN na Casa Branca e hoje professor na universidade, nos convidou para um painel que discutiria a cobertura da presidência Trump. Spicer voltou a falar da coletiva na Trump Tower em 11 de janeiro, quando eu tive uma troca de palavras acalorada com Trump. Na versão de Sean, eu dissera aos espectadores que ele ameaçou me retirar da coletiva caso eu fizesse mais uma pergunta difícil. Eu nunca fiz isso.

Spicer de fato me alertou que eu seria retirado caso voltasse a interromper o presidente, observação que eu informei aos espectadores. Mas ele vinha repetindo sua versão falsa da história, e voltou a fazê-lo naquela noite na George Washington.

"Ele induziu os espectadores a um erro tremendo", disse Spicer a Sesno.

Eu estava na plateia, ouvindo e, para ser franco, tentando não cair na risada. Então fiz o que era esperado que eu fizesse. Interrompi Sean e o debate para falar: "Isso não é verdade."

Spicer também defendeu sua afirmação sobre o tamanho do público na posse no primeiro encontro com a imprensa, em 21 de janeiro. Embora mais tarde viesse a se referir a seus comentários naquele dia como um equívoco, de início, naquele evento na universidade, ele fez apenas uma autocrítica. "Nós criamos uma estratégia para lidar com a atual cobertura da mídia e eu a implementei", disse em defesa de suas observações relativas ao tamanho do público, e então admitiu: "Provavelmente eu deveria ter aceitado perguntas."

Então foi minha vez de subir ao palco. Sean tinha ido embora — ou não queria aparecer comigo no palco, ou de fato precisou sair.

"Acho que ouvimos alguns fatos alternativos aqui", falei para Sesno. Mais tarde, deixei claro o que pensava (e continuo pensando, enquanto você lê este livro): "Eles podem nos expulsar da Casa Branca, podem nos jogar na rua. Vamos colocar nossos caminhões na avenida Pensilvânia, vamos fazer exatamente as mesmas reportagens todos os dias", disse à plateia. "Não importa o que façam, nós estamos aqui para fazer nosso trabalho."

Voltando a Spicer, ele falou, no evento da universidade, que eu ainda podia fazer perguntas nos encontros com a imprensa na Casa Branca. Isso era verdade à época. Inclusive, Sean e eu tivemos algumas boas batalhas na Sala de Conferências. Sim, as coisas ficavam confusas, e sim, às vezes descambavam para o lado pessoal — embora eu deva ressaltar que foi Spicer quem começou toda essa história.

Nenhuma autoridade da Casa Branca, seja democrata ou republicana, gosta de ouvir um repórter questionando o que ele ou ela está fazendo. Secretários de imprensa de ambos os partidos têm um trabalho a fazer. Querem dar o recado do presidente, de preferência sem maiores questionamentos. Mas o que alguns defensores de Trump não perceberam, tanto dentro quanto fora da Casa Branca, é que a imprensa também tem um trabalho essencial a fazer. Quando interrompemos ou tentamos cutucar certos pontos vulneráveis no argumento de um secretário de imprensa, buscamos extrair informações que podem muito bem ser vitais para o povo americano. Quando jornalistas vão atrás de histórias e conversam com fontes, que muitas vezes só aceitam contar o que sabem anonimamente, o objetivo não é agir como ativistas políticos, como muitos críticos alegaram. Portanto, podem me chamar de exibido, ou de palhaço, ou de "fake news". Vou morrer convencido até os ossos de que os jornalistas prestam um serviço público para o bem do país. Os Estados Unidos ficam melhores quando têm repórteres na Sala de Conferências da Casa Branca fazendo perguntas difíceis, mesmo que às vezes pareçamos um pouco exagerados. Esse barulho é o som que uma democracia saudável emite ao funcionar.

Parte do problema com que nos deparamos como repórteres na era Trump é o fato de termos que trabalhar como checadores de fatos em tempo real. Como Trump às vezes começa o dia fazendo afirmações falsas ou infundadas no Twitter, os jornalistas precisam passar boa parte do tempo mostrando as coisas como elas realmente são. É um processo necessário, ainda que nossos desmentidos possam ser frustrantes para fãs mais ardorosos de Trump. Imagine um mundo no qual o presidente dos Estados Unidos pode falar o que quiser e ninguém verifica se é verdade. Devo lembrar a vocês que outras sociedades tentaram esse tipo de governo, normalmente na forma de ditaduras nas quais os direitos da imprensa livre são esmagados e os cidadãos devem baixar a cabeça e aceitar o que lhes dizem. Pode soar antiquado, mas, se os contribuintes sustentam o governo federal, também merecem saber como seu dinheiro está sendo usado. Pensando dessa maneira, nós jornalistas não temos alternativa, precisamos fazer as perguntas difíceis ao cobrirmos a Casa Branca, especialmente quando o presidente demonstra um completo desdém pelo papel fundamental de uma imprensa forte e livre.

Levando em conta todos os seus anos de experiência em Washington, Spicer deveria saber de tudo isso. Mas, caso tenha compreendido como as coisas funcionam, certamente não demonstrou. Nos encontros com a imprensa, ele manifestava uma clara inclinação favorável à imprensa conservadora. Em vez de dar a palavra à Associated Press ou a alguma outra agência primeiro, como tantos antecessores haviam feito ao longo dos anos, ele preferia abrir a rodada de perguntas com a Fox News, antes de passar a palavra a outros jornalistas presentes, fazendo um pingue-pongue entre representantes de veículos conservadores e jornalistas de veículos mais tradicionais. Um funcionário graduado me disse que o pessoal da comunicação tinha uma estratégia para escolher os repórteres que fariam perguntas na Sala da Conferências. "Fique no meio" era o mantra. Quando se observa a distribuição das cadeiras na Sala de Conferências, nota-se mais gente de veículos conservadores nos assentos do meio, ao passo que repórteres mais agressivos, da CNN e NBC, ficam nas pontas. Spicer tinha muitos veículos pró-republicanos para escolher. Apesar de toda a conversa sobre a "mídia progressista", imagine a quantidade de sites conservadores que mandavam repórteres regularmente para os encontros com a imprensa: Fox News, Fox Business, The Daily Caller, Breitbart, One America News Network, Newsmax e Christian Broadcast Network são apenas alguns exemplos.

Trump também demonstrava clara preferência por veículos conservadores, por exemplo, em coletivas de imprensa conjuntas com líderes de outros países na Casa Branca. Isso teve uma grande influência nas informações publicadas sobre esses eventos. Normalmente, essas coletivas conjuntas tinham duas perguntas de repórteres americanos e duas de membros da comitiva cobrindo o líder visitante (o formato "2+2", como chamávamos). Se Trump garantisse que receberia perguntas fáceis, especialmente aquelas que passavam longe da investigação da Rússia, ele poderia controlar a mensagem.

Meu palpite é que hoje Spicer sabe que cometeu alguns erros e, para ser justo, ele estava mesmo numa situação complicada. Foi forçado a defender uma quantidade imensa de falsidades de Trump — caramba, vou usar a palavra certa: mentiras —, a ponto de raramente não estar na defensiva na Sala de Conferências. A cada encontro, uma das primeiras perguntas feitas era invariavelmente sobre alguma das ridículas afirmações do presidente.

Pense, por exemplo, na afirmação de Trump, pouco tempo depois da eleição, de que milhões de pessoas sem documentos haviam votado ilegalmente. Era seu pretexto para ter perdido para Hillary Clinton na votação popular, algo que ainda incomodava Trump, que não tolera o fato de ter terminado a disputa com três milhões de votos a menos do que a candidata democrata. O presidente repetiu essa afirmação em um encontro com legisladores na Casa Branca na segunda-feira depois de sua posse. Evidentemente, aquilo ainda estava em sua cabeça. No dia seguinte, 24 de janeiro, no encontro com os repórteres, para sustentar a tese de Trump de que ocorrera uma fraude, Spicer mencionou um estudo que não existia.

"Tem um estudo feito pelo Pew em 2018 indicando que catorze por cento das pessoas que votaram não tinham cidadania. Outros estudos foram mostrados a ele. É uma crença que Trump mantém", disse-nos Spicer.

Mas o estudo do Pew tratava de registros desatualizados de eleitores, não de fraude eleitoral envolvendo pessoas sem documentação. Sean estava aparentemente misturando esse estudo com outro que pretendia encontrar indícios de fraudes — estudo que já havia sido amplamente desacreditado.

Mesmo assim, Trump não deixaria os fatos atrapalharem sua versão. Ele criou uma comissão para investigar fraudes eleitorais, a Comissão Presidencial de Integridade Eleitoral, que, como você talvez lembre e provavelmente já adivinhou, não encontrou absolutamente nenhum indício de fraude eleitoral disseminada, muito menos em escala que pudesse acrescentar três milhões de votos para Hillary Clinton. Trump e Spicer estavam fabricando seus próprios "fatos alternativos", como tantas outras vezes, direto da Casa Branca.

Um funcionário graduado da Casa Branca tentou culpar a ampla rede de amigos que mantinha contato com o presidente por sua tendência para espalhar informações falsas, seja via telefone ou por meio de visitas ocasionais ao Salão Oval.

"A maior parte das informações equivocadas que o presidente recebe vem de fora deste edifício", disse essa fonte. "Ele tem um grande círculo de amigos, sempre tem alguém tentando impressioná-lo, sempre tem alguém querendo manter contato com ele".

Mas essa não é a única fonte de informação que afasta Trump da verdade, continuou o funcionário.

"Acho que ele fica lendo essas coisas e dizendo: 'Você sabia? Você sabia? Você sabia?'"

Havia, é claro, outros problemas para Spicer. Em um encontro com a imprensa, em 20 de março de 2017, ele tentou minimizar o papel do ex-coordenador de campanha de Trump, Paul Manafort, na vitória, depois que a investigação sobre a Rússia descobriu indícios ligando Manafort a casos de corrupção na Ucrânia e na Rússia.

"Evidentemente, tratamos o caso de Paul Manafort, que desempenhou um papel muito limitado durante um período de tempo muito breve", disse Spicer.

Isso era uma bobagem, e continuou sendo um assunto ridículo para a Casa Branca. Trump posteriormente repetiu a mentira sobre o papel "limitado" de Paul Manafort na campanha. Mas, se é para falar a verdade, Manafort foi contratado por Trump para emplacar seu nome de maneira definitiva na convenção republicana que aconteceria em breve. Manafort, que havia trabalhado para outros políticos de primeiro nível em Washington, daria o recado de que a candidatura de Trump não empurraria o partido para o abismo. Em maio, dois meses depois, Manafort foi promovido a coordenador de campanha, um cargo que manteve até agosto, quando renunciou. Como ele próprio era um alto funcionário do Comitê Nacional Republicano e integrante do establishment de Washington, Spicer sabia muito bem que Manafort tivera papel de destaque na campanha. Mas não estava sendo franco.

Isso nos leva à acusação infame de que Barack Obama grampeara o executivo de Manhattan na Trump Tower durante a campanha de 2016. Para mim, essa é uma das mentiras definidoras da era Trump. Trump não ofereceu nenhum indício do fato. Como sempre, simplesmente tuitou aquilo. E, como ocorre muitas vezes, grande parte de Washington enlouqueceu, e a história virou notícia. É preciso lembrar que, à época, as pessoas ainda não estavam acostumadas a ver o presidente espalhando suas teorias conspiratória para as massas.

O mais triste — e eis o motivo para essa mentira ser tão importante — é que membros da Casa Branca de Trump aderiram à mentira imediatamente, de modo cômico, mas também assustador.

Por dias, veículos de comunicação foram tomados por discussões sobre a afirmação feita pelo presidente, sem qualquer embasamento, de que seu antecessor basicamente havia mandado espioná-lo. O escritório de Obama emitiu uma breve nota, negando a acusação, mas a história já havia sido injetada na imprensa da era Trump, o que significa que estava espalhada nas mídias sociais, sem contar que dominava boa parte da cobertura tanto na imprensa convencional quanto nos veículos conservadores.

De início, Spicer tentou abafar o caso, emitindo uma nota que insistia que a Casa Branca não tinha nenhum comentário a acrescentar aos tuítes. "Nem a Casa Branca nem o presidente farão novos comentários", disse Spicer.

Mas a própria assessoria de imprensa de Spicer não se mostrou disciplinada. Sua subsecretária da época, Sarah Huckabee Sanders, numa tentativa de dar legitimidade à narrativa, inventou uma história ridícula segundo a qual o grampo já havia sido noticiado pela imprensa. Essa talvez tenha sido a primeira das muitas mentiras de Sarah.

"Todo mundo age como se tivesse sido o presidente Trump quem teve a ideia e simplesmente a jogou no ar", afirmou em *This Week with George Stephanopoulos*, da ABC. "Diversos meios de comunicação relataram o fato", acrescentou, numa afirmação que o PolitiFact classificou como "Falsa".

Depois, aumentando o absurdo do episódio, Kellyanne Conway disse a um jornal de Nova Jersey que talvez Trump fosse vítima de uma outra espécie de espionagem. Talvez não de um grampo, como o presidente afirmou inicialmente. "O que posso dizer é que existem muitos meios de se vigiar uma pessoa", afirmou Conway ao *Record* de Bergen County. Ela sugeriu que Trump poderia ter sido gravado por meio de eletrodomésticos, como um forno de "micro-ondas". Não sei vocês. Meu micro-ondas tem um botão para descongelamento, mas nenhum que indique "Vigilância". Tenho quase certeza de que é impossível "grampear" uma batata assada. Mas estou divagando.

Todas essas defesas que não são baseadas em fatos feitas por Spicer e pela equipe de comunicações da Casa Branca demonstraram por que esses confrontos continuavam ocorrendo durante os encontros com a imprensa. Nós simplesmente não estávamos obtendo respostas, e aquele momento era nossa única chance no dia de tentar conseguir algo. Não podíamos simplesmente aceitar como fato a afirmação de Trump de que Obama havia mandado grampeá-lo. Lamento, mas não nascemos ontem.

Felizmente para todo mundo, a equipe de Trump recuou, ou quase isso. Em 16 de março, doze dias depois do tuíte original e infundado de Trump, Spicer chegou o mais perto que pôde de esclarecer a afirmação equivocada do presidente. Em uma conversa sobre a acusação de grampo no encontro com a imprensa, Spicer visivelmente alterou a explicação dada pela Casa Branca. Subitamente, a afirmação de Trump sobre o grampo, nos disseram, não devia ser levada ao pé da letra. O presidente tinha usado "grampo" entre aspas, explicou Sean, como se conferisse à mentira ares de verdade. Normalmente, usam-se aspas para deixar as coisas mais precisas, não para falar delas de maneira genérica. Trump, na verdade, estava falando de vigilância, segundo Sean. Embora deva-se ressaltar que até hoje não exista nenhuma prova de que Obama tenha determinado que Trump fosse vigiado no lugar onde mora e trabalha, como o novo presidente alegou. Tanto republicanos quanto democratas participantes das Comissões de Inteligência do Senado e da Câmara afirmaram isso.

Houve muitas interrupções enquanto tentávamos esclarecer essa história, quase duas semanas depois de Trump ter postado os tuítes sobre o grampo. Mas eis como as coisas se desenrolaram durante a conversa:

> ACOSTA: Os presidentes das Comissões de Inteligência tanto do Senado quanto da Câmara, dos dois partidos, dizem que não veem nenhum indício de grampo. Dito isto, como o presidente pode continuar...
>
> SPICER: Porque não é... porque você está descaracterizando o que o presidente Nunes falou. Ele disse: "Acho que é possível. Estamos investigando." De forma a sugerir que está de fato, e você afirma sem nenhuma dúvida que de alguma forma você...
>
> ACOSTA: ... literalmente, você disse que se você...

SPICER: Certo, eu acho que nós já esclarecemos esse ponto. Ele disse exatamente isso. Mas o presidente já disse claramente que quando falou em grampo estava se referindo à vigilância.
ACOSTA: Certo, mas parece, Sean, que você e o presidente estão dizendo agora, bem, agora não estamos mais falando em grampo porque isso não é mais verdade, então vamos extrapolar para outras formas de vigilância. O que vem a seguir?
SPICER: Não, não, Jim, acho isso muito engraçadinho, mas no fim das contas nós já falamos sobre isso três ou quatro dias. O presidente usou "grampo" entre aspas. Estava se referindo à vigilância num sentido amplo. E basicamente agora você está voltando atrás. Nós falamos disso há vários dias.

Aí está. Quando o presidente escreveu "grampo" entre aspas, ele queria dizer vigilância. A bandeira branca, felizmente, foi estendida. Trump, diga-se, também recuou de sua acusação original. Numa entrevista para a Fox News, tentou encerrar o assunto dizendo que "grampear" podia dizer muitas outras coisas. Era uma admissão de que Trump estava simplesmente inventando coisas.

"Não se esqueça, quando eu disse 'grampo', a palavra estava entre aspas", explicou Trump à Fox. "Isso é muito abrangente, porque grampo é uma coisa bem antiquada, mas na verdade abrange vigilância e muitas outras coisas. E ninguém jamais menciona que estava entre aspas, mas isso é muito importante", acrescentou, sugerindo que, se alguém fizer aspas com os dedos ao contar uma mentira, basicamente está autorizado a dizer o que bem quiser. Desculpa, mas não funciona assim.

Como meus confrontos com Spicer estavam viralizando, começava a ficar claro que nossas discussões prejudicavam todas as oportunidades reais para qualquer tipo de relacionamento profissional, no ar ou fora dele. Quando Spicer coloca alguém na sua listinha negra, a pessoa nunca mais sai dela. Para mim, creio, esse dia chegou quando ousei desafiar Trump na coletiva no período de transição e Spicer ameaçou me retirar da sala. Mesmo assim, para dar a Sean os devidos créditos, houve momentos em que ele fez seu trabalho de secretário de imprensa. De vez em quando me ligava, oferecia informações e tentava esclarecer as coisas, como deveria fazer. Mas depois, no dia seguinte, surtava e ficava furioso, deixando todos nós em dúvida sobre sua capacidade de lidar com um cargo de tanta pressão.

Parte do problema de Sean era que ele tentava fazer dois trabalhos ao mesmo tempo. Spicer entrou para o governo trabalhando tanto como secretário de imprensa quanto como diretor de comunicação. Assumiu os dois cargos (erro que jamais deveria ter cometido) depois que o antigo porta-voz de campanha de Trump, Jason Miller, surpreendentemente pediu, durante o período de transição, que não fosse mais considerado para diretor de comunicação. Miller se afastou desse cobiçado cargo no governo depois que foi revelado que havia tido um filho fora do casamento. Jason e eu discutimos durante a campanha — ele insultou o trabalho que eu fazia ao vivo para a CNN —, mas não vou me estender sobre ele aqui. Cometeu um erro em sua vida pessoal e deixou o mundo de Trump para ficar com a família.

No entanto, a súbita ausência de Jason deixou Spicer numa situação impossível. Qualquer veterano da Casa Branca o teria alertado que ele estava assumindo duas responsabilidades imensas. Ser secretário de imprensa da Casa Branca exige um preparo enorme. A pessoa tem de estar impregnada de informações sobre uma multiplicidade de assuntos, desde terrorismo e Coreia do Norte até tratamentos de saúde e questões orçamentárias. Sean, como sabemos hoje, não estava preparado nem mesmo para esse trabalho. Como chefe de comunicação do Comitê Nacional Republicano, ele havia lidado sobretudo com questões relativas à estratégia política e à arrecadação de fundos, não com a complexidade do acordo nuclear com o Irã. Soar mal informado sobre esse tipo de assunto pode mexer com o mercado, no mau sentido.

Some-se a isso a gigantesca tarefa de trabalhar como diretor de comunicação de uma Casa Branca que ainda estava decolando e você terá a receita para um desastre de relações públicas. Um bom diretor de comunicação está o tempo todo pensando na mensagem do presidente, em como vendê-la e como ela será informada. O diretor de comunicação tradicionalmente não fala do pódio. Ele organiza eventos com membros do ministério ou com o próprio presidente para transmitir a mensagem. Com Trump, esse trabalho é ainda mais difícil, se levar em conta o fato de que o quadragésimo quinto presidente é indisciplinado, para dizer de maneira gentil, e prefere escolher ele mesmo sua mensagem, não importando que por vezes a informação seja pouco confiável. Em resumo, era impossível Sean ocupar esses dois cargos — não dá para se preparar adequadamente para o encontro com a imprensa quando se está preparando eventos e vice-versa —, e esse monstro de duas cabeças acabou o levando à demissão.

Lá pelo meio de fevereiro, recebi uma dica de que Michael Dubke, um articulador pouco conhecido do Partido Republicano com sede no norte da Virgínia, estava prestes a ser escolhido como o novo diretor de comunicação da Casa Branca. Depois de confirmar a informação com uma autoridade da Casa Branca, demos a notícia ao final da noite. Um sinal de que estávamos certos? Sean não tentou desmentir. Mas não se engane, eles estavam furiosos porque a informação tinha vazado e, em retrospecto, acho que provavelmente ela foi vazada intencionalmente para irritar Sean.

Na manhã seguinte, pouco antes das oito horas, meu telefone tocou e o nome "Sean Spicer" brilhou na tela. Atendi. Spicer estava, não havia como negar, enlouquecendo. Visualize veias saltando do pescoço. Foi esse tipo de telefonema. Ele gritava, incomodado com parte da história. Eu tentei explicar calmamente minha reportagem, mas isso não mudava o que ele estava sentindo.

Spicer estava furioso porque obviamente alguém de dentro do mundo de Trump havia vazado a notícia. Imagine a impressão que isso causava. O sujeito da Casa Branca que deveria controlar o fluxo de informações não tinha conseguido evitar o vazamento de uma notícia sobre o cargo que cuidava do fluxo de informações.

Ali estava eu, ao lado do meu filho, que tinha entrado na sala, ouvindo Sean gritar comigo a plenos pulmões: "Você é a porra de uma cobra!"

Quando desliguei, olhei para o meu filho.

Com uma cara assustada, ele perguntou: "Quem era?"

"Filho", falei, "era a Casa Branca."

Nem todas as discussões com Spicer ocorriam em privado. Precisamos lembrar como Spicer tratava alguns de meus colegas na Sala de Conferências. A maneira chocante como tratou April Ryan, talvez a repórter negra com maior visibilidade na Casa Branca, foi tenebrosa. Durante um dos encontros com a imprensa, em 28 de março, ele a repreendeu simplesmente por balançar a cabeça, o que só fez com que parecesse chauvinista e mesquinho. April, uma repórter rigorosa, fizera uma pergunta bastante tranquila naquele dia, tentando saber de Spicer se ele passara a se preocupar com a imagem da Casa Branca. Sean tentou evitar a pergunta, o que levou April a balançar a cabeça, incrédula. Como repórteres, é comum que olhemos para o secretário de imprensa com ar de descrença, ainda mais se o secretário de imprensa for Sean Spicer. Se não consegue lidar com repórteres balançando a cabeça, você não deveria estar naquele pódio. É simples assim.

Enquanto saíamos da Sala de Conferências, eu me lembro de April, que é minha amiga, me perguntar: "Dá pra acreditar?"

"Inacreditável", respondi, um diálogo que April e eu tivemos muitas ocasiões ao voltar para nossa área de trabalho no porão da Casa Branca.

Uma coisa que nós dois tínhamos em comum era o fato de Sean levar as coisas para o lado pessoal tanto com ela quanto comigo. Para April, eu virei seu "irmão de outra mãe"; April era minha "irmã de outro pai". Nós tínhamos mais uma coisa em comum: começávamos a receber ameaças de morte, e em níveis que não conhecíamos. April mais tarde me confidenciaria que salvou o número do FBI na "discagem rápida" de seu telefone.

Ryan, como tantos outros veteranos da imprensa especializada na Casa Branca, estava ali havia décadas. Ela merece mais respeito. O tratamento que Spicer lhe deu resumia a atitude que a Casa Branca tinha com repórteres em geral. Sem dúvida não era assim que ele costumava nos tratar, mas a impressão era de que, depois de ter sido arrastado para a órbita de Trump, a imprensa havia se tornado o "partido de oposição" e, tristemente, sua "inimiga".

Às vezes, eu achava que Spicer e eu viraríamos a página, mas aí, quase sempre, ele acabava com essa esperança. Certo dia, eu estava sentado numa cabine na área de imprensa da Ala Oeste quando um assistente parou e me pediu que fosse até o escritório de Sean. Sem problemas. Será que Spicer estava me chamando ao escritório só para gritar comigo? Para fazer as pazes? Talvez ele fosse finalmente baixar a guarda. Larguei tudo e fui ao escritório.

Na verdade, Sean havia me chamado lá para reclamar de um GC (texto que resume as notícias do dia na parte inferior da tela da TV) que estava no ar naquele momento durante um bloco de *Out Front*, de Erin Burnett. Não lembro o que estava escrito. Fosse o que fosse, não me lembro de ser tão ruim assim. Essas coisas sempre podem ser suavizadas, eu acho. Mas aquilo deixou Spicer maluco.

Quando entrei no escritório, ele gritava obscenidades ao telefone. Na outra ponta da linha estava o chefe da sucursal da CNN em Washington, Sam Feist.

"Espera aí", disse Spicer, parando de gritar com Feist e se virando para mim para berrar. "Qual é o problema de vocês?" Olhe aquele texto, continuou, apontando para a TV em seu escritório.

Esse era Spicer em seu modo clássico. Ele estava tão irritado com o texto que a CNN transmitia naquele momento que, num perverso ciclo da vida, gritava ao mesmo tempo com o chefe da minha sucursal pelo telefone e comigo. Embora a cena tenha sido ridícula, ainda mais depois de todo o drama pelo qual Sean e eu já havíamos passado, ainda tentei ajudar. Mandei um e-mail para o programa falando do texto para ver se poderiam mudá-lo, mas era tarde demais. O bloco tinha acabado. A essa altura, Spicer já tinha acabado de dar seu chilique, então eu saí.

Havia momentos de relativa paz entre mim e Spicer. Fico feliz por contar que nos demos bem durante a Festa dos Ovos de Páscoa de 2017. Você sabe do que se trata. Milhares de crianças e suas famílias se reúnem no Gramado Sul para participar de uma das mais antigas tradições da Casa Branca. O Coelho da Páscoa está ali. Há mesas nas quais as crianças podem colorir ovos de Páscoa. A primeira dama lê histórias para as crianças. E, como você talvez já tenha visto, meninos e meninas adoráveis, vestidos com suas melhores roupas de domingo, se juntam para rolar ovos de Páscoa com uma colher de madeira pelo Gramado Sul. Fui até Spicer para ver se ele gostaria de dar uma entrevista. Ele devia estar de bom humor naquele dia, pois topou. Nos dias anteriores à festa, Spicer tinha sido alvo de gozação por ter trabalhado como Coelho da Páscoa da Casa Branca. Havia fotos circulando na internet que o mostravam fantasiado de coelho, com histórias maldosas e gozações.

Esse foi um daqueles momentos em que realmente senti pena de Sean. Sim, ele podia ser difícil e até mesmo maldoso. Às vezes, parecia até que merecia. Mas tirar sarro de um sujeito por se vestir de Coelho da Páscoa? Para mim, parecia simplesmente errado, o tipo de provocação que começara a tomar conta de nosso debate público, especialmente quando tipos como Sean estão na reta. Se é errado tirar sarro das pessoas nas mídias sociais, não seria errado ridicularizar o secretário de imprensa, ainda que seja Sean?

Quando entrevistei Sean naquele dia, não falei de seu trabalho como Coelho da Páscoa. Do meu ponto de vista, isso seria simplesmente mesquinho. Perguntei sobre a Coreia do Norte e tentei falar de outras áreas de políticas públicas. Mas, ao final da entrevista, decidi perguntar sobre Melissa McCarthy, a comediante que ajudou a transformar Spicer num nome conhecido. Sim, o retrato que ela fazia de Sean no *Saturday Night Live* era brutal, mas Spicer não tinha sido a primeira figura política satirizada no programa. Então, pensei, as opiniões dele sobre a versão de McCarthy para "Spicy" poderiam ser esclarecedoras. Será que ele riria? Será que provocaria McCarthy? Será que ficaria irritado comigo por fazer a pergunta? A resposta poderia nos dar uma noção de como ele lidava com aquilo tudo.

Em vez disso, Sean deu uma resposta amena sobre o assunto. "Normalmente já estou dormindo profundamente quando o programa vai ao ar", disse com um sorriso, mas de maneira seca. "Estou na cama, me levanto, vou para a igreja no dia seguinte e não olho para trás", acrescentou.

"Também tiram sarro de mim", falei, tentando prosseguir com a conversa.

"Bom, no seu caso talvez seja merecido", respondeu ele, com um sorriso.

Dificilmente Sean poderia ter sido mais tedioso sobre o assunto. E talvez fosse o plano dele. Se tivesse se empolgado, aquilo viraria notícia. Aquela talvez tenha sido a última conversa civilizada que tive com Sean.

Não foi, no entanto, a última vez que senti pena dele. Em maio de 2017, depois de demitir James Comey, Trump estava pronto para sair dos Estados Unidos. Como estava programado, todos nós embarcamos na primeira viagem internacional do presidente, para Arábia Saudita, Israel, Itália e Bruxelas. Na Arábia Saudita, Trump fez uma visita célebre a uma instalação que deveria funcionar como centro de combate ao terrorismo sem demonstrar saber que a maior parte dos sequestradores dos aviões no Onze de Setembro vinha da Arábia Saudita.

O presidente terminou a primeira parada colocando as mãos sobre uma espécie de globo brilhante estranho. Sempre um artista, estava adorando aquilo. Mas as imagens enviadas para o resto do mundo foram de cair o queixo. Foi uma vitória e tanto para os sauditas ver o presidente dos Estados Unidos procurando-os para aprender com eles a combater o terrorismo, no país que foi fonte de tanta violência extremista ao redor do mundo. O governo parecia evitar qualquer tipo de responsabilização diante das câmeras durante toda a viagem. Autoridades graduadas, incluindo Jared Kushner e Ivanka Trump, falaram com repórteres, mas anonimamente, em off, para não terem seus nomes ligados a nenhuma declaração dada à imprensa. O secretário de Estado Rex Tillerson fez uma coletiva, mas apenas para veículos estrangeiros.

No entanto, o maior absurdo desse primeiro trecho da viagem internacional sem dúvida aconteceu quanto Trump e seu secretário de Comércio, Wilbur Ross, participaram junto aos sauditas de uma dança de espadas cerimonial. Eu me lembro de estar no centro de imprensa assistindo ao vídeo de Trump, Ross e os sauditas dançando o chá-chá-chá e empunhando espadas à la *Lawrence da Arábia*. Eu e os outros repórteres caímos na gargalhada. Talvez a mudança de fuso-horário nos fizesse delirar, mas todos nós nos arrastamos até os monitores para fazer uma foto das imagens transmitidas pelo sistema da Casa Branca. Em retrospecto, vejo que a cena não era realmente engraçada. Foi mais um exemplo de que, no cenário internacional, Trump parecia preferir os autocratas e os ditadores como parceiros de dança. Como todos que acompanhamos seu governo viríamos a saber com o tempo, depois do assassinato do jornalista saudita Jamal Khashoggi e suas implicações, a amizade com o reino saudita tem consequências reais. Em retrospecto, acho que não deveríamos ter rido da dança com espadas. Sim, isso foi bem antes da morte violenta de Khashoggi, mas me faz mal pensar no assunto.

Além das políticas internacionais críticas que acompanhávamos naquela viagem, estávamos de olho em um espetáculo secundário bem diferente: o destino do secretário de imprensa. Havia tempos as dúvidas sobre Sean vinham crescendo, muitas delas incentivadas por seus inimigos dentro do mundo de Trump — ele tinha muitos — que queriam vê-lo fora do governo. Será que Trump iria demiti-lo? Se o presidente demitisse Spicer, Priebus iria junto? Priebus e Spicer sempre foram vistos como uma dupla. "O pessoal do Comitê Republicano" era o modo como os veteranos da campanha de Trump se referiam a eles, tanto dentro quanto fora da Casa Branca. Spicer, do ponto de vista deles, jamais seria visto como alguém "original" da campanha. Depois de falar mal de Trump em particular para quem quer que estivesse disposto a ouvir durante as primárias, Sean aderiu no fim da eleição e acabou conquistando um dos mais importantes cargos da política americana. Isso gerou uma enorme animosidade dentro do mundo de Trump e fez com que tivesse muitos inimigos. No entanto, ele era desprezado basicamente por ter conquistado o emprego que tanta gente queria.

Priebus, por sua vez, é quase simpático demais para ser parte de qualquer história que tenha a ver com Trump. Nós conversávamos frequentemente nos vários jantares com a imprensa que aconteciam em Washington. Mesmo assim, ele tinha seus detratores. Em muitos sentidos, sua natureza acessível e afável o tornava pouco adequado para ser o chefe de gabinete de Trump. Reince manteve as portas do gabinete basicamente abertas durante o tempo em que ficou na Casa Branca. Qualquer pessoa ligada ao presidente, qualquer amigo de Trump podia ligar para seu celular pessoal ou marcar uma visita ao Salão Oval. Isso foi parte da ruína de Reince.

Priebus parecia compensar sua situação pouco estável na Casa Branca recorrendo ao tipo de bajulação que Trump esperava de seu primeiro escalão. Um exemplo foi a infame reunião do ministério em junho de 2017, quando o vice-presidente, o ministério de Trump e outros assessores de primeiro escalão se revezaram fazendo elogios ao presidente.

"Nós agradecemos a oportunidade e a bênção que é trabalhar em prol de sua agenda", anunciou Priebus.

"Eu não estava dizendo que ele era uma bênção. Estava dizendo que o cargo era uma bênção", disse-me Priebus mais tarde.

Mas ninguém ganhava de Pence: "O maior privilégio da minha vida é servir como vice-presidente do presidente que está cumprindo sua palavra com o povo americano." Estávamos todos esperando que ele descrevesse Trump como "querido líder", como se estivéssemos na Coreia do Norte. Não era *O aprendiz*. Era *Além da imaginação*.

Talvez quem mais estivesse minando Priebus fosse o ex-coordenador de campanha de Trump, Corey Lewandowski, demitido pelo candidato depois de mais de um ano no cargo. Ele estava o tempo todo rondando a Casa Branca durante o primeiro ano do governo, falando com Trump e usando seu acesso para promover seu trabalho de "consultoria". Lewandowski não estava sozinho. Jason Miller e Bryan Lanza, dois antigos porta-vozes da campanha, estavam entre os outros visitantes frequentes que pertenciam ao mundo de Trump e que eram vistos zanzando pela Casa Branca. A presença de Corey dentro da Ala Oeste sempre levava a especulações de que ele poderia substituir Priebus a qualquer momento. Um conselheiro externo de Trump me disse que Corey nunca quis de fato trabalhar na Casa Branca, mas que o pessoal da "campanha" gostava de deixar suas visitas à Casa Branca vazarem principalmente porque essas visitas irritavam o pessoal do "Partido Republicano", como Reince e Sean. Até então, Lewandowski passava às vezes em frente às câmeras no Gramado Norte para chamar o máximo de atenção, garantindo que o Politico ou o Axios publicassem mais uma reportagem sobre o assunto. Era "mel para a imprensa... uma distração", comentou o conselheiro ao falar das histórias envolvendo Lewandowski-Priebus. "Algo que gostamos de fazer." Era assim que o mundo de Trump jogava seu jogo, tornando miserável a vida daqueles de que não gostavam dentro da Casa Branca por meio de vazamentos para a imprensa de intrigas palacianas.

"Os abutres estavam sobrevoando!", era como as fontes de dentro do mundo de Trump constantemente descreviam o futuro de Spicer. Sean era sempre visto como alguém que andava sobre gelo fino. "O chefe não está feliz [com Sean]", sempre me dizia aquele mesmo conselheiro de Trump. A CNN não relatava esse tipo de coisa com mais frequência porque, depois de um tempo, dava para ver que as pessoas só estavam tentando irritar Reince e Sean.

No entanto, em alguns momentos ficava absolutamente claro que a insatisfação de Trump com Spicer era, de fato, crescente. Houve indícios do rápido declínio de Spicer durante sua primeira viagem internacional. Quando chegamos a Roma, circulava a notícia de que Trump estava contratando um advogado externo para representá-lo na investigação russa. No entanto, mesmo com as proporções gigantescas que a investigação russa tinha tomado à época, o fato que chamou a atenção de quase todos os repórteres naquela viagem ocorreu no dia seguinte.

Trump encontraria ninguém menos que Sua Santidade, o papa Francisco. Havia muita coisa a respeito da visita a se analisar. O papa não escondia seu desgosto. As declarações vindas do Vaticano, sem contar a visita que fez a Obama no Gramado Sul da Casa Branca em 2015, na qual falou sobre a ameaça representada pela mudança climática, deixavam claro que ele era, em grande parte, um pontífice progressista. Mas não foi essa a principal notícia que surgiu na passagem de Trump pelo Vaticano.

O presidente levou um pequeno séquito para seu breve encontro com o papa. Para espanto de toda a imprensa e de boa parte de Washington, Spicer ficou de fora. Algumas autoridades de Washington me garantiram que não tinha nada a ver com Sean; outros repórteres falavam com as mesmas pessoas e ouviam as mesmas coisas. Mas nós não acreditamos nisso nem por um segundo. Spicer era um devoto católico irlandês. Era tão orgulhoso de suas raízes irlandesas que chegava a usar calça com estampa de trevos no Dia de São Patrício. Ele realmente usou! Deixar Sean de fora do grupo que encontrou o papa, justamente ele, era dar um recado claro e maldoso. Como fiquei sabendo por outras fontes que aconselham Trump regularmente, o presidente estava pronto para se livrar de Spicer, mas não queria demiti-lo. Minhas fontes diziam que Trump queria que Spicer se demitisse.

"Foi um tapa na cara", comentou comigo uma autoridade da Casa Branca ao descrever o modo como Spicer foi esnobado.

Quando correu a notícia de que Spicer tinha ficado de fora do entourage, recebi uma enxurrada de ligações e mensagens de fontes, especialmente daqueles que não gostavam de Sean. Uma inimiga em particular de Spicer ligou, bastante chateada, dizendo que até ela estava sentindo pena dele. Ali estava Spicer, no auge de sua carreira política, no posto de secretário de imprensa da Casa Branca, sendo humilhado em escala mundial. Ele era provavelmente o católico com mais visibilidade na equipe de Trump e, no entanto, lhe foi negado o direito de se encontrar com o papa. Quando ele voltaria a ter uma oportunidade como essa, de encontrar o líder de sua Igreja como parte da equipe do presidente? Provavelmente nunca.

"O presidente não fez isso. Foram outras pessoas." Uma autoridade graduada da Casa Branca afirmou que Trump não era o responsável por esnobar Spicer. "Foi mesquinho", disse essa fonte. "Essas pessoas hoje já não trabalham no governo."

Isso resume a maldade do mundo de Trump. O presidente muitas vezes não levava seu funcionário até uma sala com uma mesa, como fazia no reality show, para dizer: "Você está demitido." Em vez disso, ele ou alguém ligado a ele ficou brincando com a cabeça de Sean e, neste caso, com sua fé. Foi mais um lembrete de que Trump exige lealdade de seus súditos, mas não paga na mesma moeda.

Eu me lembro de falar ao telefone com Sean mais tarde durante a viagem. Parecia que estava meio bêbado. Parecia triste. Por que não estaria? Ele tinha sido praticamente excomungado do mundo de Trump, e ainda por cima no Vaticano.

Por mais que eu sentisse pena de Spicer naquele momento, não era hora de pegar leve com ele. Ele continuava sendo o secretário de imprensa e estava começando a fazer ataques ainda mais sérios à CNN. Perto do início do verão, começou a usar os encontros diários com a imprensa na Casa Branca para fazer joguinhos. Rompendo com anos de tradição, mantinha certas redes de TV e veículos de comunicação na geladeira simplesmente recusando-se a dar a eles, inclusive a mim, direito a perguntas. A CNN sentia isso mais do que qualquer outra rede. Ao longo de várias semanas, entre abril e junho, Spicer foi gradualmente retirando nosso acesso. Evidentemente, era uma retaliação pela cobertura que fazíamos do governo.

Nós poderíamos responder a isso de duas maneiras. Poderíamos tolerar esse absurdo, como havíamos feito com outros abusos, ou poderíamos responder à altura. Minha impressão era de que deveríamos responder. Trump havia nos chamado de "inimigos do povo" e "fake news". Como ele dizia a seus eleitores em seus comícios, o que teríamos a perder? Assim, decidi começar a interromper Spicer durante os encontros com a imprensa. Se ele não vai chamar a CNN para fazer perguntas, pensei, a CNN vai a fazer perguntas sem ser chamada.

Um exemplo veio no tumultuado mês de maio de 2017, depois da demissão de Comey, quando Trump sugeriu ter colocado o ex-diretor do FBI numa situação difícil porque haveria gravações de seus encontros, que provavam que o presidente sempre esteve certo, ou pelo menos era o que ele imaginava. Essa sugestão, que mais tarde se revelou outra mentira, veio na forma de um tuíte que, como de costume, tinha por objetivo ganhar a atenção da imprensa. Tudo isso, mais uma vez, jogou Sean de volta à terrível loucura de ter de explicar as falsidades de Trump para os repórteres.

Três dias depois do tuíte de Trump, no encontro com a imprensa de 15 de maio, Spicer evitou repetidamente perguntas sobre a existência desses registros.

"O presidente deixou clara qual é a posição dele", afirmou Spicer aos repórteres. "E eu disse claramente na semana passada que o presidente não teria nada de novo a acrescentar sobre isso", concluiu ele.

Spicer se recusou a me escolher para fazer uma pergunta naquele encontro. Então, enquanto ele saía da sala, gritei minha pergunta.

"Onde estão as gravações?", perguntei. Ele não respondeu, mas as câmeras ainda estavam filmando e o encontro continuava sendo transmitido ao vivo pela CNN. O espectador ouviu.

Para ter certeza de que Sean entendera o recado de que eu não gostava quando a CNN era deixada na geladeira durante os encontros com a imprensa, desabafei no Twitter. Ei, se *eles* podem fazer isso, pensei, por que *nós* não podemos? Durante algumas semanas, sempre que postava algo sobre Comey, eu terminava com a hashtag #cadêasgravações. Imagino que algumas pessoas possam chamar isso de #exibicionismo, mas as mídias sociais hoje são parte do terreno para os repórteres que cobrem a presidência. Eu achei que a hashtag #cadêasgravações era uma maneira interessante de manter viva a história de que Trump mentira na cara dura para a população sobre a existência de gravações, e a Casa Branca não teria a menor chance de jogar a história para baixo do tapete.

Trump e sua equipe, deve-se ressaltar, aguentaram quase um mês antes de recuar e admitir que jamais houve gravações de Comey. Mas, até lá, nossos confrontos continuariam. Durante um encontro com a imprensa, em 9 de junho de 2017, a assessoria de imprensa da Casa Branca nos retaliou pela nossa cobertura, transferindo nosso assento para a parte de trás do Rose Garden, em vez de nos colocar na primeira fila junto às outras redes de TV. Isso foi feito com a intenção clara de nos punir. Não havia como fazermos perguntas. Para registrar minha revolta com a mesquinhez deles, decidi disparar um tuíte.

@Acosta
A CNN foi posicionada longe das outras redes de TV, no equivalente à Sibéria (nenhuma intenção de fazer trocadilhos) na coletiva de imprensa de hoje.
15h26 — 9 jun, 2017

As coisas se mantiveram assim por muitos dias. Spicer deu prosseguimento à batalha ao continuar nos ignorando nos encontros com a imprensa. Assim, decidi pegar mais pesado. Minha impressão era de que o secretário de imprensa não deveria sair impune por deixar de lado uma rede inteira de TV por um longo tempo. Continuei mirando na beligerância de Spicer.

@Acosta

Como sempre, @PresSec evitou responder perguntas da CNN hoje. #coragem.

13h20 — 12 jun, 2017

Reconheço que essa abordagem de confrontação criava uma tensão ainda maior na Sala de Conferências. Alguns poucos repórteres começaram a adotar a mesma prática de gritar perguntas e de ir ao Twitter para cobrar respostas do secretário de imprensa. É claro, tenho plena consciência que colegas de outros veículos estavam revirando os olhos, incomodados com algumas dessas táticas.

Muitos repórteres acreditavam que precisávamos seguir as velhas regras, ainda que esse governo desse passos decisivos para destruir o manual de regras. O mundo de Trump tinha demonstrado várias vezes que, no tratamento dado aos jornalistas, o governo não respeitaria normas nem limites, nem implicitamente nem de nenhum outro modo. E como repórteres, nós nos deparamos com um grau de hostilidade diferente de tudo que víramos até então. Alguns jornalistas diziam que o melhor modo de seguir em frente era concentrando-nos nas notícias e fazendo nosso trabalho. Para mim, tudo se resumia a uma pergunta com que todos os jornalistas que cobriam a Casa Branca se deparavam: o que você faria?

O que muitas vezes se perdia em meio ao caos e ao exame minucioso do meu trabalho era o fato de que jornalistas como eu — pessoas que tinham acompanhado a campanha e agora cobriam Trump na Casa Branca — tinham sido expostos aos piores elementos da ascensão de Trump ao poder. Os repórteres da campanha tinham coberto comícios em que milhares de pessoas gritavam "A CNN é uma droga!" e "Foda-se a mídia" e lançavam outros insultos em nossa direção. Outros repórteres da Casa Branca não tinham passado por isso. Eles tinham ficado na capital. Assim, nós entrávamos nesse governo vindo de experiências bem diferentes.

Talvez não houvesse nada que representasse melhor essas diferenças do que a resposta da Associação de Correspondentes da Casa Branca (WHCA, na sigla em inglês). A WHCA raramente registrava queixas contra a equipe de Trump antes da eleição. Acredito que o motivo para essa relutância em criticar o então candidato republicano era em parte a ideia de que Trump continuaria sendo Trump. Ele demonizaria a imprensa porque isso energizava sua base. Verdade seja dita, continuo sem entender por que a WHCA e outras associações de imprensa não registraram mais reclamações sobre o tratamento dado por Trump à mídia. Como repórter que cobriu os comícios, a impressão era de que, na verdade, cada jornalista só podia contar consigo mesmo.

Essa atmosfera hostil da campanha moldou bastante a minha abordagem quando Trump assumiu a presidência. Como consequência, passei a achar que os abusos só parariam se nós nos defendêssemos. Um tipo diferente de presidente exigia um manual diferente de comportamento dos repórteres. Uma ex-integrante da diretoria da WHCA me disse certa vez: "A gente não pode morder a isca toda vez", e eu continuei contra-argumentando para ela e meus outros colegas que não podíamos também ficar só apanhando. Isso não quer dizer que eu tivesse muitas discordâncias com meus colegas da diretoria da WHCA. Eu realmente não tinha. Na verdade, o ex-presidente da WHCA e repórter da Reuters Jeff Mason, que fez um discurso apaixonado no jantar da associação em 2017, um evento a que Trump faltou para mostrar seu desapreço pela imprensa, sabiamente reformou o evento, fazendo dele uma noite para celebrar a Primeira Emenda.

Quanto a Spicer, ele certamente estava ficando impaciente com as rebeliões ocasionais na Sala de Conferências. Cansado da briga, ele acumulava vários momentos constrangedores, todos eles enquanto Trump (com grande frequência, segundo dizem) observava dos bastidores.

Depois Spicer aumentou a aposta. Em junho de 2017, em meio à controvérsia das gravações de Comey, Spicer decidiu suspender a prática de permitir que a TV cobrisse os encontros com a imprensa. Agora as conferências seriam transmitidas apenas em áudio e não poderiam ser transmitidas ao vivo. Lembre que a Sala de Conferências continuaria equipada com todo o necessário para transmissões ao vivo pela TV, câmeras, microfones e equipamentos de iluminação em toda parte. Mas as pessoas que operavam aquele equipamento, por ordens de Spicer, não poderiam acionar o botão de ligar. Infelizmente — e isso tem a ver com a mentalidade dos grupos de comunicação — as redes e os outros veículos de comunicação decidiram respeitar aquilo que era um novo ataque de Sean à nossa cobertura, achando que era mais importante manter o acesso ao secretário de imprensa para ter informações, embora Spicer dificilmente pudesse ser considerado uma fonte confiável de informações. Em mais uma concessão à tática da equipe de Trump, todos obedecemos às novas restrições.

Eu, pessoalmente, achei que foi um erro. Tendo em vista a atitude tóxica de Trump em relação à imprensa, havia uma forte possibilidade de isso se tornar permanente e de o encontro diário na Casa Branca, algo com que os veículos de comunicação do mundo inteiro contavam, deixar de ser transmitido em definitivo. Falei exatamente isso no ar na época. Mais uma deixa para as acusações de ser exibido, mas, como disse várias vezes, podem me chamar do que quiserem. Isso era importante. Isso significava defender nossa capacidade de cobrir a Casa Branca. Não há lugar mais importante para se ter acesso.

Spicer já havia tomado medidas para punir repórteres individualmente. Em fevereiro de 2017, em vez de fazer um encontro transmitido ao vivo, preferiu uma versão mais curta sem transmissão com um grupo de repórteres convidados. Para deixar claro o recado, ele visivelmente excluiu o Politico, o *New York Times*, o *Los Angeles Times* e a CNN. Dentre os convidados estavam veículos pró-Trump como Breitbart, o *Washington Times* e a One America News Network. Minha colega de CNN Sara Murray, que deveria representar nosso veículo naquele encontro, entrou no ar para informar como a Casa Branca tinha retaliado a imprensa mais uma vez.

"Quando íamos entrar, fui bloqueada por um funcionário da Casa Branca, que disse que não estávamos na lista para o encontro de hoje", relatou Murray na CNN. Spicer não sofreu nenhum efeito colateral por essa tentativa evidente de intimidação. O importante era dar o recado: se mexêssemos com a Casa Branca, ficaríamos de fora. Sejamos francos, isso é a mais pura estratégia "dividir para conquistar". Sean e o pessoal da Casa Branca conheciam o trabalho dos jornalistas. Em geral os repórteres não deixam de comparecer a um encontro com o secretário de imprensa só porque outros repórteres não foram convidados. Não é assim que funciona em Washington. Para alguns repórteres, ter acesso é mais importante do que solidariedade. Na selva midiática do mundo de Trump, os repórteres que defendem a Casa Branca em vez de defenderem seus colegas de imprensa são frequentemente recompensados com furos. Triste, mas é verdade.

Voltando à decisão draconiana de Spicer de banir as câmeras, essa não era uma retaliação com alvo definido, voltada a um veículo de comunicação em particular. Era uma restrição genérica para todos os jornalistas que cobriam a Casa Branca. Mais tarde ficou claro que foi um movimento tolo de Spicer e sua turma. Para começo de conversa, a tecnologia não facilita a restrição de acesso, já que todos os repórteres têm telefones celulares que podem transmitir os encontros ao vivo. Mas deixemos isso de lado: o que é mais importante aqui é o princípio por trás de tudo.

Sean não foi o primeiro secretário de imprensa a se frustrar com as interações com os repórteres transmitidas pela TV. Os encontros, na maior parte das vezes, estiveram abertos às câmeras desde o governo Clinton, e os secretários de imprensa, de tempos em tempos, questionaram se valia a pena toda a confusão. Na verdade, um dos secretários de imprensa de Clinton, Mike McCurry, afirmou que esses eventos tinham se transformado em exercícios de exibicionismo dos correspondentes das redes bem antes de eu conseguir meu passe para cobrir a Casa Branca. Um dos sucessores de McCurry, o secretário de George

W. Bush, Ari Fleischer, chegou à mesma conclusão. Será que McCurry e Fleischer estavam certos? Reconheçamos, secretários de imprensa de ambos os partidos disseram que os encontros com a imprensa tinham saído de controle. Parte da frustração deles, creio, poderia ser definida como TEPEI, Transtorno do Estresse Pós-Encontro com a Imprensa. Se você passasse anos respondendo a perguntas de um grupo de repórteres exigentes, é provável que também odiasse isso. No fim das contas, parte do estresse depende da estratégia do secretário de imprensa, e a estratégia de Spicer era continuar aumentando a aposta.

Assim, em 19 de junho, num dos encontros sem câmeras, decidi registrar novamente minha frustração nas redes sociais. Fomos informados de que não teríamos permissão para ligar nossas câmeras e colocar o rosto amigável de Spicer na TV. Mas não havia regras, até onde eu soubesse, que nos proibissem de fazer fotos. Portanto, para mostrar o absurdo do que estava por acontecer, apontei meu telefone para o chão da Sala de Conferências e fiz uma foto. Quando o encontro sem câmeras estava prestes a começar, tuitei:

> **@Acosta**
> O encontro sem câmeras/sem áudio de Spicer começou. Não posso mostrar uma foto de Sean. Então aí vai uma imagem das novas meias que comprei no fim de semana.

Era um pouco irreverente, admito. E, para ser franco, nem todo mundo na CNN gostou do tuíte sobre a meia. Mas uma lição que aprendi com Trump é que posts em mídias sociais — especialmente tuítes sarcásticos — chamam a atenção das pessoas. O tuíte da meia viralizou (claro, eram meias ótimas). Depois que o encontro terminou, saí para o lugar de onde entraria ao vivo no Gramado Norte da Casa Branca e fui duro com Sean.

"O secretário de imprensa da Casa Branca está chegando a um ponto em que virou praticamente inútil", falei a Brooke Baldwin, da CNN.

"A sensação é de que estamos sendo lenta mas continuamente arrastados a um novo padrão de normalidade neste país, em que o presidente dos Estados Unidos tem permissão para se isolar em vez de responder a perguntas difíceis."

Admito. Chamar Sean de "inútil" provavelmente foi duro demais. Mas lembre-se de que as câmeras desligadas eram apenas parte da loucura com que tínhamos lidado naquele dia. Spicer se isolou em outro sentido, ao se recusar a responder perguntas importantes durante o encontro, ignorando quando perguntamos se Trump acreditava que a atividade humana contribuía para a mudança climática. Sean respondia de maneira frequente aos repórteres que não sabia por que não havia perguntado ao presidente. Era uma resposta ridícula. Como era possível que o secretário de imprensa não soubesse a resposta para aquela pergunta? Sean estava obviamente nos deixando às cegas; ele sabia a resposta. Trump era (e continua sendo) um cético em relação à mudança climática; ele descreveu o aquecimento global várias vezes como um "boato". O problema para Spicer era que admitir a verdade sobre os reais sentimentos de Trump em relação à mudança climática seria constrangedor demais.

Portanto, sim, se os encontros seriam sem câmera e sem substância, então Sean, como secretário de imprensa, era basicamente "inútil". Isso não significava que não devêssemos cobrir seus encontros com a imprensa. Na verdade, essa cobertura, especialmente se apresentássemos os encontros dessa maneira, somente ajudaria a revelar o absurdo que esses funcionários do governo estavam fazendo com o dinheiro dos nossos impostos.

Não se esqueça disso. São funcionários pagos com dinheiro de impostos ali trabalhando na Sala de Conferências. O trabalho deles é informar o público, e não o enganar.

A CNN, devo dizer, deu todo o apoio para o modo como eu agia na Sala de Conferências. O chefe de nossa sucursal em Washington, Sam Feist, compreendia a maluquice que era o espetáculo sem câmeras. Em 23 de junho, durante mais um encontro sem câmeras com a imprensa,

Sam enviou um desenhista de croquis para fazer retratos de Spicer respondendo às perguntas do pódio. Se Sean não nos deixava ligar as câmeras, pensamos, tínhamos que mostrar algo ao espectador. Por que não um desenho, como se fosse uma cena saída de um tribunal durante um julgamento importante? Sam mais tarde deu uma cópia do croqui a Sean, que pareceu achar aquilo divertido. Foi uma das muitas ofertas de paz que a CNN fez à Casa Branca, que, como você deve imaginar, só levou a novos abusos da parte do governo. Ah, como tentamos jogar panos quentes...

Em 26 de junho, eu joguei lenha na fogueira em mais um encontro sem câmeras com a imprensa. Mais uma vez, Spicer estava evitando a CNN. Por isso, eu o interrompi.

"Não tem nenhuma câmera ligada, Jim", comentou Spicer.

"Talvez devêssemos ligar as câmeras, Sean. Por que não ligamos? Por que não ligar as câmeras? Elas estão aqui, as luzes estão acesas", respondi.

Depois do fim do encontro, falei novamente de minhas frustrações com Brooke Baldwin, da CNN. Quem quer me ouvir falar das minhas frustrações? Boa pergunta. Mas era importante, pensei, explicar a situação com clareza para o público em tempo real.

"Acho que precisamos reconhecer o que está acontecendo aqui", eu disse ao vivo. "Aquilo a que estamos acostumados nesta cidade, no que diz respeito à cobertura jornalística da Casa Branca, à cobertura do governo americano, está sendo destruído bem diante de nossos olhos."

Três dias depois, a subsecretária de Spicer, Sarah Huckabee Sanders, realizou o primeiro encontro com a imprensa transmitido ao vivo em duas semanas. Sussurrava-se que Trump queria dar uma chance a Sarah nos encontros. Mas a chegada dela à cena só aumentou o melodrama envolvendo Spicer: quando Sean enfim deixaria o governo?

Fosse como fosse, Spicer parecia levar para o lado pessoal uma porção muito grande da resposta do público a suas políticas. Por exemplo, uma reportagem do *Washington Post*, escrita por Paul Farhi, questionava se eu havia passado dos limites como repórter com todos os meus esforços para responsabilizar a Casa Branca. No texto, Spicer aproveitou a oportunidade para me criticar.

"Se Jim Acosta fizesse reportagens sobre Jim Acosta do mesmo jeito que faz reportagens sobre nós, ele diria que não tem sido muito honesto", disse Spicer ao *Post*. "Acho que ele foi muito além do trabalho de repórter e passou ao trabalho de advogado. É um exemplo perfeito de um [repórter em uma] indústria competitiva, baseada em YouTube e em caça a cliques", acrescentou. "Ele percebeu que, se fizer um espetáculo, vai conseguir mais tempo no ar e mais cliques... Se eu fosse repórter da imprensa convencional, experiente, diria para ele parar com isso. Está fazendo mal à profissão."

Farhi me pediu uma resposta ao extenso ataque de Spicer. Ofereci a ele minha reação: "Vou deixar que meu trabalho jornalístico fale por si, assim como vou deixar que o trabalho de Sean como secretário de imprensa fale por ele." Farhi, talvez esperando que eu respondesse na mesma moeda, não incluiu a citação na matéria.

Outro ponto importante da reportagem do *Post* foi mostrar que Sean mentira sobre meu trabalho. Em certa altura, durante minhas conversas com Farhi, ele me perguntou por que eu jamais visitara Spicer em seu escritório. Sean mentiu dizendo que eu nunca fora lá. Na verdade, eu tinha postado uma foto no Instagram — ah, o valor das mídias sociais — em que aparecia em frente ao escritório de Sean com uma dúzia de outros repórteres. E na noite em que ele gritou comigo sobre a legenda na CNN? Eu estava *dentro* do escritório de Sean.

Sean disse a Farhi que eu também tinha deixado de comparecer a encontros que incluíam o secretário de assuntos de militares veteranos. Isso também era mentira. A CNN ofereceu ao *Post* fotos que mostravam a mim sentado na Sala de Conferências, ouvindo o secretário de assuntos de militares veteranos responder aos repórteres. Felizmente, Farhi não usou as acusações de Sean em sua matéria, mas esses foram os primeiros sinais de até onde a Casa Branca estava disposta a ir para depreciar meu trabalho. Se estavam propensos a mentir para um jornalista que trabalhava para um dos jornais mais importantes do mundo, o que mais aceitariam fazer? Descobriríamos mais tarde.

Na época, isso não importava muito. Os rumores davam conta de que Spicer estava para sair. Além disso, surgiam histórias de que Trump estava em busca de um novo diretor de comunicação para substituir Mike Dubke, que já havia saído. Em 21 de julho de 2017, a Ala Oeste explodiu em caos. Trump escolheu um novo diretor de comunicação da época de sua campanha, um diretor de fundos especulativos de língua afiada chamado Anthony Scaramucci, que havia atuado como substituto do candidato Republicano nos debates de 2016. Spicer, assim como Reince Priebus, se opôs à contratação de Scaramucci. Tanto Priebus quanto Spicer viam Scaramucci, que estava alinhado com os funcionários da época da campanha que detestavam o pessoal do Comitê Nacional Republicano, como uma ameaça à sua influência na Ala Oeste. E ele de fato era. Minhas fontes me disseram que eles tentaram manter Scaramucci longe da Casa Branca pelo maior tempo possível.

Mas a barragem rompeu: Scaramucci foi contratado, Spicer se demitiu em protesto, e Sarah Sanders se tornou secretária de imprensa. Priebus saiu na semana seguinte, sendo substituído pelo general reformado John Kelly, secretário de Segurança Interna. Kelly acabou demitindo Scaramucci apenas dez dias depois — Scaramucci contesta e diz que foram onze — em parte em função de uma reportagem crítica da revista *The New Yorker*, escrita por Ryan Lizza, que relatou uma conversa cheia de palavrões que teve com um sujeito conhecido como "o Pidão".

De certa maneira, fico feliz por estar de férias quando Spicer deixou de ser secretário de imprensa. Depois de todas as nossas batalhas, não queria ser visto como alguém que chuta cachorro morto. A CNN me ligou para ouvir o que eu tinha a dizer. Spicer, do meu ponto de vista, tinha prejudicado tanto sua credibilidade em sua primeira aparição na Sala de Conferências, depois da posse, que não houve como recuperá-la.

Por que iríamos acreditar nos comentários de Sean sobre a Síria, sobre a mudança climática, ou sobre fraude eleitoral, quando ele tinha mentido de maneira tão descarada em 21 de janeiro ao dizer que o presidente dos Estados Unidos tinha tido o maior público de uma posse na história dos Estados Unidos? Depois disso, todos sabíamos que ele estava falando, ou em alguns casos enganando, em nome do presidente, e, no final, Spicer, como tantos assessores do presidente, foi útil até se tornar descartável. Isso, preciso dizer ainda hoje, fez dele uma espécie de personagem por quem tenho simpatia.

Existe um modo ainda mais indulgente de ver os atos de Sean. Há em Washington quem acredite que Spicer, assim como o ex-chefe de gabinete da Casa Branca, Reince Priebus, se sentia de certa maneira compelido a trabalhar com Trump para enquadrá-lo e, talvez, até mesmo para torná-lo mais moderado. Isso é parte da defesa "eles tentaram salvar os Estados Unidos" que você ouve de tempos em tempos em Washington sobre autoridades do establishment que passam a trabalhar para Trump. Por um breve período, Spicer e Priebus deram a Trump um pouco desse verniz do establishment.

Mesmo assim, não se deve esquecer que Sean fazia sua escolha. Ainda que toda vez que subisse ao pódio na Sala de Conferências da Casa Branca ele parecesse estar num vídeo de sequestro — lendo um roteiro, consciente de que o chefe estava observando —, todos os dias ele tomava a decisão de estar ali. Mesmo assim, embora muitas vezes recebesse misteriosas anotações de assessores de imprensa durante os encontros, que o levavam a encerrar tudo rapidamente, ele não era um refém. Não estava acorrentado à sua mesa de secretário de imprensa, um dos cargos mais cobiçados da capital americana. Sim, Sean certamente tinha escolha, e a escolha dele foi dar corda para Trump enquanto ele dividia o país de formas jamais vistas.

Se Spicer achava que a tarefa de defender Trump se tornara impossível para ele, ele deveria ter feito o favor, a si mesmo e a todos os americanos, de se exonerar muito antes. Imagine o bem que Sean poderia ter feito ao país caso tivesse tomado um rumo diferente, se tivesse se exonerado em protesto e nos alertado quanto ao que estava acontecendo na Ala Oeste a portas fechadas.

Talvez o legado mais importante de Sean Spicer, aquele que deixaria uma marca mais duradoura e mais indelével no governo, nos jornalistas e no público, tenha sido o fato de ser o primeiro rosto do governo para nós além de Trump. Desde o começo, ele estabeleceu o tom do que significava ser porta-voz no governo Trump. Contou a primeira grande mentira do governo sobre a posse. O isolamento evidente, a distorção dos fatos, a demonização da imprensa — todas essas táticas perigosas encontraram oxigênio na abordagem que Spicer adotou diante das câmeras e nos bastidores. Daqui a muitos anos, talvez ele seja lembrado mais como uma piada do que outra coisa. No entanto, por meio de sua recusa em corrigir as mentiras e de sua fidelidade ao homem no mais alto dos cargos, em detrimento do bem maior, ele passou a incorporar os traços de personalidade que veríamos em outras pessoas seguidas vezes na Casa Branca.

O mais preocupante de tudo, no entanto, foi como a passagem de Spicer mostrou que os jornalistas precisavam estar vigilantes o tempo todo. Repetidamente, nossa vontade de revidar, de desafiar a destruição de normas há muito vigentes, era testada. Embora os debates sobre a restrição ao uso de câmeras e o isolamento de redes possam soar mesquinhos, foram pequenas escaramuças num conflito maior. Havia assuntos se desenvolvendo que exigiriam respostas a perguntas difíceis, e cada vez ficava menos claro se o povo americano receberia essas respostas.

A passagem do tempo talvez diminua minha sensibilidade quanto a isso, mas não é justo deixar que Sean escape impune, certo? Quando a fogueira das insanidades de Trump parecia surgir, Sean sempre estava lá para acender o fósforo, botar mais lenha e jogar gasolina. Nossas batalhas na Sala de Conferências me legaram uma lição simples que deveria ser ensinada em nossas escolas e faculdades a estudantes de jornalismo e a funcionários públicos: como porta-voz do presidente dos Estados

Unidos, sua função é trabalhar para o povo dos Estados Unidos, não para o presidente. Sean perdeu de vista essa responsabilidade crucial; foi negligente com suas obrigações. Ele e o resto do mundo de Trump rotularam todos nós da imprensa como traidores simplesmente por chamarmos a atenção para a desonestidade brutal e implacável do governo. Mas na guerra de Trump contra "o inimigo do povo", a saída de Sean não sinalizou um ponto final na hostilidade aos fatos. A substituta de Spicer estava mais do que disposta a entrar no campo de batalha. Para Sarah Huckabee Sanders, a era da inverdade havia chegado.

6

A Ala Péssima

Você poderia imaginar que depois do reinado de Sean Spicer — que apresentou ao povo americano afirmações constrangedoras (o tamanho do público na posse) e modos amadores de lidar com assuntos sérios ("centros de Holocausto!") —, Trump estaria disposto a contratar um profissional para o cargo de secretário de imprensa. Mas o que aconteceu não teve nada a ver com a série de sucesso *The West Wing* ["A Ala Oeste"], da NBC. Trump decidiu promover a subsecretária de Spicer, Sarah Huckabee Sanders, que havia causado boa impressão em funcionários graduados da Casa Branca, especialmente no próprio presidente. Basicamente, Sanders apenas retomou os trabalhos do ponto em que Spicer havia parado. Não houve lua de mel com a imprensa.

Sanders, que, segundo nos disseram, preferia ser chamada de "Sarah Sanders", deu continuidade à tradição do governo Trump de muitas vezes ir à Sala de Conferências e enganar a imprensa. Ela havia sido pega contando mentiras em várias ocasiões, explicando com frequência sua atuação como uma tentativa de "dar a melhor informação que tenho". Ela também retaliou a CNN, recusando-se a permitir que fizéssemos perguntas durante os encontros com a imprensa. Em vez de tentar consertar a relação com a imprensa, ela parecia se divertir com aquilo. Também deu continuidade à prática da Ala Oeste de demonstrar preferência por veículos de comunicação conservadores. Em vez de fazer encontros com os repórteres, Sarah costumava procurar a Fox News para dar entrevistas com nível menor de confronto. Depois de voltar do local de onde a Fox News transmitia ao vivo do Gramado Norte, ela era gentil o bastante para responder algumas perguntas dos demais repórteres que cobriam a Casa Branca, que se reuniam para recolher as migalhas que ela deixava a caminho de seu escritório.

Curiosamente, Sarah pertencera ao grupo de funcionários da campanha que, em geral, se davam bem com a imprensa. Todo mundo saía para beber com ela. Ela ia tomar sua Coca com Maker's com os melhores repórteres. Sarah era conhecida dos repórteres da época em que trabalhou com o pai, o ex-governador do Arkansas Mike Huckabee, que organizou sua própria campanha presidencial como azarão em 2008, mas acabou perdendo a nomeação republicana para John McCain. Huckabee voltou a flertar com uma disputa presidencial em 2012, mas desistiu para ganhar dinheiro na Fox News. Talvez a preferência pela Fox News, que para todos os fins tinha se transformado num veículo estatal da Casa Branca, estivesse no sangue.

Outro veterano da época da campanha presidencial de Huckabee, o republicano Hogan Gidley, da Carolina do Sul, posteriormente passou a trabalhar na Ala Oeste como subsecretário de Sarah. Hogan também era alguém com quem era possível sair para beber. Nós nos demos muito bem quando ele trabalhou na campanha de Rick Santorum em 2012. O pessoal de Santorum, incluindo o próprio candidato, agradeceu à CNN por dedicar à campanha dele uma cobertura muito maior do que a feita por outras redes, que tinham designado todos os seus principais correspondentes para cobrir Mitt Romney. Eu tinha defendido essa abordagem nos bastidores, e meus chefes concordaram. Você talvez imagine que isso fez Sarah e Hogan guardarem alguma boa vontade para mais tarde. Infelizmente, não foi o que aconteceu.

Mesmo assim, quando Sarah apareceu como subsecretária de Spicer, ela se tornou a voz da razão menos volúvel nos bastidores da área de imprensa. Spicer explodia com a gente, e Sarah dizia a todos que Sean estava sob muita pressão e que por isso não conseguia tornar as coisas mais suaves. Ela também podia ser sincera em ambientes menos formais. A caminho da Arábia Saudita durante aquela primeira viagem internacional, ela disse a vários repórteres que estava magoada com o retrato que o *Saturday Night Live* fazia dela, com uma comediante obesa desempenhando seu papel. O primeiro quadro do SNL sobre Sarah a descrevia como filha de um "hambúrguer do Sul".

"Eu nem sei o que isso quer dizer", reclamou Sarah, antes de tomar mais alguns drinques e dormir pelo resto da noite. Eu me lembro de ter me sentido mal por ela na época.

Publicamente, porém, ela estava dando a Trump todos os sinais de que era capaz de enganar a imprensa. Um exemplo: em 11 de julho de 2017, pouco antes de Spicer renunciar ao posto, a publicação de alguns e-mails de Donald Trump Jr. revelou que, em junho de 2016, ele, junto com seu cunhado Jared Kushner e o coordenador da campanha de Trump, Paul Manafort, se encontrou na Trump Tower com Natalia Veselnitskaya, uma advogada russa com laços com o Kremlin que oferecia informações prejudiciais sobre Hillary Clinton. Mas Trump e sua equipe elaboraram uma mentira a respeito daquele encontro, dizendo ao *New York Times* por meio de uma nota que a reunião na verdade fora sobre adoções na Rússia, e não sobre a campanha de Hillary. Como descobriríamos mais tarde, Trump ditou aquela nota mentirosa. Esse foi mais um episódio na história da investigação da Rússia que levantou questões importantes. Seria aquilo uma operação orquestrada para encobrir as conexões da campanha com um adversário estrangeiro? Parece natural fazer essa pergunta. Se não tivéssemos pressionado por respostas, meu Deus, estaríamos traindo o povo americano.

Mas não foi isso que foi informado ao público inicialmente. Depois que os e-mails vieram a público, estávamos pressionando bastante a Casa Branca para obter respostas. Em agosto de 2017, Sarah insistiu com a imprensa que Trump não havia ditado a nota quando, na verdade, ele o fez. "Ele certamente não ditou [a nota], mas, como eu disse, ele contribuiu, deu sugestões, como qualquer pai faria", disse ela, falsamente.

Não importa a conclusão a que o procurador especial Robert Mueller tenha chegado mais tarde em sua investigação, esse foi um claro exemplo da Casa Branca enganando o público, um dos traços do padrão de comportamento que apenas serviam como combustível para aumentar o interesse na história sobre a Rússia. A revelação de que essas afirmações eram falsas, fossem os equívocos propositais ou não, complicou ainda mais as coisas para a equipe de Trump.

Um exemplo memorável para mim ocorreu em dezembro de 2017, quando ela me disse que, se eu tentasse fazer uma pergunta ao presidente durante um evento público, eu poderia não ter mais permissão para participar daquele tipo de encontro. Lembre-se de que um evento público não é a mesma coisa que um encontro com a imprensa ou uma coletiva. Trata-se de algo bastante padronizado: quando o presidente sanciona uma lei ou uma ordem executiva, ou se encontra com um líder estrangeiro, ao fim do discurso, os membros da imprensa têm a oportunidade de fazer uma pergunta. A ideia por trás desses eventos, que vêm acontecendo há décadas tanto em governos republicanos quanto em democratas, é que o presidente tenha a possibilidade de difundir sua mensagem naquele momento específico, e a imprensa tenha a oportunidade de fazer perguntas improvisadas sobre o noticiário do dia.

No entanto, como aconteceu com tantas coisas na era Trump, até mesmo esses eventos aparentemente inócuos ganharam um significado muito maior. Em grande parte, isso vem do próprio Trump, que com frequência cria uma agenda de discussões tão negativa para si que, invariavelmente, uma parcela do noticiário do dia é gasta com as mensagens postadas no Twitter pela manhã. Seus tuítes, normalmente compostos e postados enquanto ele assistia a *Fox and Friends*, eram sempre incendiários, ofensivos, e por vezes falsos. Nesse dia em particular, Trump tinha insultado a senadora democrata pelo estado de Nova York Kirsten Gillibrand, uma possível rival para 2020.

Eis o tuíte de Trump do dia em que Sarah me ameaçou, em 12 de dezembro de 2017:

@realDonaldTrump

A senadora peso-pena, Kirsten Gillibrand, uma completa lacaia de Chuck Schumer e alguém que vinha a meu escritório "implorando" por contribuições de campanha não faz tanto tempo (e que faria qualquer coisa por isso), agora está no ringue lutando contra Trump. Muito desleal com Bill & Trapaceira — USADA!
8h03 — 12 dezembro, 2017

Assim que ele postou o tuíte, a imprensa, como tantas vezes, enlouqueceu. Claramente, ao dizer que Gillibrand "faria qualquer coisa" para obter contribuição de campanha, Trump estava insinuando que a senadora de Nova York estava de alguma forma se prostituindo politicamente. Todos, exceto os eleitores mais ardorosos de Trump, podiam ver que o presidente estava fazendo uma acusação repulsiva e sexista.

Mais tarde naquele dia, Trump tinha agendada a assinatura de um orçamento de gastos com defesa. E, veja bem, era o dia de a CNN representar as TVs na Casa Branca.

Muito bem, eu não estaria cumprindo meu dever como membro do grupo de jornalistas que cobre a Casa Branca, nem estaria fazendo meu papel como representante das redes de TV, caso não fizesse uma pergunta sobre esse tuíte ofensivo. Sanders sabia exatamente o que eu estava prestes a fazer.

Ela veio na minha direção. "Podemos conversar?", perguntou ela.

"Claro", respondi.

Sarah explicou que Trump não estava no clima para responder perguntas. Ele já estava furioso por eu ter tentado fazer perguntas em outro evento do gênero.

Que pena, respondi. É isso que a gente faz.

Sarah me alertou que, caso eu tentasse fazer uma pergunta, eu poderia perder a permissão para participar de outras cerimônias para fotos. Era uma ameaça evidente.

Momentos depois, Trump entrou na sala. Eu enviei um e-mail para o presidente da CNN, Jeff Zucker, para que ele soubesse o que tinha acontecido. A resposta: não se deixe intimidar. (Caso esteja se perguntando, Jeff tem o mérito de jamais ter tentado controlar o que faço como repórter. Há muitos executivos de TV sobre os quais não posso dizer o mesmo. Naquele dia, Jeff simplesmente disse que eu teria o seu apoio. Enfrentar esses caras, como ele bem sabe, não é nada fácil.)

Então, fiz a pergunta: "Sr. presidente, o que o senhor quis dizer quando afirmou que Kirsten Gillibrand faria qualquer coisa por uma contribuição de campanha?"

Trump não respondeu, e tudo bem; é uma prerrogativa dele. Dava para ver que estava furioso. Mas era preciso fazer a pergunta. Os defensores do presidente podem atacar a imprensa por gritar perguntas ou por sermos "grosseiros", como Trump gosta de dizer. Mas ele não pode simplesmente disparar um tuíte incendiário ou fazer uma declaração ultrajante sem esperar que haja grande cobertura da imprensa. O tuíte de Trump continuou a dominar o noticiário, e minha pergunta para ele, do meu ponto de vista, indicava que ainda havia algo remotamente parecido com responsabilização em Washington.

Se alguém cometeu uma irregularidade naquela ocasião, foi Sarah, não eu. Para começo de conversa, ela não deveria ter me ameaçado. Mais importante, não cabe a Sarah decidir quais jornalistas representam a imprensa nesses eventos. Quem decide isso são os veículos que cobrem os eventos. Claramente, ela estava testando esses limites.

Assim como Spicer, ela queria deixar claro que seu trabalho era proteger o presidente. O que ela jamais compreendeu, porém, é que o trabalho do secretário de imprensa vai muito além disso. Também inclui trabalhar com a mídia. Sim, você tem de se certificar de que a mensagem do presidente está sendo levada ao povo americano, mas na essência o cargo exige um respeito saudável pela missão da imprensa livre. Os repórteres são um bando de gente barulhenta e disfuncional. São exigentes e bastante desconfiados em relação ao governo. Sim, nós respeitamos a instituição da presidência. Claro! É por isso que acreditamos ser necessário fazer um escrutínio tão minucioso. No fim das contas, o que os repórteres querem é simplesmente escrever ou transmitir uma matéria que conte ao povo americano o que está acontecendo na Casa Branca, nos Estados Unidos e no mundo. É basicamente isso. Assim que o secretário de imprensa entender isso, o trabalho deve fluir melhor. Do meu ponto de vista, é um trabalho muito simples. Jornalistas fazem perguntas. Responda. Repórteres têm prazos. Ajude-os a cumprir. Não nos ameace. E, acima de tudo, e dentro daquilo que é humanamente possível, nos diga a verdade.

Assim como Spicer, Sanders jamais entendeu nada disso, por isso talvez não seja surpreendente que meu relacionamento com ela tenha continuado a azedar. Ela certa vez me perguntou por e-mail se eu tinha "bebido de novo". Minha resposta para ela foi: "Não, e você?"

Sanders de fato tentou restabelecer a ordem normal das coisas durante os encontros com a imprensa transmitidos ao vivo, que tinham sido retomados por Scaramucci, na única grande conquista de sua breve passagem pelo posto.

Uma das outras mudanças que ocorreram depois que Sarah assumiu foi o fato de ela ocasionalmente levar convidados, autoridades graduadas do governo, para conversar com repórteres sobre iniciativas tomadas pela Casa Branca de Trump. Rapidamente, essa estratégia se tornou uma das maneiras usadas pela Casa Branca para tentar controlar a mensagem nos encontros com a imprensa. Esses "convidados misteriosos", como nós os chamávamos, raramente eram anunciados e davam à Casa Branca a possibilidade de passar mais tempo falando sobre uma questão específica e menos tempo respondendo às nossas perguntas. É verdade que tínhamos esse tipo de encontro no governo Obama; e Sean também levava convidados. Mas Sarah, quando estava começando, fez isso com mais frequência.

Os repórteres se reuniam na Sala de Conferências, esperando que a secretária de imprensa saísse sozinha para responder a nossas perguntas. Então, em vez disso, surpresa! Lá vinha um membro do ministério ou alguma outra autoridade graduada do governo junto com ela para tratar um tema específico. Podia ser o secretário do Tesouro para falar sobre as novas sanções à Coreia do Norte. Em uma ocasião notável, foi o chefe da Agência de Proteção Ambiental (EPA, na sigla em inglês), Scott Pruitt, para falar sobre o esforço do presidente em desregulamentar as empresas que poluíam o meio ambiente.

Pruitt, que mais tarde pediria demissão em meio a uma névoa ética — ele morava no apartamento de um lobista e certa vez declarou o desejo de comprar um colchão do Trump Hotel em Washington — e não por suas posições extremistas sobre o meio ambiente, teve um bate-boca com repórteres (incluindo este que vos fala) sobre mudanças climáticas durante um encontro com a imprensa em junho de 2017. Perguntei se ele tinha enfiado a cabeça "na areia" sobre aquele tema.

"Sabe, as pessoas me chamam de cético climático ou de negacionista. Eu nem sei o que significa negar o clima. Diria que há gente que exagera", disse o chefe da EPA aos repórteres no encontro — o que era inacreditável, tendo em vista que ele é amplamente reconhecido como alguém que nega as mudanças climáticas. Esse era o tipo de linguagem usada pelos lobistas da indústria de energia, não por ministros trabalhando para um sujeito que tinha prometido "drenar o pântano". Será que picaretagem contribui para o aquecimento global? Estou só divagando.

Poucas semanas depois, em 28 de junho de 2017, o encontro foi com o chefe da patrulha de fronteira, Thomas Homan, que se atrapalhou para encontrar uma resposta quando o pressionei para saber se imigrantes ilegais cometiam mais crimes do que americanos nascidos no país. Estudos demonstraram que não. Homan tentou reforçar seu argumento dizendo que imigrantes sem documentos cometem crimes ao atravessar a fronteira ilegalmente. Isso é um sofisma.

"Vocês não têm receio, no entanto, de exacerbar os temores em relação aos imigrantes ilegais?", perguntei. "Vocês dão a entender que imigrantes ilegais cometem mais crimes do que pessoas que nascem nos Estados Unidos... Qual é sua impressão sobre os números relativos a isso? Imigrantes que entram sem documento no país têm uma tendência maior a cometer crimes?", continuei.

"Eu disse que estrangeiros cometem mais crimes do que cidadãos americanos? Não disse isso", respondeu ele. Homan, um remanescente do governo Obama, claramente ficou em casa trabalhando para Trump. Uma autoridade graduada do governo certa vez o descreveu para mim como um "crente genuíno" no que dizia respeito às políticas linha-dura dos think tanks de Washington para a área de imigração.

Mas foi Sanders que nos ofereceu aquele que talvez tenha sido o mais alarmante dos convidados do governo para dançar conosco na Sala de Conferências. Sim, estou falando de Stephen Miller, o guru do presidente para assuntos domésticos e autor de discursos, que chegou para conversar sobre a questão que era sua marca registrada: imigração. Nem preciso dizer que toda vez que tocava no tema eu ficava horrorizado com suas declarações.

Miller foi à Sala de Conferências em 2 de agosto a fim de anunciar a política do novo governo para diminuir a imigração legal pela metade. Isso mesmo. Não se tratava de uma proposta para acabar com a imigração ilegal. Miller demonstrou como Trump pretendia reduzir bruscamente o número de imigrantes *legais* entrando no país. O governo, segundo Miller, estava propondo um sistema de mérito ou de pontos para esses imigrantes.

Fala inglês fluentemente? Receberá mais pontos do que os candidatos que não são fluentes. Outros pontos serão dados caso tenha ensino superior ou, quem sabe, uma medalha olímpica.

Enquanto Stephen respondia às perguntas, me ocorreu que Trump, como em tantas outras áreas, queria fazer mais do que simplesmente mudar a política americana sobre imigração. Queria modificar a própria natureza dos Estados Unidos. Durante gerações, os Estados Unidos receberam gente de todos os tipos, todos os níveis educacionais, todas as raças, cores, credos e religiões. É isso que faz dos Estados Unidos da América... os Estados Unidos da América.

Outros países fizeram aquilo que Stephen estava propondo. Muito bem. Mas esses países não eram os Estados Unidos.

Quando essa conversa ocorreu, as políticas imigratórias de Trump não estavam no noticiário do dia, mas jamais deixaram de me incomodar. Assim como a proposta de Trump de construir um muro na fronteira com o México (pelo qual o México afirmou que jamais vai pagar), o plano de Trump para reformar a migração legal parecia movido acima de tudo por um preconceito contra recém-chegados aos Estados Unidos que não eram brancos. Ouvindo Stephen, eu queria questioná-lo não sobre os principais pontos do plano, mas sobre as motivações por trás dele. Eu achava que o plano de Trump (batizado de "Reformando a Imigração em Busca de um Emprego Forte", RAISE na sigla em inglês) era singularmente antiamericano.

Minha intenção não era confrontar Miller de modo dramático. Queria simplesmente que ele respondesse a minha pergunta. À medida que o evento se arrastava, fiquei pensando se ele chegaria a receber minha pergunta, mas ele afinal acabou me chamando para a última pergunta. Stephen, que se considera uma espécie de autoridade em políticas de imigração de ultradireita, ficou feliz como se fosse o líder de um time de debate escolar. De repente, a Sala de Conferências virou uma sala de debates. Apresentei aquela que considerava ser a prova número um de que os Estados Unidos seriam uma nação de portas abertas aos imigrantes: a Estátua da Liberdade.

> ACOSTA: O que o senhor está propondo, o que o presidente está propondo, não parece alinhado com a tradição americana no que diz respeito à imigração. A Estátua da Liberdade diz: 'Entregue a mim os exaustos, os pobres, as massas aglomeradas que desejam respirar a liberdade.' O texto não diz nada sobre falar inglês ou saber

programar um computador. Vocês não estão tentando mudar o que significa ser um imigrante chegando a este país ao dizerem às pessoas que elas precisam falar inglês? Será que elas não podem aprender quando estiverem aqui?

MILLER: Bem, em primeiro lugar, neste exato momento, para se naturalizar existe a exigência de falar inglês. Portanto a noção de que falar inglês não é parte do sistema de imigração seria na verdade bastante a-histórica. Em segundo lugar, não quero entrar num debate sobre história aqui, mas a Estátua da Liberdade é um símbolo de liberdade e luz no mundo. É símbolo da liberdade americana iluminando o mundo. O poema a que você se refere foi acrescentado mais tarde e não é parte original da Estátua da Liberdade. Porém, o mais fundamental é que a história...

Eu disse a Stephen que ele estava começando a fazer uma espécie de revisionismo dos monumentos nacionais.

Veja bem, existem momentos, claro, em que é melhor um repórter não entrar num debate. Talvez aquele fosse um desses momentos, mas tive a sensação de que precisava desnudar a retórica de Miller, uma vez que ele estava tentando pintar um retrato negativo dos imigrantes ilegais e, por vezes, da imigração como um todo. Meu desejo não era debater política na frente de todos os jornalistas; eu só queria uma resposta para a minha pergunta. Mas Miller optou pelo debate.

Por vários minutos, Stephen e eu discutimos o que a Estátua da Liberdade representava em termos de números de imigrantes legais, exigência de fluência no idioma e, de maneira mais ampla, o que estava por trás da política do governo Trump como um todo. O que eu queria dizer a ele naquele dia era que, desde a campanha até o Salão Oval, o governo se mostrou, repetida e consistentemente, hostil em relação aos imigrantes. Depois de anos de retórica marcada por racismo em relação aos imigrantes, as motivações das políticas imigratórias sempre seriam postas sob suspeita.

Analisando os critérios que Stephen estava anunciando — sinta-se à vontade para estudar o assunto —, parecia haver a intenção de valorizar a imigração de pessoas de países mais anglocêntricos. Como Miller anunciou na Sala de Conferências naquele dia, os imigrantes que viessem de partes do mundo em desenvolvimento estariam em séria desvantagem dentro do novo sistema de Trump e Miller para imigração legal. Os irlandeses, italianos, alemães e russos que navegaram sob a Estátua da Liberdade até chegarem à ilha Ellis raramente eram fluentes em inglês quando alcançavam a costa americana. Portanto, o que queremos dizer quando estabelecemos esses critérios depois de esses imigrantes terem sido assimilados aos Estados Unidos? Vou contar o que queremos dizer — ou, pelo menos, direi o que os Stephen Millers do mundo querem dizer: eles estão retirando o tapete de boas-vindas e anunciando ao resto do planeta que as pessoas de cor não devem nem tentar entrar no país. Stephen, pode-se dizer, estava simplesmente dizendo isso com todas as letras.

Um momento interessante de nossa conversa foi quando Miller, depois de questionado sobre esses pontos, deu início ao que parecia uma nova linha de ataque. De acordo com ele, eu estava revelando meu "viés cosmopolita". O que seria um "viés cosmopolita"?, você perguntaria. Para mim continua sendo algo tão bizarro hoje quanto na época, mas não é uma expressão pouco familiar. A palavra *cosmopolita*, na verdade, foi usada por Josef Stálin para expurgar críticos antissoviéticos na URSS. O antigo âncora da CNN Jeff Greenfield escreveu um texto sobre esse insulto no Politico, em que desencavou esta citação de Stálin: "o herói positivo soviético é objeto de zombaria e é visto como inferior na comparação com todas as coisas estrangeiras, e o cosmopolitismo, contra o qual todos lutamos desde os tempos de Lênin, característico dos remanescentes políticos, é muitas vezes aplaudido".

"Inimigos do povo?" "Viés cosmopolita?" Mais alguém enxerga um padrão aqui?

Os "cosmopolitas", escreve Greenfield, eram acadêmicos, escritores, cientistas e, frequentemente, os judeus. Miller vem de família judia, portanto não acredito que esteja aderindo a pontos de vista antissemitas. Ainda assim, os supremacistas brancos, os nacionalistas e os neonazistas que compõem a "alt-right" [direita alternativa] adotaram sem exceção o termo *cosmopolita* para se referir a seus oponentes. O ThinkProgress revelou passagens do antigo grão-mestre da Ku Klux Klan David Duke contra pontos de vista "cosmopolitas" e defendendo que Israel fosse um "Estado puramente judeu". A expressão também foi empregada pelas forças anti-imigratórias da VDARE, um grupo nacionalista branco que descreve a batalha contra a imigração como "uma divisão ideológica entre as elites cosmopolitas que veem a imigração como um bem comum baseado nos direitos universais e eleitores que a veem como uma dádiva conferida a certos estrangeiros considerados dignos de pertencer à comunidade". Como se observa no livro *Hitler: os anos de ascensão, 1889-1939*, de Volker Ullrich, *cosmopolita* era uma expressão antissemita "usada tanto pelos nazistas quanto pelos bolcheviques contra os judeus", que eram "considerados não apenas cosmopolitas, mas também um povo sem raízes, e no final dos anos 1940 a expressão se tornou um código para se referir a judeus que insistiam na identidade judaica".

Várias vezes, antes de Miller empregar o insulto, referências à expressão *viés cosmopolita* aparecem na literatura de extrema direita como um ataque aos defensores do multiculturalismo, da tolerância com as minorias e da diversidade. Talvez seja apenas coincidência que Miller tenha usado essa expressão contra mim no encontro com a imprensa na Casa Branca, mas eu não acho que foi. Miller fala o idioma dos opositores radicais da imigração com incrível fluência. Ele vem defendendo suas ideias, suas propostas e sua visão do mundo há anos.

Mesmo que não tivesse sido acusado de ter um viés cosmopolita, achei a conversa sobre a Estátua da Liberdade particularmente preocupante. A estátua é uma imagem poderosíssima para todos os americanos, uma imagem que está no cerne de como nos vemos e de como, por gerações, o mundo nos viu. Meu pai não viajou aos Estados Unidos de navio, não passou por baixo da Estátua da Liberdade, como fizeram tantos imigrantes décadas atrás, e nem atracou na ilha Ellis, mas foi bem-recebido neste país. Algumas pessoas foram grosseiras com ele e com a minha avó (que falava mal inglês) quando chegaram e várias vezes nos anos seguintes? Claro, sem dúvidas. Todo imigrante passa por isso. Mesmo assim, meu pai não foi retratado de maneira estereotipada pelo presidente dos Estados Unidos como parte de uma comunidade de "estupradores" e criminosos invadindo o país.

Além disso, os fatos alternativos de Miller sobre a Estátua da Liberdade eram um grande insulto. Acesse o site do Serviço Nacional de Parques na internet e procure pela Estátua da Liberdade. Há uma página dedicada ao monumento chamada "A Estátua Imigrante". Lá você pode encontrar uma série de fotos de barcos cheios de imigrantes chegando ao porto de Nova York, radiantes com a esperança do futuro que teriam em um novo país. Italianos, irlandeses e outros imigrantes europeus são vistos segurando as mãos de seus filhos ao chegarem à costa americana. E, acima deles todos, claro, a Estátua da Liberdade.

O poema "O novo Colosso", de Emma Lazarus, ressoa ainda hoje:

Distinto do gigante grego em sua fama,
Com fortes pernas sobre a ilha e continente;
Nossos portões marinhos hão de ter à frente
Uma mulher potente que carrega a chama
Que é o próprio raio aprisionado, e dessa dama
O nome é Mãe dos Exilados. Reluzente
A mão-farol dá boas-vindas; o olhar clemente
No porto das gêmeas cidades se derrama.
"Guardai a pompa e a glória de tua antiguidade!"
Diz ela de lábios silentes. "E mandai
Os exaustos, os pobres, quem quer liberdade,
Os que são vistos meramente como escória.
Mandai quem perdeu tudo para a tempestade,
A luz acendo sobre a rota da vitória!"

Miller tem razão ao dizer que o poema foi fixado não na própria estátua, mas sim do lado de dentro do pedestal inferior, mas vamos esclarecer os fatos aqui. Lazarus, ela própria filha de imigrantes judeus portugueses, escreveu o soneto em 1883 para arrecadar fundos para a construção de um pedestal para a estátua. De acordo com a página do Serviço Nacional de Parques, o presidente da comissão responsável pelo projeto da estátua encomendou o trabalho a Lazarus. Em 1903, o poema foi anexado à Estátua da Liberdade, transformando de imediato o monumento num símbolo dos imigrantes que chegavam aos Estados Unidos. Independentemente de quando o poema foi anexado, o sentido de sua inclusão na estátua permanece o mesmo.

Foi atordoante ficar sentado na Sala de Conferências enquanto Stephen Miller fingia que o governo do qual participava não era movido por atitudes racistas contra imigrantes. É claro que era. Uma autoridade graduada do governo, que trabalhou tanto na área de segurança nacional quanto na questão da imigração, me disse certa vez que o ardor de Miller para conter o fluxo de migrantes nos Estados Unidos tinha a ver com suas crenças pessoais. Stephen "não escondia seu ódio", relatou o funcionário da área de Segurança Interna em particular. "Aquilo transborda para todas as políticas da Casa Branca." Stephen não respondeu aos meus pedidos para discutir esse ponto.

Assim como em meus diálogos com Spicer, confrontar Stephen exigiu uma mudança de estratégia. Táticas pouco ortodoxas, como ler um poema da Estátua da Liberdade, às vezes são melhores para chegar ao cerne da questão, em vez de fazer as perguntas clichê sobre políticas públicas. Se preferir, pode-se fazer a pergunta diretamente: Stephen, essa não é uma política racista? Ele não vai morder a isca. Mas cutuque em lugares que ele não espera e pode ser que consiga retirá-lo da zona de conforto, e talvez consiga extrair dele algo que revele tudo.

Algumas semanas depois, Sarah Sanders estava conversando com repórteres no Air Force One quando percebeu que era aniversário de Stephen Miller. Ela brincou que ele estava esperando uma mensagem de texto de Jim Acosta. Para mostrar, mais uma vez, que não havia rancores, enviei uma mensagem para ele desejando feliz aniversário. Ele imediatamente respondeu: "Obrigado!"

Só para deixar registrado, eu debateria com Miller sobre imigração a qualquer hora e em qualquer lugar. Não porque eu esteja desesperado para que os Estados Unidos sejam inundados de imigrantes vindos do sul, como os xenófobos gostariam que se acreditasse. (Miller me acusou, num encontro com a imprensa, de ser a favor de "fronteiras abertas", uma tática usada por radicais contrários à imigração. Nada mais longe da verdade.) Eu debateria com ele porque o presidente dos Estados Unidos da América e as pessoas que trabalham na Casa Branca deveriam sempre defender os imigrantes da nossa nação. Esse é o modelo americano, ainda que não seja o modelo de Trump, ou de Stephen.

Assim como em meus confrontos com Trump, minha conversa com Stephen Miller provocou reações do público. Sim, as ameaças de morte voltaram, mas também voltaram os gestos de gratidão. Um espectador da CNN me mandou uma camiseta com a imagem da Estátua da Liberdade e o poema de Emma Lazarus. Outro me enviou um livro infantil sobre o verdadeiro sentido da estátua. Apesar da tentativa oficial da Casa Branca de mudar o significado desse duradouro símbolo da liberdade americana, as pessoas em casa não foram enganadas. Lembrei que muitos americanos estavam do lado da verdade e da tolerância. Nos dias que se seguiram, encontrei descendentes de indígenas, árabes, latinos e asiáticos que me agradeceram por defender a história da imigração que definiu os Estados Unidos. Nunca me esqueci desses encontros. Sei que soa cafona, mas eles acreditam nos Estados Unidos sobre o qual que cresci aprendendo. Eles acreditam no país em que eu acredito, um país para todos nós. Nós somos e devemos sempre permanecer como um farol de esperança, a luz mais brilhante no universo.

7

Charlottesville

Durante os primeiros seis meses da presidência de Trump, a vida dos jornalistas que cobrem a Casa Branca foi um pouco como o filme *Feitiço do tempo* — não importava o que tinha acontecido no dia anterior, a pessoa acordava e se dava conta de que Trump ainda era presidente, o mundo ainda estava uma bagunça, e nós estávamos cobrindo tudo aquilo, de novo e de novo. Padrões começaram a surgir. Os tuítes do Trump, hiperbólicos, com erros de grafia e distantes da realidade, surgiam de manhã, sacudindo o noticiário. Então geralmente acontecia algum tipo de encontro de Trump com a imprensa durante o qual ele atacava um adversário, real ou imaginário, e a narrativa do dia mudava outra vez, deixando Spicer, Sanders e o convidado misterioso no púlpito da sala de imprensa contando mentiras ou algo pior para o público americano. Pensando nisso agora, vejo que tudo era bastante previsível, algo estranho de dizer, dada a habilidade de Trump para chocar o mundo ocidental.

Por causa desse ritmo estranho, que punha freios no comportamento extremo e imprevisível de Trump, todo mundo logo percebeu as implicações profundas e perturbadoras do que aconteceu em agosto de 2017. Palavras, claro, realmente importam, e muito — uma lição que este país aprenderia repetidas vezes naquele agosto.

Começou no dia 11 de agosto. Trump passou a primeira parte do dia provocando outro confronto com a Coreia do Norte, que, por mais preocupante que fosse, parecia bastante coerente com o que ele vinha falando nos últimos tempos. Mais tarde, cerca de doze horas depois de publicar um tuíte informando à Coreia do Norte que os Estados Unidos estavam "com o dedo no gatilho" (após ter alertado Kim Jong-un de que ele estaria sujeito a "fogo e fúria"), a escuridão recaiu sobre a pequena cidade de Charlottesville, na Virgínia, iluminada apenas por dezenas de supremacistas brancos, neonazistas, membros da KKK e outros extremistas do nascente movimento "alt-right" americano que marchavam pelo campus da Universidade da Virgínia empunhando tochas. Esses fascistas americanos, que pareciam ter surgido do nada, haviam se juntado para o que chamaram de comício da "União da Direita", organizado para protestar contra a remoção da estátua dedicada ao herói de guerra confederado Robert E. Lee. Os manifestantes marchavam segurando tochas, entoando slogans neonazistas como "judeus não vão nos substituir", "sangue e terra" e "vidas brancas importam", antes de cercarem a estátua de Thomas Jefferson no campus da universidade.

Na estátua, enfrentaram os que protestavam contra eles, alguns do movimento antifascista conhecido como Antifa. Policiais chegaram e interromperam a violência, pelo menos naquela noite. As imagens provenientes de Charlottesville, que viralizaram ao redor do mundo em segundos, não deixavam dúvidas. Uma nova face do ódio e do mal havia surgido nos Estados Unidos.

No dia seguinte, 12 de agosto, os manifestantes da União da Direita, muitos armados graças às leis flexíveis de posse de armas da Virgínia, voltaram à estátua de Lee prontos para a batalha, dessa vez com consequências mortais. Portando a bandeira dos Confederados, e em alguns casos vestindo bonés MAGA, os neonazistas e os nacionalistas brancos enfrentaram seus opositores nas ruas de Charlottesville mais uma vez.

Então, num terrível momento registrado em vídeo, um carro dirigido por um supremacista branco passou por cima de um grupo que protestava contra os extremistas, matando uma mulher de 32 anos chamada Heather Heyer. Ela fora à manifestação para se manifestar contra os fascistas. Quase vinte opositores dos supremacistas brancos ficaram feridos. O motorista, um rapaz de vinte anos que se autointitula simpatizante nazista, chamado James Alex Fields Jr., foi indiciado por homicídio pela morte de Heyer. O dia teria mais duas mortes, depois que dois policiais do estado da Virgínia morreram na queda de um helicóptero rumo à operação em Charlottesville.

Tendo crescido na Virgínia, eu não podia acreditar no que estava acontecendo em meu estado natal. Sim, o estado foi o coração dos Confederados, mas a Virgínia da minha infância e dos meus dias na universidade havia evoluído para um lugar multirracial e muito mais moderado. De fato, era um orgulho para mim o estado ter sido o primeiro a eleger um governador negro, Douglas Wilder. Minha escola de ensino médio no subúrbio de Annandale, na Virgínia, era muito diversa. A Annandale High School não fica na capital dos Estados Unidos, mas estava dentro do anel rodoviário e reunia alunos de várias raças, credos e cores. Meus colegas se davam muito bem.

Contudo, ainda me lembro de ter debatido as causas da Guerra Civil como estudante da Universidade James Madison, universidade batizada em homenagem a um dos pais fundadores dos Estados Unidos, que também era proprietário de escravos. Lembro-me de alguns de meus colegas argumentando que a Guerra de Secessão foi resultado de uma "agressão do Norte", enquanto eu defendia que o conflito foi causado pela resistência do Sul em abrir mão de sua dependência da mão de obra escrava.

Depois, como jovem repórter, testemunhei eventos que comprovavam que os Estados Unidos ainda não lidavam adequadamente com o tema racial. Certa vez cobri uma marcha neonazista quando trabalhava na afiliada da CBS em Chicago, a WBBM-TV. Os neonazistas eram apenas um bando de racistas procurando briga e provocando a polícia. Na época, pensei que esses caras não mereciam a cobertura da imprensa. Era uma ideologia moribunda, na minha opinião, destinada a desaparecer com o tempo.

Mas durante o governo Obama ficou claro que os fantasmas do século XX não haviam nos abandonado completamente. A eleição do primeiro presidente negro impulsionou o Tea Party, um movimento político fiscalmente conservador dentro do Partido Republicano. Seus membros declaravam defender unicamente a eliminação da dívida nacional e se opor às indenizações pagas durante a crise financeira de 2008. Qual foi o resultado disso? Bem, assim que passou a controlar a Casa Branca e o Congresso, o Partido Republicano voltou rapidinho para o aumento do déficit, entregando cortes generosos de impostos para os ricos, assim como fizera durante o governo de George W. Bush. O que testemunhei mais de uma vez, cobrindo os comícios e as marchas do Tea Party, foi uma proliferação de ícones racistas em cartazes e camisetas; um desses cartazes exibia Obama e Pelosi juntos na cama.

Um dos líderes da longa oposição à presidência de Obama foi, é claro, um empresário de Nova York e astro da TV chamado Donald J. Trump, que liderou a batalha pela contestação da cidadania de Obama, conhecida como Movimento Birther. Trump, que já havia insistido na questão racial no fim dos anos 1980, quando defendeu a pena de morte contra cinco adolescentes no caso dos Cinco do Central Park (que foram condenados e, depois, inocentados), acabou ganhando fama política ao exigir que se verificasse a certidão de nascimento de Obama, insinuando inclusive que havia enviado investigadores particulares ao Havaí para descobrir se o quadragésimo quarto presidente americano realmente nascera em Honolulu. A investigação de Trump não resultou em provas de que Obama era queniano, indonésio ou o que quer que fosse. Era tudo uma farsa. Uma das principais histórias pouco noticiadas na campanha de 2016 foi a recusa de Trump em falar sobre seu passado questionando a cidadania de Obama. Um ex-funcionário da campanha de Trump contou que ele sabia que a história da certidão era bobagem, mas não queria admitir, algo que acabou por fazer em setembro de 2016.

Mas Trump permaneceu uma figura querida entre uma parcela marginal e racista da extrema direita. Portanto, não foi surpresa quando neonazistas, supremacistas brancos e outros membros do movimento alt-right se juntaram em Washington menos de duas semanas depois da eleição de Trump para declarar que seu movimento de ódio havia renascido.

"Viva Trump, viva nossa gente, viva a vitória", exclamou o líder do movimento, Richard Spencer, um dos organizadores da marcha da União da Direita em Charlottesville. Trump foi responsável por aquele espetáculo lamentável? Não, não diretamente, mas, goste ou não, de acordo com especialistas que estudam grupos extremistas, sua ascensão ao poder animou essas forças sombrias. O movimento de Trump suspeitando da cidadania de Obama tinha crescido.

Trump, que estava de férias em Nova Jersey durante a confusão em Charlottesville, fez uma breve declaração sobre a violência. O presidente que havia vencido as eleições usando uma retórica fortemente racial, espalhando a mentira de que Obama não era americano e chamando imigrantes mexicanos de "estupradores" de repente era o responsável por acalmar os ânimos numa nação aterrorizada por bandidos racistas marchando na Virgínia.

Não há outra forma de analisar esses fatos a não ser dizendo que, nos momentos que se seguiram, Trump falhou miseravelmente em amenizar as preocupações do público. Em suas primeiras declarações sobre a violência em Charlottesville, ele pareceu culpar tanto os supremacistas brancos quanto seus opositores.

"Condenamos da forma mais enfática possível essa enorme demonstração de ódio, intolerância e violência de muitos lados... contra muitos lados", afirmou Trump. "Isso vem acontecendo há muito tempo em nosso país — não Donald Trump, nem Barack Obama. Vem acontecendo há muito, muito tempo. Não há lugar para isso nos Estados Unidos."

O seu comentário sobre os "muitos lados" não foi um erro acidental. Se voltar e assistir ao vídeo, Trump faz uma pausa dramática e repete as palavras "muitos lados". Ele queria deixar claro que, de seu ponto de vista, todos tinham sua parcela de culpa, independentemente de haver neonazistas e membros da Klan em um dos lados.

Era chocante ouvir esse tipo de equívoco. Se Trump tivesse feito essa declaração como um cidadão comum, não sei se alguém se importaria. Mas era surreal e perturbador que viesse da boca do líder do mundo livre. Nenhum presidente após a Segunda Guerra Mundial fez esse tipo de declaração. Trump não estava acalmando a situação, pensei. Mais do que durante a campanha, ele estava revelando quem realmente é. Não havia uma multidão para animar ou aplacar nas horas seguintes aos conflitos de Charlottesville. Era um momento para liderança, não complacência.

Eis o presidente dos Estados Unidos falhando em condenar adequadamente neonazistas e homens da Klan que se sentiram confortáveis o suficiente para marchar em uma cidade americana, a cidade natal de Thomas Jefferson ainda por cima, e criar um espetáculo de violência tão horrendo que, antes de terminar, deixaria uma mulher morta na rua. Foi o momento mais perturbador da presidência de Trump até ali, e, no entanto, para qualquer pessoa que tivesse acompanhado sua campanha ou comparecido a seus comícios, não era nenhuma surpresa. Embora ninguém pudesse adivinhar os horrores específicos de Charlottesville, as sementes do espetáculo germinavam na campanha, e nos meses após a eleição havia fortes indícios de que bolsões recentes de resiliência do fanatismo americano estavam mais poderosos.

A resposta inicial de Trump à tragédia de Charlottesville ressuscitou de imediato memórias de seu péssimo histórico na questão racial durante a campanha de 2016. Houve um momento em que ele se atrapalhou ao responder se deveria rejeitar o apoio do antigo grão-mestre da Ku Klux Klan, David Duke, antes de finalmente dizer "eu repudio a KKK". Também houve a controvérsia quanto a seus comentários a respeito do juiz americano de origem mexicana que julgava o processo da Universidade Trump, o falido programa educacional privado de negócios imobiliários do então candidato que havia esfolado seus alunos. E quem poderia esquecer Trump tuitando uma imagem de Hillary Clinton sobre pilhas de dinheiro, com o que parecia ser uma estrela de Davi? O diretor de mídias sociais de Trump, Dan Scavino, disse na época que era uma estrela de "xerife", não uma tentativa de usar ícones antissemitas.

Claro, também houve momentos constrangedores para os apoiadores de Trump. Num comício em Kissimmee, na Flórida, meus colegas e eu vimos quando dois homens estenderam uma bandeira confederada com a inscrição "Trump 2016". Demorou uma meia hora para a equipe de segurança de Trump convencer os dois a retirarem a bandeira. Depois que o comício acabou, um raivoso apoiador de Trump se dirigiu a meus colegas e mostrou o dedo médio, gritando: "Sou patriota! E seu nome é 'traidor'." Bandeiras dos confederados continuaram a aparecer nos comícios de Trump. Havia um ódio bruto circulando nesses eventos, dia sim dia não, no roteiro de campanha de Trump.

Percebendo a gravidade do momento, líderes de ambos os partidos instantaneamente condenaram a resposta de Trump. Para responder à condenação bipartidária, a Casa Branca emitiu uma declaração, por meio de um funcionário anônimo, covarde demais para assiná-la, que imitava de forma vergonhosa a reação de Trump a Charlottesville.

"O presidente estava condenando o ódio, a intolerância e a violência de todas as fontes e lados. Houve violência entre manifestantes e seus opositores hoje", disse o funcionário.

Tendo oportunidade de limpar a bagunça, a Casa Branca, ao contrário, resolveu reforçar os comentários de Trump. Não havia como voltar atrás. Do meu ponto de vista, Trump havia ultrapassado um limite, danificando permanentemente sua presidência. E ele ainda não tinha terminado.

Dois dias depois, em 14 de agosto, Trump tentou outra vez. Ferido pela crítica intensa a seus comentários após a violência em Charlottesville, ele se dirigiu à nação. Eu estava lá naquele dia, pois a CNN representava as equipes de TV. A imprensa se reuniu na Sala Diplomática da Casa Branca, onde ficamos esperando as novas declarações do presidente. A questão, claro, era se Trump condenaria com veemência os supremacistas brancos responsáveis pela confusão em Charlottesville, como deveria ter feito desde o princípio. Lendo uma declaração pronta, eis exatamente o que ele fez:

"O racismo é maléfico. E aqueles que provocam violência em nome dele são criminosos e bandidos, inclusive membros da Ku Klux Klan, neonazistas, supremacistas brancos e outros grupos de ódio, que são contra tudo que nos é mais caro como americanos", disse.

Mais tarde naquele dia, Trump realizou outro evento durante o qual pediu que as práticas comerciais chinesas fossem investigadas. Ainda na função de representar as TVs, perguntei sobre a divergência entre as declarações daquele dia e sua resposta inicial ao que havia acontecido em Charlottesville no último fim de semana.

"O senhor poderia explicar por que não condenou nominalmente os grupos de ódio no último fim de semana?", perguntei.

"Eles foram condenados. Foram condenados", respondeu.

Insisti, perguntando por que não concedera uma entrevista coletiva na segunda, como prometera na última sexta, antes de Charlottesville.

"Acabamos de ter uma coletiva", respondeu.

"Podemos fazer mais perguntas?", questionei.

"Não me incomoda de forma alguma, mas prefiro notícias reais a falsas", disse, e então apontou o dedo para mim. "Você é fake news."

"Sr. presidente, o senhor não espalhou um bocado de notícias falsas por si mesmo?", rebati.

Ah, a velha acusação de "fake news". Estava de volta. Aprendi que essa era uma das maneiras de "ler" Trump. Como um jogador de pôquer, Trump pode ser lido, toma atitudes que demonstram o que ele tem na mão. Se grita "fake news", é porque está perdendo. E estava perdendo em Charlottesville. Trump evidentemente não gostou de ter sido compelido por seus assessores a revisar suas declarações a respeito de Charlottesville. Isto era tão ruim, na visão dele, quanto admitir um erro. E, no mundo de Trump, como me foi dito mais de uma vez por seus assessores, não se admitem erros. Dobram-se todas as apostas, mesmo naquilo em que errou.

O que nos leva à terceira tentativa de comentar os eventos em Charlottesville, dessa vez na Trump Tower, em Manhattan. Trump havia ido a seu prédio de escritórios e apartamentos em Nova York para se encontrar com alguns dos principais líderes do governo, a fim de discutir a necessidade de melhorar a infraestrutura do país. Estavam presentes o secretário do Tesouro, Steve Mnuchin, a secretária de Transportes, Elaine Chao, o diretor de Administração e Orçamento, Mick Mulvaney, o principal conselheiro de economia de Trump, Gary Cohn, e o novo membro da equipe, o chefe de gabinete, John Kelly (que havia acabado de substituir Reince Priebus).

Depois do que acontecera no dia anterior, viajei para Nova York com o palpite de que Trump não seria capaz de se conter e voltaria a falar sobre Charlottesville. Como fizemos tantas vezes durante a campanha, nos reunimos no saguão dourado da Trump Tower para esperar o presidente. Era como nos velhos tempos. (É preciso registrar que seus assessores haviam nos avisado com antecedência que ele não responderia a perguntas). Trump desceu de elevador, fez alguns comentários sobre suas expectativas em relação a um projeto de lei de infraestrutura, e, antes que pudesse deixar o saguão, minha colega da NBC, Hallie Jackson, gritou uma pergunta sobre Charlottesville e lá fomos nós.

Continua sendo espantoso ler as declarações do presidente naquele dia. Enquanto escrevo, elas continuam, curiosamente, no site oficial da Casa Branca. Nelas, Trump voltou a culpar os dois lados pela violência em Charlottesville. Foi quando entrei na história, sobretudo por não poder acreditar no que estava ouvindo.

> TRUMP: Sim, acho que os dois lados têm culpa. Se olhar para ambos os lados, acho que os dois têm culpa. Eu não tenho dúvidas, e você

também não tem dúvidas em relação a isso. Se você noticiasse corretamente, diria o mesmo.

ACOSTA: Os neonazistas começaram. Eles foram a Charlottesville para protestar...

TRUMP: Com licença, com licença. Eles não se colocaram... e havia alguns caras realmente ruins nesse grupo, mas também havia gente de bem, dos dois lados. Havia pessoas naquele grupo.

ACOSTA: Não, senhor, não há gente de bem entre os nazistas.

Como deve ter notado, não formulei minhas perguntas como perguntas. Não era necessário nesse caso, e eis o porquê. Suponho que poderia ter perguntado: "Senhor, não é verdade que não havia gente de bem entre os nazistas?" Mas isso sugeriria que o assunto estava aberto a debate. Desculpe, mas não há dois lados quando se fala em nazismo. Acho que já chegamos ao ponto de poder afirmar, em definitivo, que os nazistas são pessoas más. Não é preciso dizer. Mas vou dizer: se você é nazista, você não é gente de bem. Você é mau. Então, sim, senti que estava dentro dos limites jornalísticos quando afirmei para o presidente que "não há gente de bem entre os nazistas". Quando é uma questão de certo versus errado, não há dois lados da história.

Há outro ponto relevante aqui, que tem a ver com a ideia de que um tipo diferente de presidente requer um tipo diferente de imprensa. Se o presidente tenta intimidar para escapar das perguntas mais duras, interrompendo e gritando, "Com licença, com licença", como repórter, o que você deve fazer? Provavelmente, esse é o momento de deixar as regras tradicionais de lado. Trump com certeza não ofereceria de boa vontade o comentário de que "havia gente de bem" nos dois lados se eu não tivesse questionado. Algumas vezes o saco de pancadas que ele escolhe pode ser sua própria ruína; é quando deixa transparecer quem realmente é. E, naquela estranha coletiva de imprensa na Trump Tower, foi exatamente o que ele fez.

Ao responder aos ataques de Trump, considerei que seria necessário comedimento para escolher o momento certo. As opiniões sobre eu ter dado conta disso ou não variam, mas há momentos em que fica óbvio que a escolha certa é questionar o presidente. Quem sou eu para julgar quando seu curso de pensamento sai dos trilhos? Acho que isso é bastante óbvio. Seja um ataque contra a imprensa, seja uma mentira deslavada sobre política, seja a traição dos princípios americanos (por exemplo, de que os nazistas são a escória do mundo), uma reação mais contida do repórter cria o precedente de que o que foi dito passou a ser aceitável em nossa democracia. O mesmo vale para os ataques incansáveis do presidente contra os jornalistas nos Estados Unidos. Sim, os ataques de Trump à imprensa são pensados, no momento, para gerar reação. E sim, essa resposta acaba agitando parte de sua base. E sim, os fãs de Trump podem relaxar e dizer: "Viu só? Funciona." E sim, alguns editores dizem: "Viu só, é por isso que não devemos responder." Mas os apologistas e propagandistas de Trump continuarão a atacar e fazer da nossa vida um inferno, não importa o que nós noticiemos. É o que fazem. Se moldarmos nossa cobertura para tentar aplacá-los, nós já perdemos. Suas reações não deveriam mudar o cálculo essencial de que os ataques à imprensa, se deixados sem resposta, apenas ficarão piores. Então, a pergunta que surge é: você morde a isca ou você se arma?

Eu opto pela isca com mais frequência, o que incomoda algumas pessoas — tanto na imprensa quanto na Casa Branca. Mas, a esses críticos, pergunto: todo presidente mente e ataca a imprensa como Trump faz? Não. Quando novos presidentes tomarem posse e o estado de normalidade for retomado na relação com a imprensa, haverá uma grande necessidade de nos defendermos? Claro que não. As regras para os jornalistas e as organizações de imprensa serão reajustadas, pois já não estaremos sob ataque.

Depois de nosso diálogo sobre "gente de bem" naquele dia na Trump Tower, Trump tentou mudar o assunto para a ofensa que havia inicialmente levado os manifestantes da União da Direita a Charlottesville, a remoção da estátua de Robert E. Lee. Quando há dois lados, adivinhe qual deles Trump escolhe? O presidente disse com convicção que, de alguma forma, George Washington seria o próximo, como se os funcionários do governo federal estivessem desmontando o Monumento a Washington.

> TRUMP: Com licença, com licença. Eu vi as mesmas imagens que você. Havia gente naquele grupo que estava ali para protestar contra a retirada de uma estátua importante para eles e a mudança do nome do parque.
> ACOSTA: George Washington e Robert E. Lee não são a mesma coisa.
> TRUMP: George Washington não era dono de escravos? Agora George Washington perderá seu status? Vamos tirá-lo... desculpe, vamos retirar todas as estátuas de George Washington? Que tal de Thomas Jefferson? O que você pensa a respeito de Thomas Jefferson? Você gosta dele?

Poucos instantes depois do comentário sobre "gente de bem", Trump tentou limpar a própria barra acrescentando uma retratação. "Não estou falando dos neonazistas e dos nacionalistas brancos, porque eles deveriam ser totalmente condenados", disse. "Mas havia naquele grupo outras pessoas além de neonazistas e nacionalistas brancos, certo? E a imprensa os tratou de forma absolutamente injusta."

Os defensores do presidente gostam de dizer que esse comentário final isenta Trump de sua atuação anterior no caso Charlottesville. Eu digo que isso é uma besteira. Do meu ponto de vista, o presidente dos Estados Unidos deveria ser capaz de falar corretamente sobre o caso de imediato. Não deveria levar quatro ou cinco (ou seja lá em que número estivéssemos) tentativas para acertar. Em quatro dias, Trump havia se equivocado a respeito da violência em Charlottesville, voltou atrás para condenar os fascistas, para em seguida provocar outra reviravolta no assunto, basicamente retornando para onde havia começado, ficando essencialmente do lado dos nacionalistas brancos que deram início à violência. A falha épica na Trump Tower estava estampada na cara de John Kelly quando o chefe de gabinete baixou a cabeça na frente das câmeras.

Como disse ao âncora Don Lemon naquela noite no CNN *Tonight*, "Penso que hoje o presidente mostrou quem ele é de fato. E não tenho certeza se a imagem estampada foi muito americana". Dessa vez, o comportamento revoltante de Trump havia enfim sacudido seu próprio partido, desestabilizando sua presidência. Um assessor veterano do Partido Republicano no Congresso me disse naquela noite que a capacidade de Trump governar estava "diminuindo". Ainda assim, o presidente foi capaz de conter a tempestade, como sempre consegue fazer, enfraquecido e ferido, mas ainda em pé.

Funcionários de alto escalão dentro da Ala Oeste diziam aos jornalistas que estavam chocados com o comportamento de Trump. Um assessor perguntou por que foi permitido que Trump voltasse à frente dos jornalistas na Trump Tower, uma situação na qual ele não resistiria a se envolver numa discussão com os repórteres. O assessor disse que eu deveria saber que entraria num confronto com Trump no minuto em que ele chegou ao saguão. Honestamente, não. Mas esse funcionário concluiu, assim que me viu, que uma batalha aconteceria ali.

Dois dias depois da confusão na Trump Tower, o presidente encontrou uma maneira de mudar o noticiário, tirando o foco das fortes críticas contra a forma como lidou com Charlottesville. Ele demitiu seu estrategista-chefe, um herói do movimento nacionalista branco nos Estados Unidos, Steve Bannon. Não era pouca coisa. Demitir Bannon era um fato importante. Quando entrou para o time de Trump já no fim da eleição de 2016, Bannon era visto como uma das principais vozes do crescente movimento nacionalista nos Estados Unidos, e era o líder do site ultraconservador Breitbart. Bannon incentivou Trump a continuar se posicionando contra a imigração, o livre comércio e jornalistas — de fato, Bannon já havia chamado a imprensa de "partido de oposição" e ajudou Trump a inventar o slogan "inimigos do povo". (Nota para o leitor: Bannon ama a imprensa em privado e conversava com repórteres nos bastidores o tempo todo, diálogos que usava para atacar seus adversários na Ala Oeste.)

A demissão de Bannon veio num momento curioso, quase conveniente demais para Trump. Depois da demissão, um funcionário da Casa Branca me disse que o plano na Ala Oeste era expulsar Bannon duas semanas antes. Isso coincidiria com a contratação de John Kelly, que já impunha disciplina à operação caótica de Trump e limpava a casa, tendo inclusive se livrado de Anthony Scaramucci. Enquanto Priebus tinha uma política de portas abertas, permitindo que os amigos de Trump o visitassem quando quisessem, Kelly restringia o acesso aos suspeitos de sempre. Isso não era bom para Bannon, que tinha muitos inimigos na Casa Branca. Trump odiava a impressão de que Bannon era o verdadeiro cérebro por trás da Casa Branca. Estrategistas republicanos suspeitavam que a demissão de Bannon era uma espécie de vacina de emergência contra a atmosfera venenosa criada por Trump.

"O chefe de gabinete da Casa Branca e Steve Bannon decidiram em comum acordo que hoje será o último dia de Steve. Somos gratos por seus serviços e desejamos a ele o melhor", declarou Sarah Sanders.

Bannon deixou claro que se sentia traído, inclusive dizendo a *The Weekly Standard* que a presidência de Trump estava "acabada".

Quase houve outra demissão relevante nos dias após as declarações de Trump sobre Charlottesville. O principal conselheiro econômico do presidente, Gary Cohn, que era judeu e estava na Trump Tower durante a coletiva desastrosa, disse ao *Financial Times* em 25 de agosto, cerca de duas semanas depois de a violência dos neonazistas matar Heather Heyer, que estava sob "enorme pressão" para deixar o governo.

"Tenho sofrido enorme pressão tanto para me demitir quanto para continuar no cargo. Como patriota americano, estou relutante em deixar minha função de diretor do Conselho Econômico Nacional, pois sinto que tenho o compromisso de trabalhar pelos americanos. Mas também me sinto compelido a tornar pública minha angústia em relação aos eventos das duas últimas semanas. Cidadãos que se posicionam em defesa da igualdade e da liberdade não podem jamais ser igualados a supremacistas brancos, neonazistas e à KKK. Acredito que este governo pode e deve fazer um trabalho melhor em condenar consistente e inequivocamente esses grupos e fazer tudo o que for possível para curar a enorme divisão que existe em nossas comunidades. Como um americano judeu, não permitirei que o fato de neonazistas entoarem 'Judeus não vão nos substituir' leve este judeu a deixar seu trabalho. Sinto profunda empatia por todos que foram alvo desses grupos de ódio. Devemos nos unir contra eles", afirmou Cohn ao *Financial Times*.

Era uma crítica extremamente sincera à reação de Trump ao caso de Charlottesville. Era raro ouvir um funcionário da Casa Branca criticar um presidente dessa forma. Claro, funcionários deixam o emprego e falam todo tipo de coisa. Mas normalmente empregados da Casa Branca preferem morder a língua para não criticar o chefe. A sinceridade de Cohn foi surpreendente. Ele disse ao *Financial Times* que sua decisão de permanecer no cargo não era influenciada pela demissão de Bannon e, em outra forte admissão, sugeriu que outras pessoas no governo, citando nominalmente a vice-conselheira de segurança nacional, Dina Powell, tinham dificuldades para decidir como reagir à reação inadequada de Trump à assustadora ascensão da supremacia branca nos Estados Unidos.

"Esse é um assunto pessoal para cada um de nós. Estamos todos tendo que lidar com isso. Leva tempo para saber como proceder", disse.

Minhas colegas Sara Murray, da CNN, e Maggie Haberman, do *New York Times*, noticiaram que Cohn pensara seriamente em se demitir depois de Charlottesville. Mas uma fonte disse a Murray que ele não chegou nem perto de sair. Mais uma vez, no palácio de espelhos da Casa Branca de Trump, parecia difícil encontrar a verdade. Um funcionário de alto escalão descartou mais tarde a hipótese de Cohn ter realmente a intenção de se demitir. "Algumas pessoas só queriam manter as aparências no clube de golfe", desdenhou o assessor. Será que Cohn estava apenas tentando salvar sua reputação ao falar publicamente contra Trump? Em março, ele deixaria o governo depois de perder uma grande batalha com Trump sobre os planos do presidente de impor tarifas a parceiros comerciais importantes dos Estados Unidos. Logo, ele sentiu que era necessário sair por causa de uma disputa comercial, mas não por causa de Charlottesville? Isso é intrigante.

Na verdade, Bannon foi a única demissão relevante depois de Charlottesville. Pare e pense por um momento. É chocante. Quase dois anos depois daqueles acontecimentos, uma questão-chave permanece: o que teria acontecido à presidência de Trump se outras autoridades tivessem examinado a própria consciência e se demitido em protesto contra as declarações do presidente? Não teria sido uma mensagem forte ao país e ao mundo? Jamais saberemos, porque isso não aconteceu.

Da mesma forma, a maioria dos republicanos fora do governo, quase unidos em sua covardia, continuou firme na recusa em confrontar o presidente. Esse triste capítulo apenas reforçou o reconhecimento de que o Partido Republicano, o partido de Lincoln, havia se tornado a última aquisição imobiliária de Trump. Como muitos estrategistas do partido admitiram em particular para mim, ao se manterem firmes ao lado de Trump, seus colegas republicanos comprometeram os próprios princípios. Embora isso fosse verdade havia meses, Charlottesville gravou isso em pedra. A retórica e o comportamento do presidente e de muitos de seus apoiadores, e silenciosamente aceitos por muitos republicanos durante a campanha, a transição e o governo Trump, finalmente foram exibidos ao vivo e em cores.

Uma lição inevitável da ascensão de Trump é que o ódio deixado sem supervisão e sem contestação, mesmo no século XXI, pode ter consequências terríveis. No decorrer dos primeiros oito meses do governo Trump, republicanos mostraram repetidas vezes estarem dispostos a abdicar de seu papel de fiscalizar o presidente, e mais uma vez deixaram a mídia nesse vácuo. Apesar de todos os nossos erros, foram momentos como o de Charlottesville que me lembraram do papel que a imprensa tem a cumprir.

As apostas eram de fato altas, e ficavam mais altas dia após dia, sobretudo porque Trump passou as semanas e os meses seguintes tentando reescrever a história que todos havíamos vivido, tentando manipular a opinião pública a respeito de Charlottesville. Num discurso virulento em um comício para apoiadores em Phoenix, em 23 de agosto, na mesma época em que Cohn disse ao *Financial Times* que estava sendo pressionado a deixar o cargo, Trump mentiu sobre sua reação inicial a Charlottesville. E não surpreende que tenha culpado a imprensa por noticiar erroneamente o que dissera. A saída de Trump do inferno que ele mesmo criara foi, mais uma vez, sua guerra contínua contra a imprensa.

"Então a... e eu quero dizer, as verdadeiras pessoas desonestas na mídia e na fake mídia, elas inventam histórias. Muitas vezes não têm fontes. Dizem 'uma fonte diz' — e não há fonte nenhuma", afirmou Trump para a multidão em Phoenix. "Mas não noticiam os fatos. Assim como não querem noticiar que me posicionei muito duramente contra o ódio, a intolerância e a violência e condenei fortemente os neonazistas, os supremacistas brancos e a Ku Klux Klan."

Trump, como costuma fazer, estava transferindo, acusando a mídia de noticiar equivocadamente o que aconteceu quando, de fato, era ele quem estava enganando o público. Estava tentando reescrever a história ao relembrar sua versão dos fatos de 12 de agosto.

"Então aqui está o que eu disse, bem rápido, o que eu disse no sábado: 'Estou acompanhando de perto os terríveis fatos em Charlottesville, Virgínia', isto sou eu falando. 'Condenamos nos termos mais fortes essa notória demonstração de ódio, intolerância e violência.' Isso fui eu falando no sábado."

Sentiu falta de alguma coisa? Trump deixou totalmente de fora o fato de ter dito que "muitos lados" deveriam ser culpados pelo que aconteceu em Charlottesville. Ele também falou isso no sábado. Se sua resposta era impecável, por que deixar isso de fora?

Mais tarde, em setembro, numa viagem no Air Force One, depois de ver os danos causados por um furacão na Flórida, Trump mais uma vez defendeu sua forma de lidar com a violência em Charlottesville. Mesmo depois de semanas de reflexão, ele não mudou de ideia sobre o que havia acontecido. Permaneceu fiel apenas à crença do mundo de Trump: não admita nenhum erro. Quando pressionado por seus erros, Trump previsivelmente dobra a aposta outra vez. Ele insistiu que os manifestantes antifascistas em Charlottesville também deveriam ser culpados pela violência.

"Você vê o que realmente acontece desde Charlottesville, muita gente está dizendo e alguns de fato escreveram: 'Olha, Trump pode ter razão.' Eu disse: 'tínhamos algumas pessoas realmente ruins do outro lado também', o que é verdade", declarou aos jornalistas.

Em outubro, o senador Sherrod Brown, um democrata de Ohio, virou notícia na CNN ao acusar membros da Casa Branca de ter simpatia pela alt-right. Brown estava pegando carona com a parlamentar democrata Frederica Wilson, que depois de uma briga com John Kelly a respeito do tratamento dado por Trump à viúva de um soldado morto em combate, acusou a Casa Branca de estar cheia de supremacistas brancos.

"Concordo que Steve Bannon é um supremacista branco e Stephen Miller também parece ser. E sei que estudos já mostraram que eles têm aliados espalhados pela Casa Branca", declarou Brown a Dana Bash na CNN.

A entrevista de Brown incomodou algumas das maiores autoridades na Casa Branca. Um funcionário graduado, o principal secretário de imprensa substituto, Raj Shah, chegou a reclamar da entrevista para mim. Ele havia me chamado a seu escritório, como Spicer fizera antes, para reclamar da entrevista de Brown para a CNN. Um pouco mais bem-humorado do que Spicer, Shah tentou rir da acusação de Brown de que havia supremacistas brancos trabalhando na Ala Oeste.

Shah, que é descendente de indianos, gritou para um de seus assessores: "Você é um supremacista branco? Tem algum supremacista branco aqui?"

Ele estava brincando, mas era uma resposta estranha, para dizer o mínimo. Eu me lembro de ter deixado aquela reunião pensando: que diabos foi isso? Não acho que Shah estivesse tentando espantar os horrores da supremacia branca. Nem acho que estava tentando desculpar o comportamento de Trump. Era mais uma tentativa de acusar o outro partido de exagerar em suas críticas a Trump. Ainda assim, eu não podia acreditar no que tinha ouvido. Continuei pensando: como você brinca com a ideia de que há supremacistas brancos trabalhando na Casa Branca?

Nada disso era normal.

Um funcionário veterano da Casa Branca defendeu a resposta de Trump a Charlottesville, insistindo enfaticamente que o presidente havia sido tratado injustamente e de forma maldosa na ocasião.

Ele defendeu que a declaração de Trump sobre "gente de bem" eclipsou momentos em que ele condenou os nazistas.

"Eu não estaria aqui se achasse que Donald Trump é racista. Não haveria motivo para estar aqui", disse o funcionário.

Então perguntei se ele topava falar sobre isso oficialmente, numa entrevista.

"Não quero dizer isso oficialmente", respondeu ele.

A mancha deixada na presidência Trump pela sua reação a Charlottesville nunca será apagada, nem deveria. Momentos reveladores de caráter desse porte tendem a deixar uma marca indelével em todos nós — para melhor ou, nesse caso, para pior. Mesmo que as declarações capturadas na fita do *Access Hollywood* tenham sido repugnantes, desprezíveis e aterradoras, a fala de Trump sobre Charlottesville pareceu pior. Pareceu antipatriótica e antiamericana. Até Charlottesville, parte da linguagem de Trump estava de acordo com o vocabulário da alt-right para a imigração — a negação da cidadania de Obama, o muro, a proibição de viagem para muçulmanos... a lista é extensa. Mas agora, com essas declarações emolduradas por seu equívoco a respeito de grupos de ódio como a Ku Klux Klan e os neonazistas, uma nova realidade estava diante de nós, uma realidade que, segundo os críticos, expunha o racismo do presidente.

Depois daquele momento, senti que a cobertura daquela Casa Branca teria de passar por mudanças profundas. Devido à forma como os jornalistas foram ensinados por décadas, somos há muito tempo obcecados pela ideia de imparcialidade, de que os dois lados merecem igual ceticismo. Uma coisa é ter essa postura em relação à saúde ou à política tributária, mas Charlottesville revelou que é totalmente diferente quando se fala em supremacistas brancos e neonazistas. Quando falamos da Ku Klux Klan, não há imparcialidade, o outro lado não merece igual tratamento. Há um risco muito alto quando fingimos que esses grupos são outra coisa além do que realmente são — racistas.

Puristas no campo do jornalismo e acadêmicos na segurança de suas salas de aula podem lamentar o fim da neutralidade. Mas a neutralidade pela neutralidade não nos serve na era Trump. E, de fato, podemos sempre olhar para trás, para outros governos, quando se tornou absolutamente necessário que repórteres saíssem de seus papéis e julgassem a verdade objetivamente. Walter Cronkite, da CBS, contou para os americanos a verdade sobre o Vietnã (que a guerra não poderia ser vencida), irritando Lyndon Johnson. O *Washington Post* e o *New York Times* expuseram os bombardeios secretos de Nixon ao Laos e ao Camboja com a publicação dos Pentagon Papers, desafiando Richard Nixon, que também se estranhou com Dan Rather por causa de Watergate. Sam Donaldson gritava no Gramado Sul da Casa Branca quando Ronald Reagan não queria responder suas perguntas. A imprensa denunciou as mentiras de Bill Clinton sobre Monica Lewinsky, e por aí vai. Por outro lado, acho justo argumentar que a imprensa falhou com o povo americano no período pré-Guerra do Iraque, quando permitiu que o governo George W. Bush enganasse a opinião pública para aprovar um conflito caro baseado em armas de destruição em massa que não existiam.

Sim, os perigos foram grandes para a imprensa inúmeras vezes; contudo, não há como negar que, mesmo do ponto de vista histórico, há o sentimento de que, pelas últimas palavras de Trump, estamos num momento profundamente perigoso — para todos. Depois de Charlottesville, penso que mais membros da imprensa começaram a tentar obstinadamente fazer a coisa certa, e isso significava dizer a verdade, por mais dolorida que fosse. O que não quer dizer que todo mundo estivesse acertando o tempo todo, mas os jornalistas passaram a se sentir mais confortáveis ao fazer avaliações honestas das palavras e do comportamento de Trump, menos obcecados em agradar os avaliadores da imprensa que ficam anotando se estamos dando tempos iguais aos dois lados. Não existimos apenas para dizer a verdade. Temos que dizer a verdade, mesmo quando ela é dolorosa.

8

“Colhemos o que plantamos...”

Uma lição inescapável dos primeiros dois anos de governo Trump é que os republicanos mostraram mais de uma vez estar dispostos a abdicar de seu papel de impor limites ao presidente para promover suas políticas. Isso ficaria ainda mais óbvio no episódio de Charlottesville, quando, em vez de questionar um presidente que foi evasivo diante da ascensão de neonazistas numa cidade americana, a maioria dos republicanos permaneceu leal a Trump. Depois de Charlottesville, houve outras oportunidades de contestá-lo. Mas, na maioria dos casos, o partido de Lincoln, Eisenhower, Reagan e da família Bush estava em geral disposto a fazer vista grossa.

Claro, alguns republicanos de destaque criticaram Trump publicamente. No inverno de 2017, Bob Corker se referiu à Casa Branca como uma “creche para adultos”, depois que Trump criticou o senador do Tennessee pela forma como lidou com o acordo nuclear com o Irã na era Obama. Corker chegou a dizer a um grupo de jornalistas que foram três importantes assessores do governo que, no fundo, evitaram que o país descarrilasse.

“Acredito que o secretário [de Estado] Tillerson, o secretário [de Defesa] Mattis e [o chefe de gabinete da Casa Branca] Kelly são as pessoas evitando que o país vire um caos”, afirmou.

Ainda assim, Corker e outros críticos republicanos de Trump, como o senador do Arizona Jeff Flake, preferiam bater boca com o presidente a fazer algo para mudar os rumos do governo. Mas, em defesa deles, é preciso dizer que o líder da maioria no Senado, Mitch McConnell, não deixaria que eles subvertessem a pauta de Trump de forma relevante.

O presidente da Câmara, Paul Ryan, também tinha preocupações em relação ao comportamento e à retórica de Trump. Mas Ryan, que, segundo me disseram, conversa com Trump com mais frequência do que se sabe, faz suas críticas em privado. De acordo com uma fonte próxima, Ryan não queria criar outras distrações para o Partido Republicano entrando em disputa com o presidente. Qual seria o objetivo disso?, pensava Ryan.

Mas o partido enfrentou um de seus maiores desafios no outono de 2017, com o apoio desastroso de Trump ao candidato republicano ao Senado pelo Alabama, Roy Moore. Se as acusações de má conduta sexual contra Moore nunca tivessem vindo à tona, é quase certo que ele estaria no Senado hoje. Como sabemos, Moore quase ganhou a eleição, graças ao conservadorismo republicano do Alabama, mas também por causa de Trump, que entrará para a história com a distinção de ter posto toda a força da presidência no apoio a uma candidatura que enfrentava alegações de abuso sexual de crianças. Embora Charlottesville tenha sido uma experiência chocante para tantos americanos, que simplesmente não conseguiam compreender como um presidente poderia ficar em cima do muro ao falar sobre supremacistas brancos protestando numa cidade americana, a campanha de Moore provou que Trump podia golpear a consciência da nação repetidas vezes. Como foi frequente nos dois primeiros anos de Trump no governo, algumas pessoas no Partido Republicano discordavam dele a respeito do apoio a Moore, contudo Trump não foi responsabilizado. Na creche para adultos da Casa Branca, segundo a definição de Corker, pode-se dizer que não havia nenhum adulto responsável capaz de controlar o presidente.

No dia 9 de novembro de 2017, o *Washington Post* publicou uma reportagem alegando que Moore, quando era assistente da promotoria no Alabama, aos 32 anos, molestou uma menina de catorze anos, acusação que o candidato republicano ao Senado ignorou dizendo se tratar de — isso mesmo — "fake news". Além disso, o *Post* encontrou outras mulheres que disseram ter sido convidadas para sair com Moore quando eram adolescentes e ter sido assediadas de forma terrível e desagradável. Após o furo do *Post*, boa parte das lideranças do Partido Republicano abandonou Moore, que havia vencido o senador republicano apoiado por Trump, Luther Strange, nas primárias.

A história de Moore explodiu no fim da viagem de onze dias de Trump pela Ásia, no último trimestre de 2017. Pela minha experiência com esse tipo de excursão, posso dizer que são quase sempre interrompidas pelas notícias da terra natal, e não de um jeito bom. Aconteceu com Obama e, com o escândalo Roy Moore, estava acontecendo com Trump. No dia 11 de novembro, Trump tentou escapar das perguntas dos repórteres sobre Moore quando estava no Air Force One.

"Honestamente, tenho que ver e analisar o caso. Porque, como disse, estou lidando com o presidente da China, com o presidente da Rússia. Estou envolvido com as pessoas aqui", disse aos jornalistas. "Não consegui dedicar muito tempo a isso."

O espantoso é que alguns republicanos davam a Trump toda a oportunidade de que ele precisava para abandonar Moore. Em 13 de novembro, o senador do Colorado Cory Gardner, líder do Comitê Nacional Republicano do Senado, recomendou que Moore fosse expulso do Senado se vencesse a eleição.

"Acredito que as pessoas que estão denunciando Roy Moore falaram com coragem e verdade, provando que ele não está apto para servir no Senado dos Estados Unidos e que não deveria disputar a vaga. Se ele se recusar a renunciar e vencer, o Senado deveria votar por sua expulsão, porque ele não atende aos requisitos morais e éticos do Senado dos Estados Unidos", afirmou Gardner em seu comunicado.

Contudo, quando Trump e sua equipe voltaram para a Casa Branca, ficou claro que eles tinham outros planos. Ao contrário, as engrenagens já estavam funcionando para o presidente fazer o impensável: não apenas apoiar Moore, mas trabalhar por ele na eleição do Alabama. No encontro com a imprensa em 16 de novembro, Sarah Sanders não descartou a possibilidade de Trump ir para a estrada fazer campanha para um homem acusado de molestar crianças.

"Você acha que ele é um pervertido?", perguntei a Sarah.

"Se eu acho?", respondeu Sanders. "Olha, não conheço Roy Moore. Não o encontrei pessoalmente, então não posso responder isso."

Cinco dias depois, Trump desconsiderou o fato de seu próprio partido ter condenado o comportamento de Moore e sinalizou que apoiaria o candidato do Partido Republicano.

"Ele nega. Veja, ele nega", disse Trump a respeito de Moore. "Se você olhar para tudo que aconteceu nas últimas 48 horas, ele nega totalmente. Diz que não aconteceu. E, olha, você tem que considerar o lado dele também."

Com a disputa entre Roy Moore e seu opositor democrata, Doug Jones, ficando mais apertada, Trump finalmente decidiu apoiar o candidato republicano. Numa tentativa de convencer mais republicanos a adotarem sua posição, ele disse que Moore apoiaria o pacote de cortes de impostos do Partido Republicano que tramitava no Congresso. Em dezembro, Trump levaria seu apoio um passo à frente, fazendo um comício em Pensacola, na península da Flórida, e a cobertura da mídia local podia ser vista em Mobile, Alabama. O presidente, talvez envergonhado demais para fazer campanha para Moore no Alabama, escolheu um plano B.

"Não podemos admitir um democrata liberal que é completamente controlado por Nancy Pelosi e Chuck Schumer. Não podemos", disse Trump à plateia em Pensacola. Incapaz de se controlar, tirou sarro de uma das mulheres que acusam Moore de assédio sexual.

No fim, o apoio covarde de Trump não foi suficiente para garantir a vitória de Moore. Foi uma derrota humilhante para o presidente, que

Molduras vazias no corredor que conecta o andar de cima e o de baixo da área reservada à imprensa na Ala Oeste da Casa Branca, na noite de 19 de janeiro de 2017. As fotografias dos Obama foram retiradas para dar lugar às fotos de Trump e sua família.

A equipe de assessoria de imprensa da campanha de Trump durante as primeiras horas da manhã no dia da eleição de 2016. Trump não estava disponível para fotos com a equipe, então os repórteres que cuidavam de sua campanha colocaram um recorte de papelão dele para tirar essa fotografia.

O presidente eleito Trump, Mitt Romney e o futuro chefe de gabinete Reince Priebus (*de costas para a câmera*) jantando no Jean-Georges do Trump International Hotel de Nova York, em 29 de novembro de 2016. Romney se encontrou com Trump no jantar para discutir a ideia de se tornar secretário de Estado.

Esta fotografia foi tirada durante uma reportagem ao vivo em frente à Trump Tower na noite de 9 de novembro de 2016. Minha equipe e eu fomos cercados por uma multidão de pessoas que protestavam contra a eleição de Donald Trump como presidente.

Uma foto do gramado norte da Casa Branca na noite do dia da posse, em 20 de janeiro de 2017. Trump respondeu a uma pergunta da CNN enquanto voltava às arquibancadas para assistir ao desfile da posse.

O porta-voz da Casa Branca, Sean Spicer, na sala de imprensa em 21 de janeiro de 2017, quando disse a jornalistas que o presidente Trump teve "a posse mais assistida de todos os tempos, tanto fisicamente quanto ao redor do planeta", uma alegação que, mais tarde, se provou falsa.

Sendo filho de um imigrante cubano e conhecendo as experiências vividas por meu pai, sempre pensei na imigração como um de nossos assuntos mais prioritários. Este é meu pai e eu quando visitamos Cuba em dezembro de 2016.

O presidente Trump visita o porta-aviões *USS Gerald R. Ford* em Newport News, Virgínia, em 2 de março de 2017. Mais tarde naquele dia, o procurador-geral Jeff Sessions anunciou sua recusa em investigar a Rússia.

O tuíte de @realDonalTrump quando ele se referiu à mídia como "inimiga do povo americano" em 17 de fevereiro de 2017.

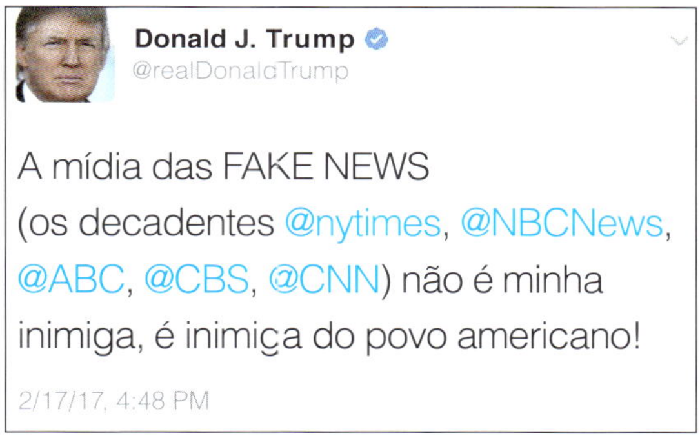

Donald J. Trump
@realDonaldTrump

A mídia das FAKE NEWS (os decadentes @nytimes, @NBCNews, @ABC, @CBS, @CNN) não é minha inimiga, é inimiga do povo americano!

2/17/17, 4:48 PM

Eu com espectadores israelenses da CNN em Jerusalém, Israel, em 22 de maio de 2017.

Aqui, estou entre os jornalistas que fazem perguntas na sala de imprensa da Casa Branca, em 28 de junho de 2017, após a cobertura televisiva dessas conferências ter sido suspensa pelo porta-voz Sean Spicer.

Sean Spicer desenhado por Bill Hennessy, artista responsável pelos esboços de espaços oficiais da capital, após as coberturas televisivas aos comunicados de imprensa terem sido proibidas. (*Cortesia de William J. Hennessy Jr/ CourtroomArt.com*)

Na Trump Tower, em 15 de agosto de 2017, o presidente responde a perguntas sobre sua reação à violência cometida por supremacistas brancos em Charlottesville, Virgínia.

O presidente Trump e o ditador da Coreia do Norte Kim Jong Un falam à imprensa no encontro ocorrido em Singapura em 12 de junho de 2018. Com o presidente estão a porta-voz Sarah Sanders, o conselheiro de segurança nacional John Bolton, o chefe de gabinete John Kelly e o secretário de Estado Mike Pompeo.

O presidente Trump ganha uma bola de futebol da Copa do Mundo da FIFA do presidente Vladimir Putin, no encontro ocorrido em Helsinki, Finlândia, em 16 de julho de 2018.

Aqui, eu me junto à equipe de imprensa em um comício de Trump.

Diante de apoiadores de Trump em um comício em Columbia, Carolina do Sul, em 25 de junho de 2018.

Posando com apoiadores de Trump durante a campanha eleitoral do governador da Carolina do Sul, Henry McMaster.

Sendo interrompido e xingado em um comício de Trump em Tampa, Flórida, em 31 de julho de 2018.

O âncora da CNN Wolf Blitzer e eu em Buenos Aires durante a reunião do G20, no dia 10 de dezembro de 2018.

O presidente Trump me chamando de "pessoa grosseira e horrível" e de "inimigo do povo" durante uma conferência de imprensa na Casa Branca, em 7 de novembro de 2018. (*AP Photo/ Evan Vucci*)

Dando minha declaração depois de ter minhas credenciais de imprensa devolvidas por um juiz federal, em 19 de novembro de 2018.

podia ouvir um "eu não avisei?" vindo do Congresso, onde profissionais mais experientes tiveram suas previsões sobre Moore confirmadas. Uma fonte próxima a Trump fez uma análise sincera do dano causado pela postura do presidente.

"É devastador para o presidente... É um terremoto", comentou a fonte.

A eleição do Alabama mostrou claramente que Trump poderia ser vencido, mesmo em um dos estados mais conservadores do país. Ele havia ignorado a vontade de seu próprio partido, pensando que tinha uma espécie de toque de Midas sempre que entrava numa disputa. Mas os eleitores, mesmo no republicano Alabama, tinham seus limites.

Operadores do Partido Republicano em Washington, especialmente no Senado, estavam furiosos com a decisão de Trump de apoiar um candidato acusado de abusar sexualmente de crianças. Sim, antes da eleição no Alabama, eles temiam Trump — candidatos do Partido Republicano ao Legislativo e suas equipes políticas se preocupavam constantemente com a possibilidade de Trump aparecer em seus estados ou distritos para apoiar um rival mais conservador durante as primárias. De certa forma, isso mantinha esses membros e o resto do partido na linha. A confusão com Moore acabou com isso, mostrando que havia, de fato, um risco em ficar próximo demais de Trump, especialmente em distritos da Câmara nos quais a vitória entre republicanos e democratas se alternava e que eram um campo de batalha-chave para as eleições de meio de mandato de 2018. No caso de Moore, Trump foi amador e descuidado, e vários operadores do Partido Republicano começaram a achar que todos podiam pagar o preço por isso quando chegassem as eleições.

Na verdade, foi mais um momento para testar o caráter das pessoas em torno do presidente. No entanto, assim como em Charlottesville, não houve pedidos de demissão em massa. Os assessores do presidente continuaram fingindo que estava tudo bem. Isso era desconcertante para mim. Se as acusações contra Moore não lhes causam nojo, nada vai. Mas, para Trump, uma cadeira no Senado era mais importante, é claro, do que fazer a coisa certa. Boa parte do time da Casa Branca em torno dele aparentemente concordava.

Por mais que o desastre do caso Roy Moore tenha sido destrutivo para Trump e o Partido Republicano, os republicanos foram capazes de se colocar de pé dias depois com a aprovação do maciço pacote de cortes de impostos que deu um inesperado presente para Wall Street e para os americanos mais abastados. O voto de Moore não foi necessário, no fim das contas; o projeto passou apesar disso. Os cortes de impostos representavam uma das maiores transferências de riqueza de uma geração para outra. Com os déficits explodindo em 2018 e com tendência a só aumentarem na próxima década, os millenials e as gerações mais jovens estavam fadados a se afundar em dívidas.

No dia 20 de dezembro de 2017, cerca de uma semana depois da derrota de Moore, quase todo o Partido Republicano no Congresso se reuniu no Gramado Sul da Casa Branca para elogiar Trump e celebrar a aprovação do plano de cortes de impostos. Não houve menção ao apoio de Trump a um suposto molestador de crianças. Lembro-me de ter ficado surpreso pelo discurso quase emocionado do senador republicano pelo Utah, Orrin Hatch, ex-presidente do Comitê de Finanças do Senado, que descreveu Trump como a reencarnação de Lincoln:

"Tudo que posso dizer é que Deus ama este país", disse Hatch. "Nós todos sabemos. Não estaríamos onde estamos sem Ele. E amamos todos vocês. Vamos continuar lutando, e vamos fazer desta a maior presidência já vista, não apenas nos últimos anos, mas talvez em toda a história."

A maior presidência da história?, lembro-me de ter pensado. Trump tinha acabado de apoiar Roy Moore, apenas meses depois de ser dúbio a respeito da violência de supremacistas brancos em Charlottesville, em meio a uma campanha permanente para demonizar imigrantes — a avaliação parecia um pouco exagerada.

A celebração no Gramado Sul logo após a derrota de Moore foi atordoante. Numa presidência entupida de fatos que geravam manchetes, essa encenação de pompa política nem foi registrada por muitos, mas, enquanto eu estava lá assistindo, pareceu-me um momento-chave para a presidência de Trump, cimentando em minha mente os aspectos curiosos da relação entre Trump e o resto do Partido Republicano. Parte do partido, ao que parecia, estava disposta a se comprometer em favor da conquista de objetivos de longo prazo. Se alguém quisesse cortes de impostos, teria de engolir o comportamento altamente questionável de Trump. O mesmo valia se a pessoa quisesse juízes conservadores. Trump e os republicanos talvez não acreditem em fazer concessões aos democratas, mas havia bastante concessão acontecendo dentro do próprio partido. Era uma barganha política, e tudo bem. O partido conquistava alguns de seus objetivos políticos e, em troca, fazia vista grossa.

Em quase todos os episódios de falta de ação dos republicanos surgia um padrão familiar: Trump ia longe demais, e a maior parte do Partido Republicano não fazia nada ou quase nada para desafiar seu comportamento. Essa dinâmica era o principal motivo para a imprensa estar o tempo todo na mira de Trump. Os republicanos no Congresso haviam simplesmente desistido de cobrar o presidente por seu comportamento, o que significava que a tarefa agora cabia a nós, jornalistas.

Esse foi um dos motivos que tornaram cada vez mais difícil manter a falsa cordialidade em formalidades como a festa de Natal para a imprensa da Casa Branca. Foi durante a saga de Roy Moore que a CNN anunciou que não participaria da recepção. E, depois de sermos chamados de "fake news" e de "inimiga do povo", tínhamos uma boa razão para recusar o convite.

"À luz dos contínuos ataques do presidente à liberdade de imprensa e à CNN, sentimos que não é apropriado celebrar o Natal como seus convidados", declarou um porta-voz da rede.

Sarah Sanders, que consegue atacar a imprensa enquanto escova os dentes, não resistiria a provocar a CNN. **O Natal chegou mais cedo! Finalmente boas notícias vindas da @CNN**, ela tuitou à época.

Recusar o convite foi uma boa decisão para a CNN, mesmo que alguns de nossos colegas na imprensa acreditassem que estávamos entrando no jogo de Trump. Minha opinião era de que não podíamos criticar a demonização da imprensa por Trump e continuar bebendo e posando para fotos com ele. Outros da imprensa se sentiam bem fazendo isso; eu não. Essas fotos poderiam facilmente ser divulgadas e postadas em redes sociais, passando assim uma mensagem equivocada: inimigos de dia, amigos de bar à noite.

Como se quisessem confirmar que tomamos a decisão correta, a Casa Branca decidiu não convidar certos repórteres para a recepção (o que não combinava exatamente com o espírito natalino). April Ryan, da American Urban Radio Network, estava na lista de jornalistas malcomportados de Trump. Como eu poderia ir a um coquetel na Casa Branca para o qual April, numa óbvia retaliação por sua cobertura, não havia sido convidada? Mas era assim que a Casa Branca jogava. Ao convidar alguns veículos e não outros, Trump incentivava as organizações de imprensa a tomar uma decisão: ou se demonstrava solidariedade com a Casa Branca ou com seus colegas jornalistas. Era a tática de dividir e conquistar, mesmo na época de Natal.

"Eles têm certa aversão por mim", disse April sobre a esnobada para o *Washington Post*.

Era um desdobramento terrível nas relações entre a imprensa e a Casa Branca. O coquetel de Natal acabou cancelado em 2018, acabando com uma tradição de décadas tanto sob governos republicanos quanto democratas. Eu levava meus filhos a esses eventos quando Obama estava na Casa Branca; vários outros jornalistas faziam o mesmo. Era uma maneira de compensar nossos filhos pela inconveniência de ter o pai ou a mãe trabalhando na cobertura da Casa Branca.

Ignorar o apoio a Roy Moore em troca dos cortes nos impostos sem dúvida demonstrou que os republicanos desfrutavam dos benefícios de ter Trump na Casa Branca. Mas havia muitos no Partido Republicano que a princípio descartaram a ideia de elaborar políticas no governo. Parte do problema era que muitos republicanos criticaram bastante Trump durante a campanha. Muitos dos que disseram "Nunca seremos Trump" haviam sido colocados na geladeira por não serem leais o bastante e acabaram desqualificados para trabalhar na Casa Branca. Isso significava que diversas pessoas dispostas a trabalhar para Trump eram inexperientes no governo. Vários operadores veteranos do Partido Republicano que foram críticos de Trump na campanha, como o estrategista político R.C. Hammond, se juntaram ao governo, mas a maioria se demitiu para trabalhar na iniciativa privada. Poucos críticos convictos acabaram empregados na Casa Branca, porque o ambiente favorecia os leais a Trump e aqueles que sempre defenderam o presidente.

Os problemas da equipe da Casa Branca de Trump chegaram a seu pior momento durante a saga Rob Porter. Porter era o secretário pessoal do presidente, uma função cobiçada em qualquer governo. Aonde quer que Trump fosse, Porter quase sempre estava por perto, preparando documentos para ele assinar e mantendo-o dentro do cronograma. É um trabalho importante em qualquer Casa Branca, certamente uma posição que não pode ser entregue a qualquer um. Isso ficou claro quando o tabloide inglês *Daily Mail* publicou em primeira mão as perturbadoras revelações de supostos abusos conjugais de Porter. Trump, que gostava de se gabar por só contratar os melhores, obviamente tinha um grande problema nas mãos: apesar de duas ex-esposas dizerem que haviam sido espancadas por Porter, o assessor da Casa Branca recebeu permissão para trabalhar ao lado do presidente dos Estados Unidos.

Estranhamente, Porter anunciou seu pedido de demissão num comunicado em que parecia ao mesmo tempo admitir e negar as acusações. Apesar desse grande sinal vermelho, o escritório de imprensa da Casa Branca achou uma boa ideia apresentar depoimentos elogiando o secretário, incluindo o do chefe de gabinete, general John Kelly, que descreveu Porter como "um homem de verdadeira integridade e honra".

Era um grande disparate, que a maioria das assessorias de imprensa de cidades ou estados teria evitado.

Parte da razão pela qual o escândalo Porter foi tão devastador para a Casa Branca é que a equipe estava confusa em como lidar com as revelações constrangedoras. Como muitos de nós na imprensa já estávamos cientes, Porter estava saindo à época com uma importante funcionária da Ala Oeste, Hope Hicks, a glamorosa diretora de comunicação de Trump e uma das "originais" da campanha. Hicks podia ser tímida com alguns repórteres, mas não tinha problemas em chamar atenção para si. Ex-modelo, ela se vestia mais como esposa de político do que como assessora de imprensa, e era comumente flagrada usando roupas de estilistas famosos e óculos de sol caros ao deixar o Air Force One em viagens oficiais com o presidente. Não era segredo para ninguém que ela estava saindo com Rob Porter. Durante a viagem de Trump à Ásia no fim de 2017, no Vietnã, encontrei os dois fazendo uma caminhada entre os eventos de Trump. Hope exibia um look Lululemon e Rob usava uma camiseta de Harvard. Eles não tinham dong, a moeda vietnamita, e estavam tentando descobrir como pagar o ingresso para caminhar numa área turística nos limites de Da Nang. Funcionários da Casa Branca estavam cientes da relação íntima do casal. Ele era o namorado de Hope, no fim das contas.

Mas Porter tinha outros aliados na Casa Branca.

"Certamente havia um grupinho em torno de Porter", contou-me um funcionário graduado da Casa Branca. "Protetores."

Parte da razão para haver esse "grupinho de proteção" era que muitas pessoas dentro da Ala Oeste viam Porter como uma estrela ascendente no mundo Trump. Porter tinha grandes planos, de acordo com esse mesmo funcionário.

"É um cara que pensou que um dia estaria a caminho da Suprema Corte", completou.

Mas esse funcionário insistiu que Porter destruiu tudo isso por conta própria, em parte por não ser sincero ao ser confrontado por altos funcionários da Casa Branca sobre as acusações. Ele mentiu para todo mundo sobre seu passado, disse-me a fonte.

"O presidente ficou chocado ao descobrir a verdade", acrescentou.

A saga Porter foi uma boa janela para ter uma ideia do que a Casa Branca de Trump estava disposta a fazer para se cercar de pessoas leais. No fim das contas, Porter não tinha a autorização de segurança que era vital para o trabalho, que inclui lidar com documentos sigilosos para o presidente. Ele trabalhava com autorização temporária. E não estava sozinho. Uma semana depois da saída de Porter, revelei que mais de cem funcionários da Casa Branca, incluindo assessores graduados, trabalhavam com autorizações de segurança temporárias. Isso um ano depois da eleição de Trump. Ivanka Trump, Jared Kushner e Rob Porter estavam na lista de assessores sem autorização permanente. Se há um lado bom na saga Porter, foi a Casa Branca ter de começar a lidar com o constrangedor descuido com a segurança. Mas outras mudanças dramáticas estavam a caminho.

Três semanas após a demissão de Porter, Hicks deixou o cargo. A demissão de Hope não era algo banal. Fora da família Trump, ela era quem melhor entendia o presidente na Ala Oeste. Era uma defensora feroz de Trump nos bastidores, reagindo com frequência de modo passional com jornalistas que duvidavam da sinceridade de Trump a respeito da promessa de "Fazer a América Grande de Novo". Nós simplesmente não conhecíamos o verdadeiro Trump, dizia ela com frequência. Trump tinha total confiança em Hicks, e sempre a colocava em contato com repórteres para elogiar ou criticar reportagens de que ele não havia gostado. Ela era como uma extensão do presidente, praticamente parte da família Trump. Um sinal claro de seu status na Casa Branca era que sempre estava na residência, um privilégio não concedido à maior parte dos assessores.

Outros envolvidos na saga Porter, como o chefe de gabinete John Kelly, permaneceriam no cargo, mas bastante desgastados. Kelly disse a outros assessores na Casa Branca que acreditava ter sido culpado injustamente pelo fiasco de Porter. Mas havia sérias dúvidas dentro da

Ala Oeste quanto ao tempo transcorrido desde que o chefe de gabinete tomara ciência dos problemas com os antecedentes de Porter. (Na verdade, Kelly discutiu com o presidente se Porter deveria permanecer no cargo.) O bem-sucedido general da reserva, ao que tudo indicava, não tinha as habilidades políticas necessárias para gerenciar a Casa Branca, especialmente num governo caótico como esse. Ele não via problema em elogiar Porter mesmo quando o assessor enfrentava acusações de violência doméstica. O general voltou atrás no elogio do caráter de Porter, mas precisou de provas concretas para mudar de ideia. Assim que viu uma das fotografias publicadas pelo *Daily Mail* mostrando uma das ex-esposas de Porter com o olho roxo, noticiamos que Kelly concluiu que não podia mais defender o jovem assessor de quem notoriamente gostava.

O chefe de gabinete tentou trazer a disciplina militar para a Ala Oeste, mantendo listas de tarefas em cartões que de vez em quando o víamos carregando de um evento a outro. Ele ficava exasperado com as palhaçadas de Trump e entrava em conflito com o presidente nos bastidores com frequência ao tentar conter seu comportamento errático. Seus esforços para pôr ordem no mundo de Trump nem sempre agradavam ao presidente, mas Trump, que gostava de se cercar de generais nos primeiros meses de governo, via em Kelly um espírito irmão. Também agradava a Trump, sem dúvida, que "o chefe", como Kelly era chamado nos bastidores, fosse radical no assunto imigração desde os tempos em que era secretário de Segurança Interna. Ainda assim, com o fiasco de Porter, Kelly ficou vulnerável às forças mais problemáticas do mundo de Trump. As mesmas pessoas que haviam sido jogadas para escanteio quando ele restringiu o acesso à Ala Oeste agora fofocavam com os repórteres que ele tinha os dias contados. E, como se não bastasse, os rumores sobre Corey estavam de volta: matérias sobre as intrigas palacianas que mencionavam Lewandowski entre os possíveis nomes para assumir o cargo de chefe de gabinete incomodavam Kelly, assim como haviam incomodado Reince Priebus quando ele estava por um fio.

Um ex-funcionário graduado da Casa Branca insistiu comigo que Kelly assumiu uma parte maior do que merecia da culpa pelo fiasco de Porter. Como explicou, o conselheiro da Casa Branca, Don McGahn, sabia muito mais sobre o passado de Porter do que revelara a Kelly quando o escândalo começou a se tornar público. Inicialmente, Kelly não sabia que McGahn estava conversando com pessoas diretamente ligadas ao passado abusivo de Porter. De acordo com esse funcionário, para proteger McGahn, Kelly cometeu suicídio político. E acrescentou que Trump sabia que o erro fora de McGahn.

Essa não foi a primeira vez que McGahn soube de uma informação danosa, mas guardou para si. Ele também estava ciente dos contatos do conselheiro de Segurança Nacional Michael Flynn com o embaixador russo, Sergey Kislyak, segundo um assessor graduado. McGahn não guardava esses segredos por maldade, insistiu o assessor. É sua maneira de trabalhar.

Por que Kelly assumiria a culpa pelo erro de um conselheiro da Casa Branca? McGahn, que hoje não trabalha mais no governo, era mais influente na Ala Oeste do que supunha o público, explicou a mesma fonte. Assim que o general foi nomeado chefe de gabinete, McGahn e o estrategista-chefe, Steve Bannon, foram até Kelly para defender a saída de Ivanka Trump e Jared Kushner, que haviam formado seus próprios centros de poder, separados do resto da equipe. Tendo recrutado o chefe de gabinete que estava de saída, Reince Priebus, McGahn e Bannon apelaram a Kelly para "mandar as crianças para casa", disse-me o funcionário. Os "conspiradores", como esse ex-assessor chamava McGahn, Bannon e Priebus, tentaram recrutar outros membros do alto escalão para a rebelião. A batalha de facções era parte da razão pela qual Kelly havia sido trazido do Departamento de Segurança Interna. Em vez de expulsar os membros da família de Trump, ele tentou manter a paz, como parte de sua missão de colocar ordem na bagunça da Ala Oeste. Ainda assim, Kelly e McGahn se tornaram próximos e "inseparáveis", disse o ex-funcionário, mantendo a posição do conselheiro como uma eminência parda.

Jared e Ivanka eram fonte de confusão dentro da Casa Branca, segundo muitos assessores graduados da Casa Branca. Livrar-se das "crianças" era um tema recorrente desde os primeiros dias de governo, contou-me um desses servidores. Outro funcionário graduado foi além, culpando Jared e Ivanka pela maior parte das más decisões do presidente.

"Eles não são parte do problema. Eles *são* o problema", afirmou o ex-assessor. "O ponto de partida de toda decisão ruim são Jared e Ivanka", acrescentou, apontando para a demissão de James Comey como a principal prova.

"Eles também são um embuste", continuou, comentando que a filha e o genro do presidente essencialmente fingiam saber o que estavam fazendo. Apesar disso, eles tinham enorme poder. "Eles são os chefes de gabinete", concluiu.

Mas Kellyanne Conway defendeu Jared e Ivanka para mim, colocando a culpa pela revolta contra "as crianças" em assessores que queriam a saída do casal para promover as próprias ideias.

"Algumas pessoas provavelmente queriam que eles saíssem. Mas essas pessoas já foram embora", contou Conway. "Não é de surpreender que quisessem os dois fora; os falecidos viam Jared e Ivanka mais como obstáculos do que como colegas", disse.

De fato, o antecessor de Kelly, Priebus, estava tão frustrado com sua falta de influência na Ala Oeste que ele mesmo dizia às pessoas que era chamado de "chefe do próprio gabinete". Um ex-funcionário de alto escalão da Casa Branca explicou por que Priebus se sentia assim. Toda vez que se envolvia numa discussão intensa com Jared a respeito de alguma política em particular, ele achava que estava perdendo espaço. Reince sabia que era descartável. As crianças, não. Então, nas discussões de bastidores, ele sempre sentia que as crianças automaticamente venceriam.

Kelly também se sentia extremamente infeliz em sua posição, sentimento que às vezes transparecia em suas aparições públicas. "Fiz algo errado e Deus me puniu", brincou num evento em homenagem ao Departamento de Segurança Interna.

Ele não escondia sua angústia dos assessores da Casa Branca, reclamando muitas vezes para a primeira pessoa que encontrasse depois de se reunir com Trump no Salão Oval. "Ele não era discreto a respeito de sua frustração", contou-me um ex-funcionário graduado.

Ainda assim, a história de Porter foi um golpe devastador para a posição de Kelly na Casa Branca. "Foi tudo rapidamente por água abaixo" para Kelly depois disso, acrescentou. Como muitos veículos noticiaram, inclusive a CNN, Kelly conversou com Trump sobre a possibilidade de pedir demissão, mas o presidente, sabendo que Kelly não era totalmente responsável pelo que aconteceu, decidiu mantê-lo.

No fiasco de Porter, a assessoria de imprensa também se saiu mal. Naquelas circunstâncias da saga, uma assessoria competente jamais teria pensado em divulgar uma declaração sobre a credibilidade do funcionário acusado de violência doméstica ou outro tipo de abuso. A declaração de uma assessoria competente provavelmente seria algo como: "Rob Porter está deixando a Casa Branca. Hoje foi seu último dia." Mais ou menos como eles se despediram de Steve Bannon.

Pressionei Raj Shah, o subsecretário de imprensa, que estava no lugar de Sanders na sala de imprensa naquele dia, sobre o assunto.

> ACOSTA: Como pode o chefe de gabinete da Casa Branca, como pode a secretária de imprensa, como pode esta Casa Branca ainda manter o apoio quando o sr. Porter parece reconhecer que tem esse passado?
> SHAH: Acho justo dizer que todos poderíamos ter feito um trabalho melhor nas últimas horas — ou nos últimos dias em que lidamos com essa situação.

Minhas fontes me disseram na época que Trump odiou essa declaração de Shah. No mundo de Trump, isso era um desrespeito às regras: você nunca admite um erro.

O que aconteceu com Porter acabou sendo bem mais do que um erro da equipe de Trump. O código de ética da Casa Branca de Trump se revelava novamente, à medida que o presidente voltava a assumir seu padrão de comportamento familiar. Quando se trata de um caso de acusação de crime sexual, Trump quase sempre fica do lado do acusado e não da vítima. Ele fez isso antes; e faria de novo. Conversando com os repórteres, Trump expressou simpatia por seu ex-secretário pessoal, destacando que Porter havia se declarado inocente.

"Ele também, como vocês sabem, disse que é inocente, e acho que precisamos nos lembrar disso", declarou Trump. "Ele foi bastante enfático ao dizer que é inocente, então você precisa conversar com ele sobre isso, mas nós desejamos o melhor a ele, que fez um bom trabalho quando estava na Casa Branca."

Essa declaração, de apoio a Porter, era outro lembrete de que Trump não parecia compreender o papel do presidente como símbolo de liderança moral numa situação do tipo. Isso não seria tolerado nas empresas da lista das quinhentas maiores da Fortune, e, no entanto, estava acontecendo na Casa Branca.

Tudo foi exacerbado, é claro, pelo fato de Trump não ter uma boa assessoria de imprensa. Mas, como eu disse antes, não havia muita escolha. Muitos republicanos em Washington simplesmente não queriam trabalhar para Trump. Eu poderia dar os nomes, mas não vou fazer isso. Seria errado. Mas, de maneira privada, um bom número de operadores republicanos conhecidos me disse que jamais trabalharia no governo Trump. Outros tentaram e acabaram saindo, depois de considerar a situação impossível. Isso deixou Trump com um monte de gente que, em circunstâncias normais, não trabalharia em um lugar tão importante quanto a Casa Branca.

Mas aqui não se trata da equipe, e isso é fundamental. Por isso continuo voltando à declaração de um graduado funcionário republicano no Congresso durante a campanha de 2016. O assessor, que permanecerá anônimo, parecia desamparado ao ver Trump vencer dezesseis candidatos sérios e ser indicado candidato a presidente pelo partido.

"Nossos principais candidatos estão brincando com os piores preconceitos das pessoas em vez de se manter acima disso. Então é isso o que temos. Uma hora a bolha vai estourar", disse o assessor, preocupado que, no fim, Trump deixasse o partido "em farrapos".

"Colhemos o que plantamos", acrescentou.

Nos primeiros dias do governo, era igualmente revelador ouvir os representantes do Partido Republicano que conheceram a Casa Branca de Trump por dentro. Antigos funcionários do governo descreviam cenas de incompetência inacreditável — órgãos inteiros cheios de funcionários jovens, inexperientes, que vieram da campanha de Trump com pouca ou nenhuma experiência no governo.

Muita gente no partido afirmou estar preocupada por Trump não ter uma bússola moral. Em menos de seis meses, ele se colocou ao lado de supremacistas brancos, apoiou um abusador de crianças e defendeu um homem que bateu na esposa. Alguns no partido podem ter se incomodado com esses demônios, mas Donald Trump não.

Uma das políticas de Trump que muitos republicanos logo adotaram foi a posição sobre imigração. Não havia mais espaço para as ideias moderadas de George W. Bush em relação ao tema, como a proposta de criar um caminho para que os imigrantes sem documentos que viviam nas sombras da nação chegassem à cidadania. O combate à imigração foi um dos pilares da campanha de Trump, e ele pregou isso de formas que pegaram o Partido Republicano de surpresa. Uma vez na cadeira de presidente, não abandonou sua forma de abordar o assunto, incluindo a linguagem cheia de ódio e extremista. O Partido Republicano, em sua maioria, seguiu a liderança de Trump.

Em janeiro de 2018, Trump começou a revelar o cerne de sua política de imigração. Durante uma reunião fechada com legisladores democratas e republicanos, ele deu declarações chulas de que não queria nos Estados

Unidos imigrantes do Haiti e de certos países da África, e se referiu a esses países como "buracos de merda". De acordo com o senador democrata do Illinois, Dick Durbin, que estava na reunião, Trump afirmou que preferia imigrantes de lugares como a Noruega. Então, naturalmente, durante um evento no Salão Oval, perguntei a Trump sobre os comentários. Foi quando ele me mandou ir embora.

"O senhor disse que queria mais pessoas da Noruega?", perguntei no dia 16 de janeiro de 2018.

Trump então mentiu ao grupo de repórteres na sala. "Quero que venham de todos os lugares. Todos os lugares", respondeu.

Ah, me poupe, pensei. Isso definitivamente não era verdade. Portanto, continuei com a pergunta que estava na cabeça de todo mundo.

"Apenas países caucasianos ou brancos, senhor? Ou o senhor quer pessoas de outras partes do mundo? Países em que há diversas etnias?", perguntei.

"Fora", respondeu Trump, me expulsando do Salão Oval. Para aumentar o caos, assessores da Casa Branca gritavam para que eu parasse de fazer perguntas.

Momentos depois, Trump foi a outro evento, na Sala Roosevelt da Ala Oeste, onde novamente tentei perguntar sobre seus comentários a respeito de imigração. Dessa vez, no entanto, alguns de seus assessores ficaram na minha frente e começaram a gritar para eu me calar. Era uma cena absurda, típica de um país totalitário como a China, não dos Estados Unidos. Imagine tentar fazer uma pergunta nesse tipo de ambiente. Já cobri políticos eleitos de prefeituras à Casa Branca. Nunca havia acontecido antes.

Minhas perguntas claramente irritaram Trump e seus aliados. Um assessor próximo do presidente me mandou uma mensagem de texto em protesto: "O Haiti é um buraco de merda."

Verdade seja dita, sofri um bocado para decidir como noticiar a história do "buraco" para meus espectadores. Então, o produtor executivo do *Situation Room*, da CNN, Jay Shaylor, mandou um recado pelo ponto em meu ouvido um minuto antes da minha entrada ao vivo, informando de que, sim, eu poderia dizer "buraco de merda" na CNN. Foi o que fiz. Minutos depois, o âncora do programa, Wolf Blitzer, se recusou a dizer "buraco de merda", o que me fez lembrar mais uma vez que Wolf é uma das pessoas mais decentes na nossa área, um verdadeiro cavalheiro.

Sobre os assessores de Trump gritando comigo, essa é a parte do mundo de Trump que visivelmente fascina a todos. As pessoas sempre me perguntam: "Quem eram aquelas pessoas gritando quando você tentava fazer uma pergunta?" Algumas eram pessoas bacanas e amigáveis; outras, não. Katie Price, por exemplo, uma ex-maquiadora que já havia trabalhado na CNN e que ganhou fama na Casa Branca como encrenqueira. Quando se assiste ao vídeo de repórteres reunidos em torno do presidente no Salão Oval ou na Sala de Gabinete tentando fazer perguntas, Katie é a barraqueira que pode ser ouvida gritando mais alto do que todos os repórteres na sala. É impressionante, de uma forma pervertida e doentia.

"Hora de sair, pessoal", gritava ela. "Sem perguntas", berrava ela, a centímetros de nossos ouvidos. "Vamos, Jim. Hora de ir embora!"

Tentar perguntar ao presidente com barraqueiros gritando ao seu ouvido é uma experiência e tanto para um repórter da Casa Branca. É como ser o árbitro num jogo de beisebol e ter os fãs mais bêbados e bagunceiros nas arquibancadas gritando na sua cabeça. Tente apitar o jogo nessa situação. Não culpo Katie. Como ela poderia saber como se comportar? Além disso, os gritos faziam dela uma das favoritas de Trump. Um funcionário do governo me disse que Trump amava a forma como ela gritava conosco, chegando a dizer para assessores que ela deveria ser promovida em sua batalha contra a imigração ilegal.

"Eu deveria enviá-la para a fronteira", disse Trump, de acordo com o funcionário. Katie, na cabeça de Trump, espantaria os imigrantes.

Uma vez perguntei a ela como havia se tornado uma das favoritas de Trump. “Ele gosta de saber que posso tanto ser assertiva quanto profissional”, disse-me ela em um dos comícios dele.

Mas estou divagando. Assim como nos casos de Charlottesville e de Roy Moore, a controvérsia do “buraco de merda” não foi o fim da procissão de momentos desconfortáveis na Casa Branca. Quase como rotina, mais episódios aconteciam, variando entre o perturbador e o deprimente.

Imigração era o assunto no qual Trump se superava, encontrando sempre novas formas de revoltar os repórteres.

Imagine a maneira com que Trump lidou com milhões de jovens americanos trazidos ilegalmente ao país por seus pais, mas protegidos pelo programa de Cláusula de Exceção para Imigrantes Infantis, conhecido como DACA. Uma iniciativa que salva vidas lançada pelo governo Obama, o DACA foi concebido para evitar que crianças fossem deportadas de volta para países nos quais eram basicamente estrangeiras. Os beneficiários do DACA, também conhecidos como *dreamers* [sonhadores], eram crianças, adolescentes e jovens adultos que frequentam nossas escolas e universidade e, em alguns casos, servem em nossas forças armadas. Durante o governo Obama, eles puderam viver nos Estados Unidos livres do medo da deportação — o que é bom, porque muitas dessas crianças nem falam o idioma de seus países de origem. Elas são, para todos os fins, americanas.

Já em setembro de 2017, Trump havia decidido acabar com o DACA como parte de seu ataque à imigração. É importante notar que cerca de um ano depois, em novembro de 2018, uma decisão do tribunal recursal manteve o sistema vivo — mas até o julgamento do recurso, durante um longo ano, os *dreamers* viveram com medo da deportação. Em 1º de abril de 2018, Trump aumentou esse medo. Ao se dirigir às celebrações de Páscoa na Flórida, culpou os democratas por não conseguir aprovar no Congresso uma legislação para proteger os *dreamers*. A verdade, é claro, é que durante anos os dois partidos falharam em abordar o problema. E, de qualquer forma, foi ele que encerrou o DACA.

@realDonaldTrump
Os agentes da Polícia de Fronteira não podem fazer seu trabalho adequadamente por causa das ridículas leis (democratas) de Prender & Soltar. Está ficando mais perigoso. "Caravanas" estão a caminho. Republicanos devem escolher a Opção Nuclear para passar leis mais duras AGORA. ACORDO DACA NUNCA MAIS!
8h56 — 1º abr 2018

Olhando para trás, nota-se que muito disso é apenas a típica fanfarronice de Trump. Mas à época o tuíte provocou ondas de medo na comunidade imigrante. Se Trump fechasse as portas para uma solução para o DACA, o programa que havia eliminado seis meses antes, esses jovens imigrantes estariam em risco. Crianças poderiam ser enviadas de volta a seus países de origem. Famílias seriam separadas.

Um dia depois de Trump fazer esses comentários, ele recepcionou a caça aos ovos da Casa Branca. Como de costume, a imprensa foi convidada para cobrir o evento. Agora, a expectativa entre os funcionários da Casa Branca era de que a imprensa ficaria comportada num canto, fazendo fotos e mantendo a boca fechada. Mas, com seu tuíte sobre o DACA, Trump criara sua própria surpresa de Páscoa. Não tínhamos a menor ideia se ele estava falando sério em acabar com os *dreamers*, mas queríamos descobrir. Afinal, foi dele a decisão de tocar no assunto no domingo de Páscoa, e nossa sensação era: se *ele* não vai ceder numa ocasião como esta, então por que chamar a imprensa? Portanto, não é preciso dizer, ver crianças procurando ovos de Páscoa não era exatamente o que eu tinha em mente naquele dia.

Com coelho da Páscoa ou sem coelho de Páscoa, o presidente havia provocado medo na vida de milhões de famílias de imigrantes e nas pessoas cujas vidas eram tocadas por elas. As crianças DACA não eram apenas um monte de números num gráfico no jornal da noite. Elas tinham pais, avós, irmãos, irmãs, professores, diretores de escola, amigos, colegas, técnicos de futebol. No mínimo, Trump deveria dar uma explicação mais detalhada sobre o que estava planejando para os *dreamers*.

Quando chegamos ao Gramado Sul, os cães de guarda da imprensa estavam nos esperando. Um deles, Caroline Sunshine, ficou especialmente interessada em verificar onde eu me posicionaria durante o evento. Caroline havia acabado de entrar para a Casa Branca. Antes de virar funcionária do governo em tempo integral, havia trabalhado como estagiária. Antes disso, ficou famosa como estrela adolescente no Disney Channel.

"Acosta!", gritou ela. "Venha aqui", e levou a mim e a meu fotógrafo para onde o grupo de imprensa estava posicionado.

Maravilha, pensei. Perfeito. Ela me colocou na área destinada ao grupo que representaria a imprensa naquele dia, muito mais perto de onde o presidente iria interagir com as crianças, e provavelmente seria possível fazer uma pergunta dali.

Mas a CNN não estava no grupo naquele dia, o que significa que, por acidente, ela me deu um lugar melhor do que eu supostamente teria direito. Um erro que seria aproveitado!

Então a ouvi chamar novamente. "Acosta!" Aparentemente, alguém havia avisado que eu não pertencia ao grupo de imprensa naquele dia, então fui deslocado para uma área diferente, na qual ficariam os repórteres da mídia impressa — não tão perto de onde estaria o presidente, o que me deixou decepcionado.

Mas me mudaram de lugar *outra vez*. Um cão de guarda diferente, Annie, estava no comando agora. "Jim, você não deveria estar aí", disse ela, e me despachou para uma área de imprensa ainda pior, onde, verdade seja dita, eu deveria estar desde o começo.

Tudo isso começou a me irritar. O que há de errado com essas pessoas?, pensei. Mas eu sabia o motivo. Eu havia me tornado um incômodo tão grande que merecia atenção especial.

Então chegou o momento. Trump havia feito seu discurso na Caça aos Ovos e começava a se juntar à multidão. Era o meu momento. No fim das contas, apesar dos esforços dos cães de guarda, acabei no lugar perfeito. Era um exemplo claro de uma equipe de imprensa inexperiente que acabou trabalhando a meu favor, colocando Trump numa situação não tão ideal.

Perto de onde eu me encontrava, muitas crianças estavam sentadas pintando em uma mesa sobre a qual se espalhavam desenhos adoráveis do coelho de Páscoa. Trump foi direto até a mesa e sentou com as crianças... a três metros de mim.

Obcecados por impedir que eu fizesse uma pergunta a Trump, os cães de guarda haviam me mudado de lugar três vezes, mas a terceira mudança foi perfeita, pelo menos para mim.

Outro golpe de sorte aconteceu. Enquanto as crianças sentadas junto ao presidente trabalhavam com seus gizes de cera, de repente a música de fundo das festividades parou. Ficou tudo muito silencioso.

"Presidente", chamei, "e as crianças DACA? Elas deveriam se preocupar com o que pode acontecer com elas?"

"Os democratas falharam com elas", respondeu ele. "Eles realmente decepcionaram essas crianças. Tiveram essa grande oportunidade. Os democratas falharam com elas. É uma vergonha. Agora as pessoas estão se aproveitando do DACA, e isso é uma vergonha."

Trump, claro, estava reescrevendo a história. *Ele* acabou com o programa. *Ele* destruiu a esperança de milhares de *dreamers*. Era como no evento sobre os "buracos de merda" no Salão Oval: mais uma vez, ele estava mentindo. Uma segunda pergunta era obrigatória.

"Não foi o senhor que acabou com o DACA? Não foi o senhor que encerrou o DACA?"

Trump não respondeu. Franzindo os lábios em desagrado, voltou a conversar com as crianças, que provavelmente se perguntaram do que aqueles adultos estavam falando. Mas seu silêncio foi eloquente. Ele não tinha uma resposta.

Por que fiz uma segunda pergunta sobre Trump acabar com o DACA? Bem, para ser sincero, seria mau jornalismo simplesmente deixar que o presidente escapasse depois da mentira deslavada culpando os democratas pelo fim do DACA. Trump havia acabado com o programa DACA em setembro de 2017 com uma declaração loquaz.

"Devemos também ter compaixão dos americanos desempregados, desesperados e esquecidos", disse, referindo-se aos não imigrantes do país. Era outro exemplo dele colocando um grupo de pessoas contra outro. Na visão de mundo de Trump, é a comunidade de imigrantes contra os cidadãos americanos nativos.

O fato de Trump ter respondido a minha pergunta na Caça aos Ovos de Páscoa não deveria surpreender ninguém. É comum ele não conseguir se segurar — o que é ótimo quando se é um repórter na Casa Branca. E, por alguma razão, ele não consegue se segurar especialmente quando estou por perto. Não estou me gabando, mas, todas as vezes que me aconselharam a não cair na armadilha de Trump, deve se lembrar de que ele mesmo acha minhas perguntas, minhas armadilhas, difíceis de resistir. Suponho que essa é parte da razão pela qual alguns jornalistas não se cansam de cobrir esse cara. Claro, Trump havia colocado os jornalistas em risco com sua retórica de "inimigos do povo", mas sua impulsividade em frente às câmeras também o tornava extremamente acessível. Alguns repórteres gostam da ideia de acesso e ignoram as provocações e ameaças. Afinal, é um ambiente rico em manchetes.

Mas, voltando ao incidente da Páscoa, o pessoal de Trump não ficou feliz. O coordenador de campanha de 2020, Brad Parscale, exigiu que minhas credenciais de imprensa fossem revogadas, um prenúncio do que estava por vir.

Talvez seja hora de Jim Acosta ser suspenso por desrespeitar o protocolo. Ele continua a representar um constrangimento para si mesmo e para a @CNN. Retirem suas credenciais a cada incidente, tuitou Parscale, com um link para a história no Daily Caller.

Estou apenas fazendo o meu trabalho, que é proteger a Primeira Emenda da Constituição. Talvez o senhor devesse dar uma lida, respondi no Twitter.

Entendo por que Parscale publicou esse tuíte. Ele estava externando sua frustração com a Casa Branca, e especificamente com Trump, por deixarem repórteres fazerem perguntas que interferiam na mensagem do dia do presidente. Entendo totalmente. Mas fazer perguntas para o presidente em eventos para fotos era comum na Casa Branca.

Não é necessário dizer que não era assim que os defensores e propagandistas de Trump nos veículos de imprensa conservadores viam as coisas. Sebastian Gorka, um ex-funcionário da Casa Branca que se tornou analista republicano na Fox News, tuitou: **Desprezível, @Acosta é um ativista picareta que se autopromove.** Isso é ridículo. Ele é tão caricatural quanto qualquer picareta de Washington.

O blog conservador Power Line se referiu a mim como "o homem da resistência Jim Acosta" e como o "palhaço exibido que cobre a Casa Branca para a CNN".

Outro blog de direita, RedState, escreveu: "Acosta não tem respeito pela hora e pelo lugar porque, para ele, é sempre hora de se autopromover... De qualquer forma, a CNN continua a enviar Acosta para a Casa Branca, apesar de seus defeitos óbvios e de sua política, o que significa que a CNN continua a apoiar seu comportamento."

O Gateway Pundit, outro site conservador dedicado a criticar a mídia tradicional, publicou a manchete "Jim Acosta da CNN é DETONADO por gritar com Trump enquanto o presidente estava desenhando com crianças na Caça aos Ovos de Páscoa da Casa Branca". O conteúdo do artigo, no entanto, não dá conta do título caça-cliques, referindo-se meramente a Parscale, Gorka e ao artigo do Daily Caller. Esses sites todos fazem parte da mesma caixa de ressonância que, para todos os efeitos, serve de máquina de propaganda para Trump. São os mesmos caras que ficaram extasiados quando pressionei Obama a respeito do Estado Islâmico, perguntando: "Por que não conseguimos pegar esses cretinos?" Eles talvez não lembrem, mas eu lembro.

Em um sinal do que viria a seguir, toda a hostilidade do movimento conservador por causa do meu trabalho na Caça aos Ovos de Páscoa pareceu inspirar um surto de linguagem violenta e ameaçadora nas minhas mídias sociais e na minha caixa de e-mail. Desde a campanha presidencial de 2016, eu vinha sendo alvo de ameaças e comentários desagradáveis nas mídias sociais, um fato da vida de quase todo repórter que cobre Trump hoje em dia. Depois da Caça aos Ovos, porém, as ameaças contra a minha vida e outras sugestões de violência começaram a surgir em meus perfis no Facebook, no Instagram e no Twitter em quantidades então inéditas.

Uma pessoa perturbada me mandou um e-mail tão aterrador que não pode ser reproduzido na íntegra. A mensagem foi enviada para a segurança da CNN. Para explicar como os riscos haviam aumentado para repórteres cobrindo a Casa Branca de Trump, comentei sobre esse e-mail durante uma reunião privada num encontro de gestores da CNN em abril de 2018. O antigo correspondente da ABC News na Casa Branca Sam Donaldson explicou à plateia por que fazer perguntas em eventos era parte de uma tradição antiga na cobertura de presidentes americanos. O presidente da CNN, Jeff Sucker, mostrou esse e-mail ameaçador numa tela gigante, para que outros gestores pudessem ter uma ideia dos riscos do tom da Casa Branca.

> Data: 3, abril, 2018 às 9:26:17 AM EDT
> Para: Jim Acosta
> Assunto: Você
>
> Seu ser desprezível... Talvez alguns de nós possamos encontrá-lo aqui fora... Você tem a boca de uma barata. Não é um jornalista, é um camelô de feira.

A parte violenta do e-mail foi suprimida, mas dá para entender. Pense na pior ameaça que se possa imaginar. Era nesse nível.

Durante anos recebi ameaças nas redes sociais. Naquela época, li muitas coisas perturbadoras, mas a maioria delas eu consegui deixar de lado. Mas, quanto mais tempo Trump permanece na presidência, mais difícil fica ignorar o fato de que as ameaças estão piorando. Nesse momento, Trump já vinha atacando e ameaçando a imprensa da Casa Branca por mais de um ano, e os efeitos desses ataques eram claros, não numa mudança na cobertura, mas no volume cada vez maior de comentários odiosos que recebemos. As mensagens violentas que vinham pelas mídias sociais estavam ficando mais intensas. Embora eu tivesse esperanças de que essas ameaças permanecessem no mundo relativamente inofensivo do Twitter e do Instagram, parte de mim começou a temer que elas se tornassem em breve um problema na vida real.

É possível que a crueldade embutida na política do seu governo de "tolerância zero" na fronteira, lançada oficialmente em meados de 2018, fosse pior do que os temores da política de Trump quanto ao DACA, ou do que seu apoio a pessoas como Roy Moore ou Rob Porter. Como sempre acontecia nesse governo, tudo parecia voltar para a questão da imigração, e a Casa Branca continuava a demonizar e a punir pessoas que entrassem no país por desespero. Com gente como Stephen Miller movendo as peças nos bastidores, cada mês tornava mais óbvio um aumento na disposição do governo Trump para formular políticas baseadas em ideias ultranacionalistas, usando o medo como gatilho para a ação. A proibição de viagens afetou os mulçumanos, é claro, mas a "tolerância zero" tinha a ver com os latino-americanos. Como disse antes, pense nos três Ms: mexicanos, mulçumanos e mídia. Como acontece com muita coisa no governo Trump, a cada mês tudo parecia ficar mais preocupante. Ainda assim, de diversas formas a "tolerância zero" parecia extrapolar muitas ideias racistas que inspiraram tanto a campanha de Trump quanto seu primeiro ano no governo.

A secretária de Segurança Interna, Kirstjen Nielsen, era um dos muitos funcionários de alto escalão do governo que tentavam ocultar essa realidade. Ela mentiu para os americanos ao dizer que o governo Trump não tinha uma política de separar famílias. Mas o procurador-geral Jeff Sessions confirmou a existência dessa política quando emitiu um alerta verbal para migrantes em maio de 2018, dizendo que crianças poderiam ser separadas de seus pais na fronteira.

"Se você está tentando entrar no país com uma criança, iremos processá-lo, e essa criança será separada de você, como determina a lei", afirmou Sessions a policiais em um evento no Arizona.

Inacreditavelmente, Nielsen continuou a negar em inúmeras oportunidades que o governo tivesse como política a separação de famílias. **Não temos uma política de separação de famílias na fronteira. Ponto final,** tuitou ela em junho de 2018, depois que Sessions fez sua declaração. Nielsen foi desmentida por memorandos enviados a funcionários de seu próprio departamento, inclusive para ela, detalhando como as separações seriam tratadas. Os memorandos, obtidos por dois grupos de fiscalização do governo, revelaram que o departamento de fato tinha uma política de separar famílias.

O próprio Trump reverteu a política em junho de 2018, quando emitiu uma ordem executiva para supostamente impedir as separações. Mas isso só depois que os horrores da política atraíram a atenção do público americano. Mais tarde, em agosto de 2018, Ivanka Trump descreveu a terrível imagem de famílias sendo separadas como um "momento ruim" do governo, mas era pior do que isso.

Havia outros funcionários de alto escalão na Ala Oeste que também estavam chocados com a política de "tolerância zero".

Kellyanne Conway é uma das poucas funcionárias a admitir para mim, oficialmente, que a separação de famílias era simplesmente contrária às suas crenças religiosas.

"Como mãe, como católica, uma pessoa com consciência, não quero crianças arrancadas dos braços dos pais", disse, com algum arrependimento.

"Também não quero que esses pais ouçam mentiras de contrabandistas e embarquem numa jornada perigosa e traiçoeira na fronteira, onde contrabandistas e coiotes pegam seu dinheiro e prometem mentiras", acrescentou, voltando ao discurso da Ala Oeste.

Mas a política de tolerância zero não deveria ter sido surpresa para Ivanka ou para o resto do país. Pense na variedade de formas que o presidente usou para caracterizar imigrantes com sua retórica nativista. Ele se referiu a cidades-santuário, que protegem imigrantes sem documentos de deportação, como "um conceito de procriação". Trump tem caracterizado os imigrantes ilegais repetidas vezes como parte da violenta gangue MS-13, chegando a tuitar em 2018 que os democratas "não ligam para o crime. E querem imigrantes ilegais, não importa quanto sejam ruins, para serem despejados e infectar nosso país, como o MS-13".

Agora uma mancha na história dos Estados Unidos, a política de Trump de separar famílias resultou na separação de mais de duas mil crianças de seus pais migrantes. Algumas dessas crianças provavelmente ficaram órfãs em função do ardor do governo Trump em interromper totalmente a migração pela fronteira. Um relatório do inspetor-geral revelou mais tarde que o governo nunca teve controle adequado do número real de crianças separadas dos pais. O total é provavelmente maior do que o governo admitiu.

Em 20 de abril de 2019, um documento do governo Trump apresentado à Justiça estimava que poderia levar de um a dois anos para localizar os milhares de imigrantes separados pelas autoridades americanas na fronteira.

Pensando na história do meu próprio pai, que veio para os Estados Unidos como um refugiado cubano, era difícil manter minhas emoções sob controle ao considerar o custo humano de uma política tão grotesca. Você pode imaginar o que significa ser uma criança numa família que entrega as economias da vida toda para um contrabandista, apenas para chegar até a fronteira e ver o governo americano separá-la de seus pais? Continue. Imagine que você é uma criança presa num lugar parecido com uma cadeia, como muitos desses jovens migrantes foram trancados com outras crianças. Ainda assim, aos olhos do governo americano, você é tão criminoso quanto sua mãe, que, sim, desrespeitou a lei ao levá-lo para cruzar a fronteira. Agora continue a se imaginar através dos olhos de uma criança. Você está esperando nesse lugar há dias, semanas, talvez meses, o tempo todo pensando se voltará a ver seus pais. Você é apenas uma criança tentando entender quando esse abuso infantil imposto pelo governo vai acabar. Faríamos isso a essas crianças se elas fossem brancas?

Ouvi de fontes de dentro e de fora do governo que a Casa Branca via essas táticas duras como "desestimuladoras" da imigração ilegal. O raciocínio era que, uma vez que os horrores da fronteira chegassem até o México e a América Central, os imigrantes pensariam duas vezes antes de fugir para os Estados Unidos. Claro, o que esses servidores públicos não entendiam é que eles estavam criminalizando o desespero. Essas famílias muitas vezes estavam escapando de condições muito piores em comunidades dominadas por milícias. Dada a chance de escolher entre uma possível separação na fronteira e a morte em casa, cadê o desestímulo?

Já estive na fronteira para inúmeras pautas sobre imigração no decorrer da minha carreira. Nunca na vida vi a "invasão" de imigrantes sobre a qual Trump tanto fala. Ao contrário, o que se vê na fronteira é um desafio humanitário gigantesco piorado pela política dos Estados Unidos na América Latina, que está à deriva há décadas. Nossa guerra às drogas ao sul da fronteira tornou o comércio ilegal de narcóticos extremamente lucrativo no México e na América Central. O que exatamente deveríamos fazer a respeito dessa política ineficiente é assunto para outro livro. Mas vou dizer o que ouvi de policiais sobre suas experiências na fronteira. Em muitos casos, eles veem mulheres e crianças que, assim que colocam os pés em solo americano, vão direto para a patrulha de fronteira pedir ajuda. Muitos deles não tentam fugir dos policiais. Eles querem ser presos. Querem pedir asilo porque depositaram suas esperanças no sonho americano. É esse o pano de fundo que levei para a coletiva da Casa Branca em junho de 2018, quando pressionei Sarah Sanders a respeito da moralidade da política de tolerância zero.

Foi no mesmo dia em que o ex-procurador-geral Jeff Sessions defendeu a política do governo citando a Bíblia, parafraseando a escritura que diz: "Obedeça às leis do governo porque Deus ordenou-as para fins de ordem." É claro que não é assim que a lei funciona nos Estados Unidos. Isso significaria que o governo poderia determinar qualquer tipo de política, apontar para a Bíblia e ordenar aos cidadãos que "obedecessem". Não é lá uma grande justificativa, dada a separação entre a Igreja e o Estado embutida na Constituição.

Então pedi a Sarah Sanders, filha de um pastor batista que se tornou governador, que comentasse a declaração de Sessions.

"Onde está escrito na Bíblia que é moralmente correto separar crianças de suas mães?", perguntei.

Sanders respondeu que é "muito bíblico aplicar a lei. Isso aparece inúmeras vezes em toda a Bíblia". Insisti nessa linha de pensamento, perguntando onde estaria a justificativa na Bíblia para separar crianças de seus pais. Claramente frustrada, Sanders replicou: "Vejo que é difícil para você entender até mesmo frases curtas."

Em vez de responder à pergunta, ela resolveu me atacar, um claro sinal de que havia perdido a discussão. Era quase uma admissão de que ela não podia defender a política nem estando em seu território. Se a filha de um ministro não pode explicar como é moralmente defensável arrancar crianças de seus pais, então provavelmente ninguém pode.

No dia seguinte, recebi uma ligação de Sanders. O som estava ruim, e o sinal do celular estava fraco, mas pude entender que ela estava se desculpando por seu comentário na sala de imprensa.

"Foi o calor do momento", respondi.

Veja, não me arrependo de ter feito a pergunta. Faria novamente. Verdade seja dita, eu estava atormentando outros funcionários do governo a respeito dessa política. (Esses caras jamais queriam ser citados oficialmente.) Um deles me disse que o governo preferia prender as famílias juntas, mas os centros de detenção para adultos não eram adequados para as crianças. Aí está o problema: se você detém os pais, precisa separar as crianças, explicou o funcionário. O problema para o governo, em alguns casos, é que, uma vez que as famílias eram separadas, havia dificuldade em manter controle de tudo. As crianças iam para um lugar; os pais para outro. Na maior parte dos casos eles voltavam a se reunir. Mas havia incidentes em que isso não acontecia.

Mantenha em mente que toda a política de separação das famílias era dirigida por Trump, que queria acabar com o "prender e soltar", a prática de permitir que os que atravessavam a fronteira fossem liberados antes da audiência. Trump insistiu que apenas uma pequena porcentagem dos que são liberados comparecia ao tribunal para a audiência. Contudo, os dados do próprio Departamento de Justiça dizem outra coisa, destacando que a grande maioria dos imigrantes realmente aparece para o julgamento. Resumindo, Trump estava explorando um estereótipo negativo e falso de que os imigrantes vêm para os Estados Unidos apenas para se misturar à sociedade americana antes de parasitar um Estado acolhedor ou cometer crimes contra os cidadãos de bem. Ele também estava ignorando deliberadamente diversos estudos que mostram que imigrantes, legais e ilegais, cometem menos crimes que os americanos nativos.

A respeito de minha pergunta à Sarah Sanders na coletiva, ela estava dentro dos limites do trabalho de reportagem na era Trump. De novo, um questionamento mais brando provavelmente seria respondido com evasivas e mentiras. Quando se fala em separação de famílias, no entanto, sinto muito, mas é preciso fazer cobranças mais rigorosas. Já disse antes e direi outra vez: não há dois lados numa história quando se trata do certo e do errado. Separar crianças dos pais é simplesmente errado. A Casa Branca só voltou atrás depois que a imprensa expôs o show de horrores dessa política.

Quando a história do governo Trump for escrita, tenho plena confiança de que a política de tolerância zero será lembrada por sua falta de humanidade, talvez num grau maior do que qualquer outra política de Trump. O que a tornava tão profundamente perturbadora, mais até do que a repulsa à própria política, era saber que, se o governo não tivesse sido pressionado por jornalistas e ativistas nesse caso, é bem possível que a maioria dos americanos nunca ficasse sabendo dela.

Esqueça minhas perguntas na sala de imprensa da Casa Branca. Pense em todas as grandes reportagens feitas por meus colegas em campo, que estavam na fronteira, falando com imigrantes sobre crianças e pais desaparecidos. Se houve um caso que justificasse o escrutínio saudável e robusto da mídia a uma política governamental, foi esse. Ao expor a política de separação de famílias, a imprensa livre americana deu conta de sua missão de responsabilizar nossos líderes. Os jornalistas ocuparam o espaço deixado pela bancada do Partido Republicano no Congresso, que não estava disposta a cumprir sua função de fiscalizar a loucura de Trump na fronteira.

Embora Charlottesville tivesse revelado até onde os republicanos podiam chegar em sua tolerância aos piores instintos do presidente, ficava cada vez mais claro que o que aconteceu na Virgínia era apenas a ponta do iceberg. Na fronteira, Trump começava a deixar um legado de crueldade que seria difícil para o Partido Republicano reverter, e impossível para o país esquecer. A história não esquecerá tão cedo o que aconteceu com as crianças imigrantes. Aquelas crianças terão boas razões para duvidar da grandiosidade dos Estados Unidos.

9

Preferência por ditadores

Embora a política interna de Trump tenha sido muitas vezes radical durante seus primeiros dezoito meses de governo, foi na política externa que as mudanças extremas possivelmente foram mais duradouras, com potencial para prejudicar as alianças americanas por um longo período. Apesar de estarmos nos afastando de nossos aliados mais próximos desde que Trump assumiu a presidência, foi no verão de 2018 que vimos o ápice de sua política externa na sua primeira reunião de cúpula com Kim Jong-un, o ditador norte-coreano. Os Estados Unidos eram agora um país que não apenas se sentia à vontade com ditadores, como em alguns casos destinava a eles um tratamento melhor do que o oferecido a seus aliados mais próximos.

O efeito disso foi uma modificação fundamental na abordagem da política exterior que vinha sendo adotada tanto por democratas quanto por republicanos desde o início do pós-guerra. Não era preciso ser um gênio para perceber que as decisões de Trump preocupavam tremendamente alguns dos mais experientes diplomatas e funcionários da área de segurança nacional tanto dentro do governo quanto em seu entorno. Mesmo dentro do governo Trump, autoridades da área de segurança nacional achavam alarmante a aproximação do presidente com regimes autoritários, o que explica a enxurrada de vazamentos de telefonemas e interações do presidente com líderes mundiais.

"Não faz diferença se você é republicano ou democrata", disse em privado um ex-conselheiro de Trump na área de segurança nacional. Aproximar-se de gente como o presidente russo Vladimir Putin e ao mesmo tempo dar trombadas em antigos aliados como Angela Merkel, da Alemanha, é algo que um presidente americano simplesmente não deveria fazer. Esse funcionário afirmou que, sinceramente, não conseguia compreender se Trump estava de fato comprometido em defender os interesses americanos. Muito antes de o procurador especial Robert Mueller terminar sua investigação, esse funcionário confessou que de fato não tinha certeza dos motivos que levavam Trump a se aproximar tanto de Putin.

"Não sei responder a essa pergunta", disse-me ele, naquilo que parecia ser uma admissão inacreditável vinda de alguém especializado em segurança nacional. "Eu realmente não sei."

Com o mundo num estado constante de sobrecarga de notícias sobre Trump, você estará perdoado caso tenha se esquecido de algumas das excentricidades mais antigas cometidas pelo presidente nas primeiras semanas de governo, quando ele pegava o telefone para falar com líderes de outros países, deixando esses chefes de Estado numa espécie de choque em função de seu modo pouco convencional de fazer negócios. Esse funcionário que acabei de citar contou que ele e outros servidores muitas vezes ficavam confusos com o comportamento de Trump ao falar com outros presidentes e primeiros-ministros. Por exemplo, houve as conversas de Trump com o primeiro-ministro australiano e com o presidente mexicano, reveladas menos de duas semanas depois de ele entrar no Salão Oval. Trump reclamou com o primeiro-ministro Malcolm Turnbull sobre um acordo feito com o governo Obama para aceitar refugiados da Austrália, e reclamou sobre a imigração, claro, para o presidente do México, Enrique Peña Nieto.

Trump detestou os vazamentos. Eles davam combustível para as teorias da conspiração que diziam que ele era uma vítima de um "*deep state*" [Estado oculto], uma referência a um grupo de funcionários não eleitos que estaria controlando o governo de fato — um receio que seus conselheiros mais próximos, incluindo Steve Bannon, incitavam nos bastidores. Tendo coberto a Casa Branca durante seis anos, incluindo dois no período de Trump, jamais esbarrei em qualquer indício de existência de um "Estado oculto". O que vi — isso deveria ser um alívio para todos os americanos — foram funcionários que ocasionalmente ajudaram a nós da imprensa a compreender o que acontece no governo. São funcionários públicos dedicados, que fornecem informações vitais para que a expectativa do povo de ter um bom governo seja atendida.

Por mais que eu tenha visto falhas óbvias em alguns membros da equipe de Trump, eu seria relapso se não mencionasse o número considerável de funcionários do governo que tentaram me ajudar, e a inúmeros outros repórteres, na difícil tarefa de cobrir Trump. (Evidentemente não podemos citar seus nomes. Trump os mandaria embora rapidinho.) Houve casos, sim, de funcionários do governo Trump repassando informações a repórteres para se vingar de rivais dentro da Casa Branca. Mas, nessas ocasiões, em geral tratava-se de pessoas da área política da Ala Oeste dando facadas nas costas colegas para conquistar terreno. Nós fazíamos o nosso melhor para separar o joio do trigo, para não ir simplesmente colocando as coisas no ar, sem edição. Mas havia outros funcionários que compreendiam nossa necessidade de entender plenamente o que o presidente pretendia, que jogavam luz em algumas conversas provocativas de Trump, relativas a políticas públicas e a líderes de outros países, que alarmavam veteranos tanto da área de segurança nacional quanto da área de políticas internas.

Quando descobriam alguém que estava revelando informações do governo, os assessores de Trump se empenhavam para removê-lo de seu cargo, mas eles não tinham como encontrar todos. Independentemente de continuarem em seus postos ou terem sido removidos, deixo o registro de que inúmeros funcionários, que evidentemente não serão nomeados aqui, merecem nossa gratidão. Não é algo fácil, em qualquer governo, procurar um repórter levando informações delicadas sobre o que acontece dentro da Casa Branca. Trump gosta de rotular essas fontes anônimas de falsas, ou "fake news", mas eu estou aqui para atestar, e o presidente Trump sabe disso: essas fontes são tão reais quanto eu e você.

Para aumentar ainda mais a ansiedade, especialmente entre os funcionários da área de segurança nacional, Trump de vez em quando mencionava ideias bem esquisitas com qualquer pessoa, em qualquer ambiente. O mesmo funcionário da área de segurança nacional me disse que o presidente falou sobre agir militarmente na Venezuela com participantes da Assembleia Geral da ONU em setembro de 2017.

"O chefe de gabinete lhe disse que não era uma boa ideia. O conselheiro de Segurança Nacional disse que não era uma boa ideia. Ele está falando com líderes de outros países e continua insistindo no assunto", comentou o funcionário sobre a fixação de Trump pela Venezuela na Assembleia da ONU.

Nessa mesma assembleia, Trump já estava ridicularizando o ditador norte-coreano Kim Jong-un como "o Sujeitinho do Foguete". Mais ou menos nessa época, segundo o funcionário, Trump também sondava a ideia de lançar algum tipo de ação militar contra a Coreia do Norte. O que incomodava alguns dos assessores do presidente, de acordo com o funcionário, era o fato de o presidente parecer incapaz de agir de maneira discreta ao tratar de assuntos delicados.

"Ele não tem filtro", disse o funcionário.

Trump parecia fascinado pela ideia de dar "um soco no nariz", um ataque em pequena escala que deixaria o poderio americano claro para Kim. À época, praticamente todos os conselheiros de Trump, segundo esse funcionário, o alertaram para não fazer isso, uma vez que o ditador norte-coreano poderia muito bem lançar um contra-ataque contra a Coreia do Sul, potencialmente dando início a uma guerra maior, com consequências bastante indesejadas.

"Avisaram a ele que aquilo seria como abrir as portas do inferno", explicou o funcionário.

Em outubro de 2017, enquanto via os danos causados em Porto Rico pelo furacão Maria, Trump continuou a desabafar sobre Kim. Fontes do governo porto-riquenho me contaram que ele pareceu menos interessado nas consequências do furacão do que na tempestade que se formava entre os Estados Unidos e a Coreia do Norte em função do programa de armas nucleares do ditador Kim Jong-un. Trump vinha batendo no peito havia semanas, alertando Kim sobre "fogo e fúria".

Ao se encontrar com o governador porto-riquenho Ricardo Rosselló, segundo fontes me contaram, Trump se gabou de sua "bola de futebol nuclear", a pasta usada por presidentes americanos para dar início a um ataque nuclear. Chamando o assessor que estava com a pasta para que se aproximasse, a fim de que o governador pudesse ver melhor, Trump disse que iria usá-la contra Kim caso ele passasse dos limites. Rosselló, segundo minhas fontes, achou que Trump era "maluco de pedra". Como Trump não percebeu o nível de devastação causado pelo furacão Maria em Porto Rico — a certa altura jogando rolos de papel higiênico para os sobreviventes de maneira constrangedora —, Rosselló já não temia apenas pelo futuro de sua ilha. Agora, de súbito, ele tinha medo da forma como Trump lidaria com aquela que possivelmente era a crise de segurança nacional mais delicada do mundo.

Quando entrevistei Rosselló a respeito disso em março de 2019, ele não detalhou o que Trump falou. À época da entrevista, funcionários da Casa Branca ameaçavam e intimidavam assessores do governador depois que Rosselló criticou Trump por acusar os porto-riquenhos de desperdiçar dinheiro de ajuda humanitária.

"O governador de vocês está ferrando com tudo", teria sido o modo como o conselheiro da Casa Branca, Peter Navarro, se referiu à situação numa reunião com assessores de Rosselló.

"Se aquele cara se aproximar, vou dar um soco na cara dele", disse-me Rosselló.

Quanto aos comentários de Trump sobre o uso de armas nucleares contra Kim, Rosselló apenas disse que "havia outros temas sendo discutidos, e do meu ponto de vista o único foco da viagem devia ter sido Porto Rico".

"Ele estava falando sobre vários outros temas, mas eu preferia manter a conversa focada nos assuntos internos", acrescentou o governador.

Mais tarde, em janeiro de 2018, Trump repetiu grande parte de sua fanfarronice ao se gabar no Twitter por ter um arsenal nuclear maior do que o de Kim. **Alguém desse regime exaurido e sem comida pode, por favor, informá-lo de que eu também tenho um Botão Nuclear, mas muito maior & mais poderoso que o dele, e o meu Botão funciona!**, tuitou.

Nem é preciso dizer que toda essa retórica era extremamente incômoda para os aliados mais próximos dos Estados Unidos. Um dos efeitos colaterais das minhas batidas de frente com Trump foi o fato de eu me tornar objeto de interesse de algumas embaixadas em Washington. Embaixadores e suas equipes me convidavam para visitá-los, principalmente para conversas informais, a fim de ter uma noção do que eu sabia a respeito de Trump. Essas conversas quase sempre podiam ser resumidas a perguntas sobre a saúde mental de Trump: "Como ele é de verdade?", "Ele é instável?". Como eu disse a inúmeras pessoas, tanto cidadãos americanos quanto não cidadãos, eu não tenho uma resposta. Não sou psiquiatra. O comportamento de Trump, para falar de modo gentil, está fora do espectro do que se espera de um presidente americano. Mas eu também achava que Trump era tão doido quanto esperto.

Foi numa ocasião específica, tomando drinques na embaixada de um aliado fundamental dos Estados Unidos, que fiquei sabendo que havia preocupações com a possibilidade de Trump lançar mão subitamente do arsenal nuclear americano. Isso virou tema de uma reportagem, que escrevi em conjunto com minha colega Barbara Starr, correspondente no Pentágono. Várias fontes nos disseram que esse receio havia sido levado a congressistas. O presidente da Comissão de Assuntos Internacionais do Senado, Bob Corker, um crítico frequente de Trump, realizou uma audiência sobre a autoridade do presidente para fazer ataques nucleares. Não vou me aprofundar no modo como esses lançamentos são autorizados, mas o presidente não pode simplesmente apertar um botão em sua mesa e disparar mísseis pelo planeta. Ainda assim, como informamos à época, pelo menos um país pertencente à OTAN falou com congressistas sobre o receio alimentado pelo fato de Trump ter o comando do sistema de lançamento americano. Uma fonte diplomática do país cuja embaixada visitei me disse que eles ficaram mais confortáveis depois que o governo americano esclareceu o assunto. Membros do governo tentaram reduzir os temores explicando que o atual processo de disparo teria contrapesos suficientes para desestimular Trump, caso ele pretendesse fazer algo às pressas. Mas isso não chega a ser reconfortante, não é?

Mesmo assim, Trump continuou a fazer com que sirenes de alarme disparassem no cenário internacional em função de seu comportamento anormal até 2018, quando, em maio, eu fiquei sabendo que Trump tinha brigado por telefone com o primeiro-ministro canadense, Justin Trudeau. Durante o telefonema, Trump e Trudeau discutiram sobre as tarifas altas e punitivas que o governo impôs às importações de aço e alumínio do Canadá. Trump impôs as novas tarifas unilateralmente — ou seja, sem o aval do Legislativo — citando razões de segurança nacional, algo que precisou fazer para não levar o caso para o Congresso. Autoridades graduadas do governo estranhamente me disseram que as sobretaxas sobre o aço e o alumínio eram necessárias para proteger a indústria americana de modo que — vejam só — houvesse fábricas suficientes nos Estados Unidos capazes de produzir os equipamentos militares americanos *caso acontecesse uma Terceira Guerra Mundial.*

Sim, eles realmente disseram isso. Esse é um bom exemplo do motivo de as fontes preferirem falar em off às vezes, para contar coisas que ficariam envergonhadas de dizer em público.

Quando Trudeau perguntou a Trump como era possível justificar as sobretaxas com base em segurança nacional, o presidente não mencionou uma Terceira Guerra Mundial; ele usou um argumento diferente, e fez uma referência histórica incorreta (para dizer o mínimo).

"Vocês não queimaram a Casa Branca?", perguntou Trump a um intrigado Trudeau.

Era uma referência à guerra de 1812, mas Trump estava equivocado. Os canadenses não queimaram a Casa Branca. Foram os britânicos. Fontes canadenses confirmaram essa parte da conversa à minha colega Paula Newton, que cobre o Canadá para a CNN.

Depois daquele telefonema vazado, fiquei sabendo que Trump e sua equipe acharam que tinham passado dos limites. Começaram então a reduzir o círculo de pessoas informadas sobre essas ligações.

Depois de nossa reportagem sobre o telefonema e a guerra de 1812, fiquei sabendo das dificuldades que alguns desses funcionários enfrentavam para ficar a par das conversas entre Trump e outros líderes mundiais. Uma grave complicação, de acordo com uma autoridade do governo bem posicionada, era que Trump preferia conduzir essas ligações de dentro da Residência Executiva da Casa Branca, que não podia ser acessada por vários dos funcionários. Dessa forma, algumas autoridades não ficavam na sala com o presidente e tinham de monitorar os telefonemas da Sala de Crises, longe de Trump. Isso é um problema, uma vez que muitas vezes essas pessoas precisam estar na sala para orientar o presidente ao tratar de questões complicadas num telefonema com o líder de outro país, algo que não pode ser feito quando se está em outro cômodo da Casa Branca.

E, quando se trata de nossos vizinhos e aliados, Trump não só é cético como também é hostil — um comportamento curioso para qualquer autoridade do governo, mas simplesmente desconcertante no caso do presidente dos Estados Unidos.

Talvez o que mais chame a atenção no modo como Trump lida com a política externa não seja apenas quem ele ataca, mas também as pessoas de quem se aproxima. Em retrospecto, não deveria ser surpresa, tendo em vista o tratamento dispensado pelo presidente à imprensa livre e sua disposição para interferir na independência do Judiciário, que Trump ficasse amigo de alguns dos mais notórios autocratas e violadores de direitos humanos do mundo.

Perto da época da reeleição de Putin, em março de 2018, segundo me disseram, Trump queria enviar ao presidente russo um clipping do noticiário, assinado por ele, para desejar-lhe boa sorte.

"Vladimir, você vai se sair muito bem", Trump diria a Putin, de acordo com uma autoridade do governo que viu o que estava acontecendo e levou a preocupação a outros assessores.

"Outras pessoas sabiam", contou-me ele.

Era algo que Trump costumava fazer durante a campanha presidencial: enviar um texto publicado a um repórter, como forma de dizer que tinha gostado da matéria. A assinatura gigante rabiscada por Trump era colocada sobre o clipping. O fato de o presidente ter a intenção de fazer o mesmo gesto com Putin deixou alguns assessores da Ala Oeste preocupados. A autoridade que me informou sobre o caso disse que não ficou claro se Trump enviou ou não o clipping para o presidente russo.

Mesmo assim, segundo se diz, Trump ignorou os alertas dados pelas autoridades da área de segurança nacional para não parabenizar Putin durante um telefonema entre os dois líderes depois da reeleição do presidente russo para um quarto mandato, uma vez que a eleição havia sido fraudada. A frase "Não dê parabéns" estava escrita nos materiais preparados, que Trump aparentemente não leu ou ignorou completamente. Uma autoridade graduada do governo confirmou a história do "Não dê parabéns", dada em primeira mão pelo *Washington Post*.

Trump muitas vezes confundia sua própria equipe de segurança nacional com esse tipo de comportamento. O mesmo ex-integrante da equipe me contou que não ficava claro se isso era ou não indício de que Trump estava "comprometido" com os russos, mas disse que era impossível descartar essa possibilidade, uma análise perturbadora partindo de alguém que trabalhara tão próximo ao presidente. Mesmo assim, segundo esse funcionário, talvez Trump simplesmente não conseguisse controlar seus impulsos. De qualquer jeito, é uma admissão atordoante feita por uma alta autoridade que trabalhou no governo Trump.

A mesma autoridade disse que a imprevisibilidade de Trump muitas vezes tornava dificílima a vida do alto escalão da Ala Oeste, principalmente no caso do chefe de gabinete, John Kelly, que podia ser ouvido do lado de fora do Salão Oval perguntando a outras pessoas: "Você não deixou o presidente sozinho, deixou?"

Kelly estava brincando, explicou outra autoridade graduada da Casa Branca, que admitiu que o chefe de gabinete muitas vezes brincava sobre sua insatisfação com Trump.

"Ele não disfarçava que nem sempre gostava do trabalho. Ele tem um senso de humor muito cáustico", explicou esse funcionário de alto escalão.

Nem é preciso dizer que o que mais intrigava e preocupava os funcionários da área de segurança nacional do governo era a proximidade com o presidente russo Vladimir Putin. Havia algo de estranho no modo como Trump jamais criticava Putin, apesar da grande vigilância que cercava seu relacionamento com a Rússia e das investigações em torno dele, e na verdade adotava políticas que beneficiavam o Kremlin, muitas vezes contrariando os interesses do povo americano. Sim, o governo Trump acabou por impor sanções a Moscou, mas só porque foi forçado pelo Congresso. Uma pergunta feita muitas vezes nas entrevistas coletivas e nos encontros com a imprensa na Casa Branca era por que o presidente não concordava com a conclusão da inteligência dos Estados Unidos de que a Rússia interferira na eleição de 2016.

Quando viajávamos pelo mundo com Trump em seus tumultuados périplos internacionais, o presidente adotava a linha do Kremlin em diversos temas. A OTAN, por exemplo. Novamente, grande parte dessa postura remonta à campanha, quando Trump se referia à aliança de décadas como "obsoleta", mas continuou com esse comportamento desconcertante já como presidente. Quando chegamos à Bélgica, em maio de 2017, para um encontro da OTAN em Bruxelas, Trump criticou mais uma vez a aliança. Uma das questões essenciais daquela viagem era se ele honraria o artigo 5 do estatuto da OTAN, que afirma que um ataque a um país membro da organização é um ataque a todos os países da aliança. A única vez que esse artigo foi posto em ação foi depois do Onze de Setembro, quando os países da OTAN se uniram e foram à guerra contra o Talibã e contra a Al-Qaeda no Afeganistão. Para começar, jamais deveria haver dúvidas sobre se um presidente americano honrará o artigo 5. A mera menção a essa possibilidade convida Putin a se meter nos assuntos de Estados menores da OTAN, como os países da região do Báltico. Trump havia sugerido durante a campanha que esse compromisso com o artigo 5 poderia estar atrelado ao fato de os Estados membros da aliança estarem ou não cumprindo seus deveres financeiros e destinando dois por cento de seu PIB para gastos de defesa. Alguns países falhavam nesse ponto.

Trump tentou vender essa ideia na OTAN em termos populistas, durante um discurso na sede da organização em Bruxelas, enquanto destilava críticas a aliados americanos.

"Vinte e três das 28 nações integrantes do acordo continuam não pagando o que deveriam pagar por sua defesa. Isso não é justo com o povo e com os contribuintes dos Estados Unidos", disse ele em seu discurso.

Em momento nenhum do discurso ele reafirmou explicitamente o compromisso dos Estados Unidos com o artigo 5. O secretário de Estado, Rex Tillerson, disse mais tarde a repórteres que Trump continuava apoiando aquela cláusula fundamental da OTAN. Mas será que apoiava mesmo? Como diria Trump: "Quem é que pode saber?" Falando de modo privado, funcionários da área de segurança nacional estavam cada vez mais preocupados com as reais intenções de Trump. E funcionários do corpo diplomático que trabalhavam na OTAN e em embaixadas estrangeiras em Washington com quem conversei começaram até a se perguntar se Trump poderia ser visto como um aliado quando se tratava da estabilidade europeia. Ninguém tinha como saber qual era o significado daquilo tudo, mas fontes do governo e da diplomacia me disseram que era preocupante. Publicamente, deve-se registrar, o secretário-geral da OTAN, Jens Stoltenberg, disse que a tática de Trump levou outros países a elevarem seus gastos com defesa.

O padrão teve sequência, como todos nos lembramos, durante o encontro com Putin em Hamburgo, na cúpula do G20 em julho de 2017. Trump e Putin haviam se encontrado a portas fechadas durante mais de duas horas em paralelo ao evento. Depois de terminada a reunião, o secretário Rex Tillerson disse aos repórteres que Trump pressionou Putin sobre a questão da interferência russa nas eleições. Isso parecia significativo, nós pensamos. Putin, segundo o secretário de Estado, negou a acusação. Mas os russos falaram de outro modo sobre a reunião a portas fechadas. O ministro das Relação Exteriores, Sergey Lavrov, disse a repórteres que Trump pareceu aceitar a versão de Putin e até mesmo admitiu que a história da interferência na eleição foi exagerada pela mídia americana. Aquilo parecia crível se se levassem em conta as críticas que Trump fazia à investigação de Mueller no Twitter. O que era ainda mais problemático, segundo reportagem do *Washington Post* publicada um ano e meio depois, em janeiro de 2019, é que Trump tentou evitar que as anotações feitas na reunião a portas fechadas vazassem e instruiu seu intérprete a não falar sobre o encontro. Além disso, Trump e Putin tiveram um encontro à parte depois do jantar no mesmo evento do G20 em Hamburgo, mas esse encontro só foi trazido a público dias depois. E Trump não levou seu próprio intérprete a essa reunião. Surgiu um vídeo dos dois líderes à mesa naquela noite. Trump pode ser visto no vídeo fazendo um gesto para Putin, indicando que queria levá-lo para um canto a fim de falarem a sós. Tudo isso só fazia crescer a especulação, na comunidade de segurança nacional americana, de que havia algo estranho no comportamento de Trump. Tudo era tremendamente intrigante.

Trump e Putin tiveram outro encontro peculiar naquele mesmo ano, na cúpula da Cooperação Econômica Ásia-Pacífico, no Vietnã. Naquela conversa, em novembro de 2017, Trump disse que ele e Putin voltaram a falar sobre as questões que ainda estavam em aberto quanto à interferência russa na eleição americana de 2016. Trump pareceu quase compreensivo ao contar como Putin havia negado tudo.

"Toda vez que me vê, ele diz: 'Eu não fiz isso', e eu realmente acredito nele, ele fala sério", afirmou Trump a repórteres no Air Force One. "Acho que ele fica bastante ofendido com esse assunto, o que não é bom para nosso país."

O comentário teve repercussões em Washington. Quem se importa se Putin está chateado com a investigação da procuradoria especial? O que pode ser mais importante do que investigar até o fim a conspiração de um adversário estrangeiro para interferir numa eleição americana? Republicanos e democratas concordam em grande medida que Putin pode vir a ter relações melhores com os Estados Unidos quando der um fim a suas ações de desestabilização. O ponto de vista de Trump parece se encaixar mais na retórica de Moscou do que nas preocupações dos dois partidos em Washington sobre a integridade da eleição. E era justamente isso que preocupava os integrantes de nossa equipe de segurança nacional. Esse foi um dos episódios considerados estranhos. Se tivesse acontecido só uma vez, daria para entender. Mas ocasiões em que se aceitava a versão do Kremlin dos fatos continuavam acontecendo, e Trump, com o passar do tempo, parecia mais convicto disso e mais simpático com os russos.

O comportamento pouco usual de Trump em relação a autocratas e ditadores se estendeu bem além de seu relacionamento com Putin. Como todos vimos durante sua viagem à Ásia em 2017, ele se aproximou do presidente chinês Xi Jinping antes de partir para as Filipinas, onde deu boas risadas com o brutal líder do país, Rodrigo Duterte.

Em Pequim, as boas relações entre Trump e Xi ficaram famosas. Xi estendeu o tapete vermelho para a visita de Trump à capital chinesa com o tipo de pompa e circunstância que outros líderes mundiais perceberam como o caminho para conquistar o presidente. Na Cidade Proibida, em Pequim, houve cenas de dança coreografadas com elegância. Xi disse a Ivanka que a filha dela se tornou obsessão nacional depois de cantar em mandarim para o povo chinês. Trump adorou aquilo tudo.

Uma autoridade graduada da Casa Branca reconheceu que os dois líderes criaram um vínculo de proximidade. Apesar de todas as críticas relativas ao relacionamento com Putin, essa autoridade me disse que o verdadeiro "romance" se dava entre Trump e Xi.

"O que me fascina é que ele é muito mais próximo do presidente Xi. E eu não consigo acreditar que a imprensa não fale tanto sobre isso", confidenciou-me essa autoridade.

Enquanto isso, jornalistas que cobrem a Casa Branca aprendiam o que de fato significa uma viagem à China. Nós precisávamos estar atentos o tempo todo para impedir ataques cibernéticos a nossos celulares. Quando aterrissamos em Pequim, tivemos de entregar celulares e laptops, que foram colocados em uma caixa de metal em nosso avião fretado. Usamos telefones e laptops descartáveis em vez dos nossos próprios aparelhos, para impedir que hackers os invadissem e causassem estragos. É um lembrete importante sobre as liberdades que consideramos normais nos Estados Unidos. Na China, não existe expectativa de privacidade, e certamente não existe respeito pela liberdade de pensamento.

Ter essa consciência sobre a importância da liberdade de pensamento e de expressão como valor essencial americano é algo que deveria ser compartilhado por todos os presidentes americanos, acredito. Durante uma viagem à China, em novembro de 2014, o presidente Obama realizou uma rara coletiva conjunta com Xi. O impressionante na coletiva foi que Xi realmente aceitou responder a uma pergunta de um jornalista americano, Mark Landler, do *New York Times*. Landler lhe fez uma pergunta dura sobre a liberdade de imprensa no país. E, de maneira notável, depois de inicialmente parecer que Xi ignoraria a pergunta, o presidente chinês de fato respondeu — não satisfez as expectativas de ninguém, exceto dos chineses, mas respondeu. Mais tarde soubemos que autoridades da Casa Branca, inclusive Obama, precisaram forçar a barra para convencer Xi a aceitar uma pergunta. Foi um momento fundamental da visita de Obama, que mostrava o compromisso americano em lutar por direitos no mundo todo.

Avance três anos para a suposta coletiva de imprensa de Trump com Xi. A equipe de Trump não fez o mesmo trabalho de convencimento. Portanto, não houve perguntas, o que significa que não foi de fato uma coletiva.

"Os chineses insistiram para que não houvesse perguntas hoje", disse Sanders aos repórteres. Pessoas que trabalharam na imprensa e em governos anteriores, tanto democratas quanto republicanos, reclamaram no noticiário que a equipe de Trump tinha falhado. Segundo esses veteranos, os chineses sempre se queixavam de perguntas. Eles nunca aceitam responder a perguntas pois não podem controlar o que os jornalistas americanos vão perguntar. Mas cabe à Casa Branca, incluindo o presidente americano, insistir que a imprensa tenha sempre permissão para realizar seu trabalho. Isso faz parte da defesa dos valores americanos no cenário mundial. Se os chineses querem que o presidente americano pose lado a lado com o líder deles, uma imagem de legitimidade e estabilidade repassada a seus cidadãos, então precisam respeitar os valores americanos. O problema no caso de Trump, claro, é que ele não está nem aí para a liberdade de imprensa.

Essa total falta de respeito à imprensa americana ficou ainda mais clara durante a visita de Trump às Filipinas. Em Manila, ele demonstrou mais uma vez seu gosto por autocratas brutais ao elogiar o líder do país, Rodrigo Duterte.

"Temos um ótimo relacionamento", afirmou num encontro bilateral com Duterte.

Depois de os dois líderes discursarem, repórteres tentaram fazer perguntas, mas foram ridicularizados.

"Vocês são espiões", disse Duterte, arrancando risadas de Trump. "Vocês são mesmo", continuou Duterte. Trump riu mais um pouco.

Duterte tinha bons motivos para evitar perguntas de repórteres americanos. Desde sua chegada ao poder, ele comandava uma violenta repressão a suspeitos de tráfico de drogas em seu país, campanha que resultou em milhares de execuções extrajudiciais e que causou indignação internacional. Jornalistas também são mortos nas Filipinas. Em 2017, ano da visita de Trump, as Filipinas apareceram em um ranking como o quinto país mais perigoso do mundo para jornalistas. Depois de revelar a brutalidade do regime de Duterte, uma colega jornalista e ex-correspondente da CNN nas Filipinas, Maria Ressa, foi acusada de evasão fiscal, acusação vista no mundo todo como retaliação do governo de Manila.

Caso a equipe de Trump tivesse feito seu dever de casa antes de chegar a Manila, teria descoberto que, em 2016, Duterte chegou a endossar a ideia do assassinato de jornalistas.

"Só pelo fato de ser jornalista, você não está livre de ser assassinado se for um filho da puta", disse Duterte, numa admissão chocante.

Apesar do histórico de assassinatos, Trump não quis pressionar o presidente das Filipinas na questão dos direitos humanos.

"A questão dos direitos humanos foi abordada rapidamente no contexto do combate às drogas ilícitas nas Filipinas", disse Sarah Sanders aos repórteres depois da visita de Trump a Duterte. Incrivelmente, ou talvez nem tanto, um porta-voz de Duterte contradisse Sanders, dizendo que o tema dos direitos humanos não foi abordado na conversa entre os dois líderes. Sanders estaria mentindo? Ou quem mentiu foi o pessoal de Duterte? Como podemos saber?

Mais tarde naquela noite, bebendo com autoridades de alto escalão da Casa Branca, falei para o general reformado do Exército H.R. McMaster, conselheiro de Trump para a segurança nacional, que Trump e Duterte pareciam se dar bem como velhos amigos. McMaster me lançou um olhar frio e não respondeu. Achei estranho que ele não pudesse dizer que sim nem que não antes de ir embora em silêncio.

Talvez este seja o momento de algum crítico dizer que "não estamos nem aí para um bando de repórteres chorões" e suas perguntas. Ou talvez você se pergunte: "Quem somos nós para dizer ao povo das Filipinas ou da China o que fazer?"

Porém, é exatamente esse o dever de um presidente americano no cenário mundial. Não, o presidente não deve assediar líderes de outros países, insistindo que vivam lá exatamente como vivemos aqui. Mas há alguns valores democráticos que podemos defender internacionalmente, como eleições livres e justas e imprensa livre. Sabemos que essas instituições são dignas de nossa defesa em função da qualidade de vida que temos nos Estados Unidos. Um presidente americano poderia dizer a um líder mundial que esses princípios devem ser respeitados porque ajudam a criar o tipo de condição invejável que tornam os Estados Unidos a sociedade mais próspera que a humanidade já conheceu.

Enquanto Trump viajava pelo mundo, fui percebendo, e tenho certeza de que o mesmo ocorreu com muitos colegas da imprensa, que outros líderes ocidentais e seus principais assessores começaram a se preocupar com o que estava acontecendo nos Estados Unidos. Ficara claro que líderes europeus diziam isso publicamente depois de suas negociações com Trump. O súbito caso de amor do presidente americano por líderes autocráticos, que ele não escondia, e seu comportamento errático, demonstrado em suas declarações e tuítes, se tonaram uma preocupação para a segurança nacional nos dois primeiros anos de sua presidência.

Mesmo descontados os temores com a possibilidade de dar início a um ataque nuclear unilateral, Trump tinha dado motivos mais do que suficientes para que nossos aliados se preocupassem. Mais do que qualquer outra coisa específica, havia uma percepção crescente de que já não se poderia contar que os Estados Unidos continuassem a desempenhar o papel geopolítico que haviam desempenhado por décadas, fosse honrando os compromissos com os aliados da OTAN, fosse pressionando os líderes chineses em questões ligadas aos direitos humanos.

Tudo isso preparou o cenário para a mais inusitada proposta de Trump até então: o convite para um encontro com o ditador mais opressor do mundo, Kim Jong-un, da Coreia do Norte.

Ao longo de 2017, Trump tinha promovido uma corrida armamentista retórica com Kim, que incluiu ameaças, xingamentos e todo tipo de comportamento típico da quinta série, mas enquanto isso, nos bastidores, ele tinha outros objetivos em mente. Trump claramente queria ter o encontro de cúpula definitivo com o ditador norte-coreano. Para dar crédito quando merecido, funcionários da Casa Branca de Trump e do Departamento de Estado, auxiliados por intensos esforços diplomáticos da parte dos sul-coreanos, conseguiram algo que parecia impensável ao marcar um encontro entre Trump e Kim.

Não é de surpreender que tenha havido turbulências ao longo do caminho, e, por um tempo, a cúpula chegou a ser cancelada depois que os norte-coreanos faltaram a uma sessão de planejamento e insultaram Mike Pence. Mas Trump deixou as portas abertas para que a reunião de cúpula ocorresse na carta que enviou a Kim cancelando o evento. A cúpula naufragada rapidamente se transformou em um constrangimento para a Casa Branca. Um funcionário da Agência de Comunicação da Casa Branca, um militar sem cargo político que faz a cobertura de áudio e vídeo das ações do presidente, cunhou uma moeda para comemorar o encontro entre Trump e Kim. Um de nossos produtores, Noah Gray, conhecido colecionador de moedas — item trocado entre agentes da lei e militares como sinal de amizade —, conseguiu uma das moedas recém-fabricadas. Depois que Noah soube das moedas, houve um burburinho nas áreas de imprensa da Casa Branca. Mas que diabo é isso?, todos pensamos. Isso vai viralizar. E de fato viralizou.

Fotos da moeda acarretaram uma avalanche de espanto e a certa ridicularização nas mídias sociais. A moeda mostrava Trump e Kim, frente a frente, com as palavras "Líder Supremo" ao lado da imagem do ditador norte-coreano. "Líder Supremo?" O secretário de Estado Mike Pompeo, em sinal de que o governo tentava elevar a estatura de Kim, já o chamava de "presidente Kim", uma expressão higienizadora para o verdadeiro papel do ditador na Coreia do Norte, que é de opressor do próprio povo. Os funcionários não políticos da Agência de Comunicação da Casa Branca receberam uma quantidade injusta de críticas por causa dessa moeda, que obviamente foi produzida com a melhor das intenções. Mas a moeda ilustrava algumas das preocupações compartilhadas pelos líderes mundiais diante da perspectiva de um encontro entre Trump e Kim. O que era necessário quando se confrontava o perigoso regime de Pyongyang eram avanços reais, não cenas teatrais saídas de um reality show.

Depois de uma semana, para alívio da comunidade global de colecionadores de moedas, a cúpula foi remarcada. Em 1º de junho, Trump e Pompeo foram até os microfones do Gramado Sul da Casa Branca e anunciaram que os preparativos estavam a pleno vapor. Houve grande alívio nos bastidores da Casa Branca. Ouvimos falar que um número incontável de autoridades da Ala Oeste, incluindo gente que viajou para fazer as negociações antecipadamente, tinha trabalhado intensamente para organizar o encontro entre Trump e Kim. Esses funcionários sabiam muito bem do orgulho que Trump sentia ao exibir a carta que recebeu do ditador norte-coreano como parte da correspondência para os preparativos do encontro. Em resumo, Trump parecia estar se dedicando mais a esse encontro com Kim do que a outros pontos de sua agenda de política exterior. De Seul a Washington, chegou-se a cogitar inclusive se ele poderia ser indicado para o Nobel da Paz. Um Nobel da Paz para Trump? Sempre que se questionava Trump sobre essa possibilidade, dava para ver seus olhos se arregalando. Era algo que ele queria muito.

Mais ou menos dez dias depois, estávamos todos num avião para Singapura para cobrir um dos encontros mais extraordinários de um presidente americano. Representei as redes de televisão no dia dos encontros entre os dois, que aconteceram em um belo resort em Sentosa, uma luxuosa ilha privada ao sul do centro de Singapura. Dizendo de maneira simples, minha equipe da CNN e outras equipes que cobriam aquele dia estavam na primeira fila para assistir à História.

Kim Jong-un, na tradução feita por seu intérprete, teve uma formulação melhor para descrever o dia:

"Muitas pessoas no mundo verão isto como uma espécie de fantasia, algo saído de um filme de ficção científica", disse depois de seu encontro inicial com Trump. Algo mais próximo de *Contatos imediatos de terceiro*

Kim, já que o ditador era o terceiro membro de sua família a governar a Coreia do Norte.

Trump e Kim tiveram uma série de conversas complexas que terminaram com o ditador ganhando uma volta na limusine presidencial, conhecida como "a Besta", enviada de avião a Singapura para fazer o deslocamento de Trump na ilha. Trump já não estava ameaçando pulverizar a Coreia do Norte nem usando expressões como "fogo e fúria" ou "Sujeitinho do Foguete". Aquilo tinha sido um flerte. Depois dos sauditas, de Putin, Xi e Duterte, nascia um romance com um novo ditador.

Surpreendentemente, pudemos fazer perguntas para os dois líderes depois de seu primeiro encontro. Trump declarou orgulhosamente que eles estavam a caminho de um "excelente relacionamento", apesar de só terem se encontrado pessoalmente uma única vez. Ele descreveu o líder norte-coreano como "muito talentoso".

Como você deve se lembrar da cobertura à época, tentamos também fazer perguntas a Kim, já que era uma rara oportunidade, porém irresistível, de fazer com que falasse sobre seus planos.

"Presidente Kim, o senhor vai encerrar o programa nuclear?", perguntou o repórter do *Los Angeles Times* Noah Bierman.

"O senhor vai abrir mão de suas armas nucleares?", eu tentei, sem sucesso.

Foi um dos raros momentos em que recebi elogios de pessoas da mídia conservadora, que perceberam que talvez *seja* bom ter um repórter fazendo perguntas a um ditador.

Kim não respondeu, mas o espetáculo não tinha acabado. Depois de um almoço de trabalho longe das câmeras, os dois líderes fizeram uma caminhada coreografada pelos exuberantes jardins do local do encontro. A caminhada foi ensaiada por dias, com funcionários da Casa Branca fazendo o papel dos dois líderes antes que Trump e Kim reproduzissem a cena de verdade diante das câmeras, segundo uma autoridade da Casa Branca me contou. O grupo de jornalistas, entre os quais este repórter, foi colocado no ponto em que Trump e Kim encerrariam seu passeio, parariam por alguns instantes e mudariam de rumo para sair de cena. Enquanto os líderes caminhavam em nossa direção, Trump apontava para o chão e Kim fazia que sim com a cabeça, como combinado. Trump e Kim então pararam a poucos metros de distância de onde estávamos, e o presidente declarou que o dia tinha sido um grande sucesso.

"Como está indo?", perguntou o correspondente da Reuters, Steve Holland.

"Muitos avanços", disse Trump. "Na verdade, melhor do que qualquer um poderia imaginar."

"Ele concordou em abrir mão das armas nucleares?", perguntei.

"O que será assinado?", perguntaram outros repórteres na sequência.

Fiquei o tempo todo com meu iPhone levantado, gravando a cena surreal. O vídeo ainda está no meu celular, na verdade. É louco demais para ser apagado. Kim, o mais célebre ditador do mundo, estava parado diante de mim. Ele era um pouco mais baixo do que eu esperava, e bastante jovial, com suas bochechas rechonchudas, e estava muito contente. Dificilmente alguém o acharia ameaçador, num contraste direto com sua reputação brutal. A aparência era mais a de um político.

Poucos minutos depois, fomos colocados na sala em que Trump e Kim assinariam seu acordo. Enquanto esperávamos os dois líderes aparecerem para botar a caneta no papel, houve uma cena inacreditavelmente caótica. Jornalistas americanos e representantes da televisão estatal da Coreia do Norte se acotovelaram e gritaram uns com os outros durante quase vinte minutos, empurrando-se para ficar em posição de capturar o momento em que Trump e Kim entrariam na sala. Várias autoridades e fotógrafos da Coreia do Norte tentaram empurrar o fotojornalista Evan Vucci, da Associated Press, mas Evan não cedeu. Então tentaram passar para o lugar onde eu estava, ao lado de Steve Holland. Os norte-coreanos também tentaram empurrar Steve. Holland, que é uma figura paterna maravilhosa e um sujeito incrivelmente amistoso, começou a acenar com as mãos, dizendo: "De jeito nenhum!" Eu trabalho perto de Steve há anos e nunca o vira tão irritado.

Então Trump e Kim entraram na sala e se sentaram a uma mesa diante de nós. Finalmente ouvimos a voz de Kim. Usando um intérprete, ele disse às várias autoridades e repórteres reunidos na sala que estava disposto a fazer concessões importantes aos Estados Unidos e ao resto do mundo.

"O mundo verá grandes mudanças", disse Kim.

Depois que os dois assinaram o acordo, tentei uma pergunta pela terceira vez.

"Sr. presidente, ele concordou em abrir mão das armas nucleares?", perguntei a Trump.

"Vamos começar esse processo muito rapidamente. Muito, muito rapidamente", respondeu ele.

Também tentei perguntar se Trump e Kim discutiram o caso do universitário Otto Warmbier, morto depois de ser colocado num campo de trabalhos forçados pelos norte-coreanos. Mas Trump não respondeu. Minha questão incomodou visivelmente a equipe americana. O conselheiro de Segurança Nacional, John Bolton, me olhou com raiva. Trump falara muitas vezes de Warmbier em outros momentos. Achei que, no mínimo, trataria do assunto e que talvez Kim parasse de tomar americanos como reféns.

Houve mais um indício de que minhas perguntas haviam irritado a equipe de Trump. Brad Parscale, coordenador da campanha de Trump para 2020, foi ao Twitter pedir mais uma vez que a Casa Branca retirasse minha credencial de imprensa.

Jim @Acosta deveria ter suas credenciais de imprensa imediatamente revogadas, tuitou Parscale. **Ele é uma absoluta vergonha!**

Pouco depois da cerimônia de assinatura, fomos levados a um salão de festas para fazer algumas perguntas — embora ninguém ainda imaginasse que Trump planejava dar uma entrevista coletiva depois do encontro.

"Seja bonzinho", disse Trump a mim ao me chamar para fazer uma pergunta. "Seja respeitoso", acrescentou.

"Serei bem respeitoso, senhor", respondi. E então fiz uma pergunta muito tranquila, uma vez que todos estávamos tentando entender o que havia acontecido.

O que Kim Jong-un tinha dito ao presidente, eu quis saber, que dava a ele a convicção de que os norte-coreanos não fariam mais seus joguinhos?

"Uma pergunta bastante razoável", respondeu Trump. "Ele foi muito firme quanto a querer fazer isso", continuou, sem oferecer uma resposta específica. Mas até mesmo Trump parecia inseguro.

"Nunca se sabe, não é?", acrescentou ele, como se desse de ombros. Foi um dos raros momentos de sinceridade de Trump. Ele sabia que poderia estar sendo usado. "Mas acredito que ele honrará o que está naquele documento", continuou, referindo-se ao acordo que acabara de assinar.

Eu havia devolvido o microfone para o funcionário da Casa Branca que veio pegá-lo. Mas, longe do microfone, perguntei a Trump se ele confiava em Kim.

"Confio. Confio", respondeu ele.

No fundo, foi uma conversa bem tranquila. Outros repórteres na coletiva foram mais agressivos, perguntando a Trump sobre o que ele e Kim tinham acabado de assinar, que pareceu ser um documento bastante inócuo. Onde estavam as garantias de que Kim abriria mão de suas armas nucleares de modo completo, irreversível e verificável?, quiseram saber outros. Era tudo questão de fé. Não havia garantias. No entanto, Trump tinha dado a Kim, um tirano que assassinara um sem-número de norte-coreanos, aquilo que ele queria: dividir o palco com o presidente americano. A equipe de Trump mais tarde ficaria sabendo quanto Kim se importava com seu arsenal nuclear. Os dois líderes voltaram a se encontrar para uma segunda cúpula no Vietnã. Os encontros se encerraram abruptamente sem acordo.

Depois da coletiva em Singapura, voltamos ao aeroporto e fizemos a maratona de volta a Washington, com uma escala para reabastecer em Honolulu. Apesar de ter conseguido pouco mais do que um acordo escrito de Kim, Trump e sua equipe deixaram Singapura sentindo-se vitoriosos. Trump definitivamente estava de bom humor. Ele foi à cabine de imprensa do Air Force One para conversar com os repórteres. Apertamos as mãos, e ele falou um pouco sobre o que pensava da sensação de estar face a face com o ditador norte-coreano. À época, Trump estava otimista, achando que havia conquistado algo, digamos, presidencial. Ele acabara de responder a perguntas de repórteres por uma hora e tinha plena consciência de que arriscara a sorte com Kim.

Trump tinha ido à cabine de imprensa de seu avião para conversar com repórteres em inúmeras ocasiões, mas quase todas essas conversas tinham sido em off. Nesse dia, enquanto decolávamos para Washington, ele não pareceu preocupado se iríamos citá-lo. Não houve animosidade. Não houve gritos de "fake news". Foi tudo estranhamente agradável. Pelo menos uma vez, parecia que Trump conseguira algo histórico. Claro, os norte-coreanos estavam enganando Trump, mas havia uma bela chance de essa cúpula inicial levar a um avanço importante algum dia. Trump sabia disso. Em poucos minutos, ele voltou à sua cabine do Air Force One.

Em retrospectiva, acho difícil entender o que se passava na cabeça de Trump naquele dia. Como percebemos mais tarde, ele estava, mais uma vez, enamorado por um ditador. Como disse a eleitores meses depois, ele e Kim "se apaixonaram". Trump relatou mais uma vez as cartas que os dois líderes trocaram durante os preparativos para o encontro em Singapura.

"Eu estava sendo durão, e ele também. E houve várias idas e vindas. E então nós nos apaixonamos, certo? Não, sério. Ele me escreveu belas cartas. E são grandes cartas. E então nós nos apaixonamos", disse à plateia.

Acho que nem preciso comentar isso.

Mas falando em coisas estranhas e surreais, enquanto voltávamos de Singapura, outro membro da equipe de Trump visitou a cabine de imprensa. Stephen Miller. Stephen e eu conversamos um pouco sobre a cúpula e depois começamos a falar, entre todos os assuntos possíveis, de lugares favoritos para se comer em Washington. Ele chegou a me perguntar qual era o meu emprego dos sonhos. (Todos estavam eufóricos depois de Singapura, quanto a isso não há dúvidas.) Nossa conversa foi agradável, muito diferente de nosso confronto na Sala de Conferências a respeito da Estátua da Liberdade. Outra repórter na cabine de imprensa, Catherine Lucey, da Associated Press, comentou que Stephen parecia ter ido à cabine de imprensa só para falar comigo. Eu também achei estranho, mas, no fim das contas, a minha postura era de quem tinha um trabalho a fazer, e isso significava que eu era perfeitamente capaz de deixar de lado seus insultos e ataques pessoais. Você tem de ser diplomático. Não deixar que vejam que você sente o golpe. Se Stephen queria deixar de lado nossos pontos de vista opostos sobre imigração e falar sobre a cena gastronômica de Washington, eu podia muito bem fazer isso.

Nem todo mundo na equipe de Trump sabia ser civilizado. Enquanto estávamos na pista do aeroporto em Honolulu durante uma parada para reabastecer, aproveitando o sol havaiano por cerca de quarenta minutos, Steve Holland perguntou se eu faria uma foto com ele e Sarah Sanders. Sarah fez a foto a contragosto, depois de reclamar que não queria posar ao meu lado. Isso sem motivo nenhum; eu estava tentando ser simpático. Ela não estava no clima.

"Qual é o sentido? Você vai voltar [para Washington] e dizer coisas ruins sobre a gente", disse ela. Eu só sorri e voltei para meu assento no Air Force One.

Mas uma reação mais ácida ao meu trabalho estava à minha espera quando cheguei a Washington. Depois de horas dormindo, e sem wi-fi (característica irritante da cabine de imprensa do Air Force One), rolei a tela para ver as notificações de minha conta no Instagram. Havia dezenas de mensagens de eleitores de Trump, que viram o tuíte de Parscale sobre as perguntas que fiz na assinatura do acordo em Singapura. Os comentários deixados sob as fotos da cúpula que publiquei no Instagram eram bem mais sinistros do que a ameaça de Brad de retirar minhas credenciais. Eu começava a ver mais indícios de que o efeito cascata da câmara de eco de Trump estava crescendo e se tornando mais sombrio.

"Mal posso esperar pelo dia em que milhões de caras como eu vão bater na sua porta e fazê-lo passar pelo corredor polonês do sofrimento até a guilhotina, seu merda", escreveu um usuário do Instagram, num comentário truncado e cheio de erros de ortografia. "Se eu fosse o presidente Trump, acho que mandaria os fuzileiros navais atrás de você para botar uma bala na sua cabeça pelo que você fez", acrescentou o comentarista.

Isso só acontece em ditaduras, como a Coreia do Norte, não em democracias.

Pode-se dizer que o encontro com um ditador recluso e opressor foi provavelmente a iniciativa mais bem executada de Trump desde a posse. Essa cúpula foi sua façanha, seu momento, mas, mais do que isso, os vários burocratas mesquinhos do mundo de Trump tinham finalmente baixado a guarda por tempo suficiente para que algo quase desse certo. Pelo menos era a impressão no momento. O acordo assinado pelos dois líderes não dizia grande coisa. Era inócuo, não fazia exigências para que Kim abandonasse seu programa de armas nucleares; mas era um primeiro passo. Mesmo assim, o espetáculo em Singapura quase mostrou o tipo de coisa que seria possível caso a Casa Branca não fosse aquele pesadelo operacional disfuncional desde a posse. Aquilo demonstrou que Trump poderia ser mais do que um presidente que só sabe fazer uma única coisa.

Mesmo assim, não me iludi achando que seria um sinal de mudança no governo. Se houve algo que aprendemos repetidas vezes desde a posse de Trump é que seu comportamento nunca muda. Isso vale para o que viria depois de Singapura, quando Trump embarcou em um dos momentos mais mal refletidos e problemáticos de sua presidência: um encontro com Vladimir Putin em Helsinque.

10

Humilhado em Helsinque

Como os fatos demonstram hoje, Hillary Clinton certamente estava no caminho certo em seu último debate com Donald Trump em Las Vegas, em outubro de 2016. Naquele debate, Hillary citou uma preocupação que tinha tomado conta da comunidade de inteligência americana: a possibilidade de hackers trabalhando para os russos terem se unido ao WikiLeaks para divulgar informações prejudiciais obtidas por meio de ataques cibernéticos a pessoas do Partido Democrata, num grande esforço para enfraquecer a candidata do partido. Isso foi muito antes do início da investigação do procurador especial Robert Mueller sobre um possível conluio entre a campanha de Trump e a Rússia, um inquérito que acabou não comprovando a existência de conspiração. Hillary já havia feito a conexão entre a invasão das contas de democratas e a simultânea adesão de Trump a grande parte da agenda política do Kremlin: enfraquecer a OTAN, abandonar a Ucrânia e assim por diante.

O diálogo entre Hillary e Trump sobre a aparente interferência russa no processo democrático americano pode ter sido incompreensível para muita gente na época. Não foi algo sensacional, como as revelações do vídeo do *Access Hollywood*. "Pegar pela boceta" era algo que as pessoas entendiam; hackers e WikiLeaks, pelo menos à época, eram coisas mais complicadas e abstratas. As palavras de Hillary naquele debate serviram unicamente de gatilho para uma conversa sórdida com o candidato do Partido Republicano. No fim das contas, o alerta que ela fez em Las Vegas, de que Trump poderia muito bem ser um "fantoche" de Putin, ficou em Vegas. Ainda assim, é uma leitura fascinante:

> HILLARY: Por isso acho que a pergunta mais importante desta noite, Chris, é se finalmente Donald Trump vai admitir que os russos estão fazendo isso, se vai condená-los por isso, e se vai deixar claro que não terá ajuda de Putin nesta eleição.

Trump jamais respondeu de fato à acusação sobre o WikiLeaks. Em vez disso, ele e Hillary iniciaram uma guerra de insultos. A tática funcionou para Trump, que continuou defendendo a necessidade de melhores relações com a Rússia, algo que o Kremlin evidentemente também queria. Ele desviou completamente da pergunta:

> TRUMP: Podemos falar sobre Putin. Eu não o conheço. Ele disse coisas boas a meu respeito. Se nos dermos bem, isso será bom. Se a Rússia e os Estados Unidos se derem bem e forem atrás do Estado Islâmico, isso será bom. Ele não respeita você [Hillary Clinton]. Ele não respeita nosso presidente.

Depois de mais alguns momentos, aconteceu algo que, em retrospecto, foi um momento seminal da campanha.

> HILLARY: Bom, isso é porque ele prefere ter um fantoche como presidente dos Estados Unidos.
> TRUMP: Fantoche não. Fantoche não.
> HILLARY: E está bem claro...
> TRUMP: Você que é o fantoche!
> HILLARY: Está bem claro que você não vai admitir...
> TRUMP: Não, você que é o fantoche.

HILLARY: ... que os russos fizeram ataques cibernéticos contra os Estados Unidos, que você incentivou a espionagem contra o nosso povo, que está disposto a adotar a linha de Putin, fazendo tudo que ele deseja, acabar com a OTAN, fazer tudo que ele quiser, e continuar recebendo a ajuda dele, porque ele tem um favorito muito claro nessa disputa.

Foi um diálogo estranhamente premonitório.

Em uma mensagem de texto enviada a mim, um ex-assessor importante da campanha de Hillary, reavaliando o debate em Vegas, escreveu: "Parecia fantástico demais para ser verdade, MAS É." Foi esse conselheiro que colocou a segunda parte em maiúsculas, não eu.

No verão de 2018, quase dois anos depois de Hillary chamar Trump de fantoche, parecia que Trump se esforçava para mostrar que ela estava com a razão, por meio de uma série incessante de ataques à investigação russa, de sua campanha contra a imprensa que cobria o tema e da erosão que vinha causando em políticas duradouras dos Estados Unidos que deixavam Putin insatisfeito. Quando não eram seus encontros com Putin no cenário internacional que levavam as pessoas a arquear as sobrancelhas, era sua retórica sobre a OTAN e sua recusa em aceitar a avaliação feita pela comunidade de inteligência de que a Rússia havia interferido em nossa eleição. Acrescente a isso as acusações decididamente *reais* feitas pela investigação russa e parecia haver cada vez mais indícios de que a relação entre Trump e Putin era, na melhor das hipóteses, questionável.

Antes do verão de 2018, porém, essa sensação incômoda causada pelo aparente bom relacionamento entre Trump e o autocrata russo se resumia, em grande parte, a uma série de interações ocasionais, processos judiciais e relatos da imprensa. Encontros entre os dois e declarações de Trump revelavam a relutância geral de Trump em desafiar Putin, mas o retrato completo das interações entre os dois ficava a cargo da imaginação do público. O que exatamente estava acontecendo entre esses dois? A própria equipe de segurança nacional de Trump não tinha certeza, segundo uma autoridade da área que trabalhou no governo Trump.

A blindagem que ocultava grande parte do relacionamento incomum entre os dois pareceu cair em julho de 2018, quando Trump encontrou Putin numa cúpula em Helsinque. Tendo em vista o destaque que se dava à época à investigação sobre a Rússia, era um momento crucial para ocorrer uma reunião que colocaria o relacionamento entre Trump e Putin em destaque para o mundo inteiro ver. Na verdade, no verão de 2018, a investigação de Mueller já tinha mais de um ano, e nesse período relativamente curto demonstrou ser uma das operações mais bem-sucedidas e eficientes da procuradoria especial na história do Departamento de Justiça. Já havia indícios mostrando várias tentativas dos russos de entrar na órbita de Trump, vários indiciamentos tinham sido feitos e outros estavam o tempo todo a caminho.

Embora muita coisa relativa à investigação russa continuasse não esclarecida, havia muitas outras que o público já sabia sobre o que acontecera entre a campanha de Trump e a Rússia. Para citar um exemplo, a investigação sobre Michael Flynn acabou levando Flynn a cooperar com a procuradoria, mas várias outras pessoas próximas à campanha de Trump também foram indiciadas. George Papadopoulos, consultor da campanha de Trump para política externa, foi indiciado por mentir ao FBI. Paul Manafort, ex-coordenador de campanha de Trump, foi indiciado por várias acusações relacionadas a crimes financeiros e a trabalhos feitos na Ucrânia. Mais tarde ele foi condenado a mais de sete anos de prisão em dois processos diferentes na justiça federal. Rick Gates, subordinado a Manafort, foi indiciado por acusações semelhantes e decidiu cooperar com a Justiça. Um punhado de outros indivíduos foi indiciado por mentir ao FBI. E, claro, havia o caso de Roger Stone, um sujeito que passou a vida fazendo trabalhos sujos para o Partido Republicano, inclusive durante o mandato de Nixon, e que voltou à berlinda na investigação russa, acusado pelo procurador especial Robert Mueller de ser um elo fundamental, segundo os procuradores, entre o esforço do WikiLeaks para vazar e-mails prejudiciais sobre Hillary e pessoas ligadas à campanha de Trump. Procuradores federais também indiciaram treze russos e três empresas russas por terem supostamente participado da conspiração relacionada à propaganda russa para influenciar a eleição de 2016.

Houve, é claro, o encontro na Trump Tower em 2016, em que Don Jr., Jared Kushner e Paul Manafort se reuniram com a advogada russa Natalia Veselnitskaya, que tinha relações com o Kremlin. A Casa Branca a princípio mentiu sobre o verdadeiro objetivo da conversa, dizendo em sua primeira nota que o assunto eram adoções de crianças russas, mas posteriormente e-mails de Don Jr. revelaram que o objetivo da reunião era obter informações prejudiciais sobre Hillary. Uma campanha mais ética e experiente teria ido imediatamente ao FBI para falar sobre as propostas dos russos. Não só a nota sobre o objetivo da reunião era falsa, mas também a afirmação de Sarah Sanders de que Trump não havia ditado a nota.

Isso ficou absolutamente claro em junho de 2018, quando Sanders foi confrontada com sua própria narrativa falsa. O *New York Times* relatou que a equipe jurídica externa do presidente havia entregado uma carta para o gabinete do procurador especial naquele mesmo ano, respondendo a algumas perguntas feitas pela equipe de Mueller. Uma das respostas dadas pelos advogados de Trump foi que, sim, de fato o presidente havia ditado a carta sobre o encontro de Don Jr. De repente, havia provas de que a declaração anterior de Sanders era falsa. Em 5 de junho de 2018, Jordan Fabian, do site The Hill, e Josh Dawsey, do *Washington Post*, pediram que Sarah se explicasse. A essa altura, Sanders começava a usar uma nova estratégia nos encontros com a imprensa, atribuindo a responsabilidade por certas perguntas aos advogados do presidente.

> FABIAN: Qual é o motivo dessa discrepância?
>
> SANDERS: Como você disse, estamos tratando de uma carta da equipe jurídica externa, e peço que converse com eles para que respondam à sua pergunta.

DAWSEY: Sarah, as palavras são literalmente... você disse que ele não ditou. O advogado disse que ele ditou. Qual é a verdade? Ou é uma coisa ou outra.

SANDERS: Não vou responder sobre uma carta da equipe jurídica externa do presidente. Nós decidimos deliberadamente criar um isolamento entre as partes e peço que converse com eles caso deseje um comentário.

Como em tantas outras coisas na Casa Branca de Trump, essa história toda — tanto o encontro na Trump Tower durante a campanha quanto a resposta factualmente incorreta da Casa Branca à notícia de que a reunião ocorreu — trazia à tona uma questão fundamental sobre o motivo. Afinal, por que tanta mentira? Mentiram sobre Trump ter autorizado a nota. Mentiram sobre o verdadeiro objetivo da reunião. As declarações equivocadas e a blindagem, para muitos repórteres que cobriam a presidência Trump, pareciam fazer parte de um padrão de comportamento mais amplo. Se não tivessem nada a esconder, por que tantas mentiras? Outra vez, surgiam perguntas importantes. Dentro da equipe de Trump, vários assessores me disseram que não viam problema em enganar a imprensa. Mas mentir para investigadores federais era bem diferente, eles perceberam. Porém, nem todo mundo recebeu essa orientação, por assim dizer. Gente envolvida na investigação russa foi indiciada por mentir ao FBI. Quanto mais a investigação durava, maior a quantidade de pessoas ligadas a Trump mentindo sobre a Rússia. E, à medida que as mentiras se acumulavam, parecia muito estranho acreditar que tudo não passava de coincidência. Uma pergunta essencial, claro, era até onde iriam as mentiras.

Essas mentiras pareceram ainda mais preocupantes quando os advogados de Trump, sob a liderança do ex-prefeito de Nova York, Rudy Giuliani, passaram a afirmar que um presidente americano não poderia ser indiciado enquanto estivesse no cargo. A chegada de Giuliani ocorreu depois de uma reorganização atordoante na equipe jurídica de Trump. O principal advogado externo do presidente, John Dowd, havia abandonado o barco, assim como o advogado da Casa Branca, Ty Cobb, que, conforme noticiei na época, se cansou dos tuítes de Trump sobre a investigação russa. Cobb, ex-procurador federal, simplesmente não aceitava a estratégia de Trump de demonizar o procurador especial Robert Mueller, segundo me contou uma fonte próxima a Ty.

Uma fonte de dentro da equipe jurídica de Trump confirmou que os ataques do presidente à investigação de Mueller, assim como as entrevistas agressivas de Giuliani, eram basicamente parte da estratégia de minar a confiança do público na investigação. A estratégia surgiu em função de uma série de pesquisas de opinião que mostravam periodicamente que a população se opunha à escalada da investigação russa.

"Presuma que nada foi feito sem uma estratégia", disse a fonte.

Dowd e Cobb acreditavam em uma estratégia de cooperação com Mueller para encerrar a investigação o mais rápido possível. Cobb discutiu com Trump por causa dos tuítes sobre Mueller e a investigação, achando que eles prejudicavam o presidente. Ty era um dos mocinhos na Casa Branca, alguém que realmente gostava de trabalhar com a imprensa. Era visto com frequência em bares de Washington, bebendo com repórteres, às vezes até tarde da noite. (Uma noite, um grupo de repórteres de que eu fazia parte se encontrou com Ty no Exchange, um bar perto da Casa Branca que é popular entre os estudantes da Universidade George Washington. Como costumam fazer às quintas-feiras depois de uma noite jogando kickball, os alunos estavam jogando "vira copo". Um grupo de millenials convidou a mim e Ty para jogar. "Não, não", dissemos. Valeu pelo convite. Eles não aceitaram nossa negativa. Vira copo é basicamente um jogo em que se tenta ser mais rápido que os outros na tarefa de beber um copo de cerveja e depois lhe dar petelecos até que vire de cabeça para baixo. Se quiser mais explicações, há vídeos no YouTube. Ty conseguiu de primeira. Lamento dizer que eu precisei de mais algumas tentativas.)

Rudy Giuliani era menos jovial. Giuliani entrou em cena com uma nova estratégia. Nada de cooperação; a ideia era um combate, tanto contra a imprensa quanto contra Mueller, e o ex-prefeito de Nova York repentinamente se ofereceu para uma quantidade infinita de entrevistas na TV, que só pareciam acrescentar mais névoa à discussão sobre a Rússia. Giuliani tinha sido procurador e no auge da carreira mandou mafiosos para a prisão, e agora fazia uma argumentação jurídica impressionante, afirmando, por exemplo, que um presidente americano não pode ser indiciado nem preso enquanto estiver no cargo, independentemente do crime. Era um argumento inacreditável. Estaria ele dando a entender que Trump estava encrencado juridicamente? O mais provável é que estivesse somente incluindo algo sem sentido no noticiário para mudar a narrativa, uma marca registrada do modo magistral como Trump manipula a mídia.

"Em nenhum caso ele pode ser intimado ou indiciado. Não sei como seria possível indiciá-lo no cargo. Não importa o que for. Se atirasse em James Comey, ele sofreria impeachment no dia seguinte", disse Giuliani ao *Huffington Post*.

No mesmo encontro com a imprensa em que Fabian e Dawsey tentaram fazer Sanders se explicar, repórteres perguntaram a ela se Trump havia ditado a carta. Perguntei se ela poderia defender um comentário de Giuliani segundo o qual Trump não poderia ser indiciado nem mesmo se atirasse em James Comey.

> ACOSTA: Será que é adequado o advogado do presidente falar dessa forma sobre o presidente atirar em Jim Comey?
> SANDERS: Você teria que fazer essa pergunta a Rudy Giuliani. Mas felizmente o presidente não fez nada de errado e, portanto, estamos muito tranquilos em relação a isso.

Como se já não estivéssemos falando de algo suficientemente hipotético, um dia antes, Trump havia tuitado que poderia dar indulto a si mesmo.

@realDonaldTrump
Como afirmado por inúmeros estudiosos do Direito, tenho o direito absoluto de conceder INDULTO a mim mesmo, mas por que eu faria isso se não fiz nada de errado? Enquanto isso, a infindável Caça às Bruxas, liderada por 13 Democratas muito Furiosos e Conflituosos (& outros), continua rumo à eleição legislativa!
7h35 — 4 jun, 2018

Tudo isso estava em debate no momento em que os jornalistas se preparavam para viajar para Helsinque. O encontro extraordinário entre os dois líderes estava envolto em perguntas e dúvidas: o que realmente estava acontecendo entre eles? Eu não me esquecia de que até mesmo alguns membros da própria equipe de segurança nacional de Trump estavam pouco confortáveis com o comportamento bizarro do presidente em relação a Putin. Eles também tinham dúvidas quanto àquilo.

Por mais convincentes que fossem as diferentes linhas de investigação sobre a Rússia, elas ainda não haviam sido costuradas em público para formar uma acusação resistente de conspiração com Moscou. Ao se afastar para ver o quadro geral e seguir a gigantesca teia de mentiras contadas ao longo dos anos pelo homem mais poderoso do mundo, era possível começar a compreender, mas ainda havia muitos pontos de interrogação. Como sempre digo às pessoas nos eventos em que sou convidado a falar, provar que Trump havia de fato agido em conluio com os russos numa espécie de conspiração criminosa seria tremendamente difícil. Tendo em vista a reputação de Mueller como o atirador mais certeiro de Washington, é impossível imaginar que ele fizesse uma acusação sem ter provas absolutamente cabais contra o presidente. Qualquer coisa diferente disso seria devastador para o legado de Bob Mueller.

Apesar dos indiciamentos resultantes da investigação de Mueller e das manchetes que ela gerou, pode-se dizer que o elemento mais chamativo e mais demolidor da história sobre Trump e a Rússia não veio de um processo judicial nem de uma delação, mas da completa capitulação do presidente diante de Putin no encontro que os dois tiveram em Helsinque. Viajando com Trump nos dias que antecederam a cúpula, comecei a perceber que os Estados Unidos estavam prestes a viver um momento profundamente humilhante diante do mundo.

Antes do fiasco na Finlândia, Trump parou em Bruxelas, onde mais uma vez atacou integrantes da OTAN por não cumprirem com seus gastos obrigatórios em defesa. Ele foi ainda mais longe ao falar de questões comerciais, reclamando de sobretaxas impostas a produtos americanos por países da União Europeia. Em uma entrevista para a CBS, Trump chamou a União Europeia de "inimiga" em função de suas práticas comerciais. Uma autoridade alemã respondeu, dizendo: "Já não podemos confiar plenamente na Casa Branca."

Previsivelmente, houve discussões nos bastidores do encontro entre Trump e os demais chefes de Estado em função de todas essas questões. Como noticiei na época, uma fonte diplomática ocidental descreveu que houve no encontro da OTAN uma conversa "acalorada" sobre as ofensas de Trump. Saindo de Bruxelas, Trump deixou a mais importante aliança militar americana desgastada, mais um presente a Putin.

Em entrevista coletiva convocada às pressas, anunciada quando os jornalistas que cobrem a Casa Branca, inclusive eu, estavam a caminho de Londres para a próxima escala de Trump, o presidente atacou mais uma vez a OTAN, dizendo acreditar que tinha autoridade para retirar os Estados Unidos da aliança sem precisar da aprovação do Congresso. Era uma afirmação bastante irresponsável para um presidente. Claro, o Congresso quase certamente bloquearia a tentativa de Trump de se retirar da OTAN, mas a mera menção a essa possibilidade mandava um recado claro a Moscou de que a aliança estava fragilizada — uma curiosa mensagem dada no momento em que Trump estava prestes a se encontrar com Putin. Um diplomata ocidental me disse mais tarde que grande parte da discussão de bastidores durante o tempo que Trump passou na Europa antes de ir a Helsinque se concentrou em convencer o presidente da importância da OTAN. Não é de se espantar que os aliados dos Estados Unidos começassem a duvidar de seu compromisso com a aliança que impedia a Rússia de ganhar terreno havia gerações. Esse tipo de conversa com um presidente americano jamais deveria ser necessário, afirmou o diplomata.

O comportamento desestabilizador de Trump não terminou ali. Enquanto o presidente e a imprensa seguiam para a Grã-Bretanha, Trump e eu tivemos mais um confronto, dessa vez em uma entrevista coletiva conjunta com Theresa May em Chequers, o retiro oficial da primeira-ministra britânica na região de Londres. Eu não achei que Trump fosse me escolher para uma pergunta naquela coletiva; nesses ambientes, ele preferia escolher a Fox News. Além disso, ele já havia deixado claro em várias ocasiões o que pensava da CNN e deste que vos escreve. Mas, como repórter, você tem de estar pronto. Com Helsinque se aproximando rapidamente, meu objetivo era perguntar a Trump se ele planejava dizer a Putin para não se meter nas eleições americanas no encontro entre os dois. Eu achava que ele já havia enrolado demais sobre a questão da interferência russa. Achava que seria um avanço na cobertura de Trump e Putin descobrir se ele planejava dizer ao líder russo que parasse de interferir em nossa democracia.

A viagem até Chequers foi meio doida. Nossos ônibus de imprensa quase não conseguiram passar pelas estradinhas estreitas que levavam ao local onde aconteceria a coletiva. Com floresta dos dois lados, dava para sentir os galhos raspando no teto dos veículos e se quebrando enquanto os ônibus abriam caminho até chegar a um belo pomar de macieiras em que as tendas de imprensa tinham sido armadas para nossa chegada. Alguns dos meus colegas me provocavam por eu estar lendo um livro sobre Winston Churchill e Franklin Roosevelt, escrito pelo historiador americano Jon Meacham. (Eu tinha desenvolvido uma breve obsessão por Churchill naquele ano, depois que o filme *O destino de uma nação* chegou aos cinemas.)

A primeira-ministra May abriu a coletiva com as amabilidades de costume. Agradeceu Trump por expulsar dezenas de russos dos Estados Unidos depois de o Kremlin ter supostamente envenenado um ex-agente da KGB em solo britânico. (O governo Trump diz que ações desse tipo são prova de que não havia nada de errado entre Trump e Putin, deixando de lado de modo conveniente anos de comentários desconcertantes do presidente sobre o líder russo.) Depois anunciou que ela e Trump responderiam a quatro perguntas, tanto de jornalistas americanos quanto de britânicos. May escolheu um repórter da BBC, e Trump escolheu em seguida Kristen Welker, da NBC News. Welker fez a pergunta correta, que era se as críticas de Trump à OTAN e a May não faziam exatamente o jogo de Putin. Trump não gostou da pergunta e passou para o ataque.

"Veja só, essa é uma pergunta desonesta porque... claro, é a NBC, que talvez seja ainda pior do que a CNN", disse.

Lá vamos nós de novo. Sem nenhuma provocação, Trump mais uma vez atacava a CNN em uma coletiva transmitida para o mundo todo. Se ele nos atacaria nominalmente, pensei, nós deveríamos ter direito a uma pergunta, assim como na Trump Tower, em janeiro de 2017. Para mim, era simples: ele nos ataca, nós temos direito a uma pergunta. Minutos depois, Trump escolheu John Roberts, da Fox News.

Foi aí que me intrometi. Trump estava pronto para a briga.

ACOSTA: Presidente, como o senhor atacou a CNN, posso fazer uma pergunta...

TRUMP: John Roberts, vá em frente. Vá em frente, John.

ACOSTA: Posso fazer uma pergunta? (Inaudível.)

TRUMP: Não, não. John Roberts, vá em frente. A CNN é fake news. Eu não respondo perguntas... eu não respondo perguntas da CNN. A CNN é fake news. Eu não respondo perguntas da CNN. John Roberts, da Fox. Vamos a uma rede de TV de verdade. John, pode perguntar.

ACOSTA: Bom, presidente, nós também somos uma rede de verdade.

Trump teve a coragem de chamar a Fox News de "rede de TV de verdade". Tem gente boa na Fox — especialmente Shephard Smith, que se mostrou disposto a pressionar Trump —, porém outros âncoras da Fox, como Sean Hannity e Tucker Carlson, basicamente serviram como agentes de propaganda de Trump. No início de 2019, a *New Yorker* publicou um extenso perfil detalhando o bom relacionamento entre a Casa Branca de Trump e a Fox News. Eu assisti a tudo aquilo em primeira mão. A Casa Branca vinha fazendo uma campanha contínua de intimidação contra a CNN, ao mesmo tempo que dava à Fox acesso exclusivo a Trump. À exceção de algumas estrelas da Fox, a rede tinha se tornado uma TV estatal de Trump. Eu gostava de descrever a rede como um canal "apoiado pelo Estado", já que Trump fazia muita coisa para apoiar a Fox. Como um espectador fiel do programa matinal da TV conservadora, o *Fox and Friends*, Trump sempre escrevia tuítes sobre os segmentos do programa que falavam bem do Partido Republicano, o tipo de propaganda que o dinheiro não pode comprar. Ele mantinha distância dos jornalistas decentes da Fox, como Shepard Smith e Bret Baier. Mas ficava feliz ao conversar com os puxa-sacos, como Hannity, que era próximo do diretor de comunicação da Casa Branca, e Bill Shine, um antigo executivo da Fox News que saiu da emissora para trabalhar com Trump. Como parte da rescisão ao sair da Fox, Shine continuava sendo pago pela Fox enquanto trabalhava para a Casa Branca, um conflito de interesses atordoante. Durante a campanha, era possível ver Shine orquestrando entrevistas com Trump para personalidades da Fox. A Casa Branca e a Fox estavam trabalhando juntas como unha e carne.

Quanto à minha interrupção na coletiva em Chequers, eu tinha deixado claro o meu argumento; tinha registrado minha queixa. E Roberts fez a sua pergunta.

Enquanto Trump respondia à pergunta de John, depois de me chamar de "fake news", olhei para Theresa May, que também estava olhando para mim, como quem diz: "Não acredito que isso acabou de acontecer." Um diplomata britânico me contou mais tarde que eles também ficavam revoltados com os ataques de Trump à imprensa. Mas o que exatamente deveriam fazer quanto a isso?, pensei. Essa batalha é nossa, não deles. Enquanto Trump e May deixavam a coletiva, tentei uma última vez:

"O senhor vai pedir a Putin que não interfira nas eleições americanas?", perguntei.

"Sim", respondeu Trump.

Mesmo depois de nosso confronto, ele respondeu.

Um aparte rápido: devo dizer que não acho que a pergunta sobre a Rússia tenha sido o momento mais importante da coletiva em termos jornalísticos. O mais relevante foi quando Trump fez aquele que, até hoje, talvez seja seu comentário mais sincero sobre o tema da imigração. (Como disse antes, embora Trump possa ser desonesto, às vezes ele também é de uma sinceridade impressionante.)

"Eu simplesmente acho que isso está mudando a cultura. Acho que é algo muito negativo para a Europa. Acho que é muito negativo", disse sobre o impacto da imigração na cultura europeia. "E sei que não é politicamente correto dizer isso. Mas vou dizer e vou dizer em alto e bom som. E acho que eles deveriam se cuidar, porque a cultura está mudando. Muitas coisas estão mudando. A segurança está mudando."

Eis aí: Trump estava falando em código sobre o que vê nos Estados Unidos, ecoando os radicais da estrema direita na Europa que lamentam a chegada de migrantes vindos de países devastados pela guerra, como a Síria. May merece crédito por ter respondido aos comentários de Trump, soando mais comprometida com a tradição americana de dar boas-vindas aos imigrantes do que o próprio presidente americano. Ela rejeitou a ideia de que a imigração tenha sido "algo negativo" para a Europa. Era um comentário e tanto vindo de uma primeira-ministra do Reino Unido, um país cujos líderes gastaram grande dose de energia diplomática para manter um "relacionamento especial" com os Estados Unidos. Também é digno de nota o fato de May ser a líder do Partido

Conservador britânico e estar tentando concluir o Brexit, a tumultuada saída do Reino Unido da União Europeia. Ela estava longe de ser uma liberal radical.

"O Reino Unido tem orgulho de sua tradição em dar boas-vindas a pessoas que estão fugindo de perseguições em seus países", declarou May, num comentário que soou imediatamente como uma crítica à visão de Trump sobre imigração. "Nós nos orgulhamos por receber pessoas que vêm a nosso país para contribuir com nossa economia e para contribuir com nossa sociedade. E, ao longo dos anos, a imigração em geral tem sido boa para o Reino Unido", acrescentou. Uma fonte diplomática britânica disse que os comentários de May deixaram orgulhosas as autoridades que foram a Chequers participar da coletiva. A equipe de May estava feliz com a primeira-ministra nos bastidores, segundo me disseram. Ela havia repudiado a xenofobia de Trump. Era mais um sinal claro vindo de um importante aliado americano de que a retórica profundamente perturbadora de Trump precisava ser desafiada.

Trump ainda não estava satisfeito, mesmo depois de recusar minha pergunta. No dia seguinte, ele postou um tuíte declarando que tinha saído por cima em Chequers.

@realDonaldTrump
Muito engraçado! Acabo de conferir a CNN Fake News, pela primeira vez em muito tempo (os índices de audiência deles são horríveis), para ver se eles cobriram o modo como desmontei Jim Acosta ontem (que na verdade é um sujeito bacana). Não cobriram! Mas disseram que já perdi no meu encontro com Putin. Fake news...

Ele se esqueceu de mencionar o fato de eu ter feito uma pergunta enquanto ele saía da coletiva. Mas tudo bem. Mesmo assim, ele acertou uma coisa, que mencionei no meu tuíte em resposta ao dele.

@Acosta

Desmontou? Acho que não. Talvez a gente possa ter um jogo menos desigual da próxima vez, se o senhor responder a minha pergunta. (O senhor tem razão sobre uma coisa. Eu sou um sujeito bacana.)

Eu me lembro do momento em que vi o tuíte de Trump. Eu e minha produtora naquela viagem, Allie Malloy, estávamos andando pelo St. James's Park, em Londres, passeando um pouco pela cidade antes do voo para a Finlândia. Allie e eu olhamos para as telas travadas de nossos iPhones quando surgiu a notificação do tuíte de Trump sobre mim. Nós dois começamos a rir. Que época para se viver! É uma experiência surreal ser alvo de um ataque de Trump no Twitter. Primeiro, o telefone praticamente explode. A meninada chama essas notificações de "descanse em paz". Mas não é nada que se deva comemorar. Há um lado sombrio, já que é nesse momento que o exército de trolls de Trump entra na briga, postando uma bateria de tuítes apoiando o presidente e me atacando. É aí que normalmente surgem as ameaças de morte.

Não vou gastar muita tinta dissecando isso, mas devo chamar atenção para o fato de Trump estar, a seu próprio modo, me elogiando em seu tuíte, o que foi inclusive relatado em várias notícias sobre nosso confronto. "Um sujeito bacana", ele tuitou sobre mim. Checagem: verdade. Isso lembra algo que ouvi de vários assessores, conselheiros e amigos de Trump: o presidente na verdade gosta dos confrontos comigo. Parte disso remonta ao que Hope Hicks me disse uma vez, que Trump acha que "o Jim entende". Em um mundo onde está cercado de sicofantas, imagino que ele goste de ser desafiado.

Trump pode achar que eu sou um sujeito bacana, mas o pessoal da Casa Branca não ficou feliz. Decidiram retaliar cancelando uma entrevista que o conselheiro de Segurança Nacional John Bolton daria à CNN, no programa dominical *State of the Union with Jake Tapper*. Era uma tentativa da Casa Branca de punir a CNN por meu confronto com Trump na coletiva. Mas pode ser que a Casa Branca tivesse outro motivo para cancelar a entrevista de Bolton. O conselheiro de Segurança Nacional seria obrigado a explicar no ar a retórica desestabilizadora usada por Trump nas duas escalas que fez na sede da OTAN e na Grã-Bretanha. Tirar Bolton de um dos talk shows dominicais ajudava a diminuir os riscos.

Houve mais efeitos colaterais para mim depois da coletiva em Chequers: perdi um amigo. Depois de fazer sua pergunta, John Roberts passou a ser atacado por não ter defendido a NBC e a CNN. Tapper e outros disseram no Twitter que as outras redes defenderam a Fox no passado, quando ela foi maltratada durante o governo Obama. Era um argumento razoável. Roberts emitiu uma nota para tentar lidar com as críticas.

"Conheço Kristen Welker da NBC. Ela é tão honesta quanto alguém pode ser. É injusto o presidente chamá-la de desonesta", escreveu Roberts em uma nota enviada a Erik Wemple, do *Washington Post*. "Também já trabalhei na CNN. Há bons jornalistas que trabalham lá e que arriscam suas vidas para fazer reportagens ao redor do mundo. Condenar a rede inteira como 'fake news' é injusto."

John repetiu mais tarde a mesma declaração no ar na Fox News. Era difícil não perceber a mensagem que estava por trás do que disse: ele estava disposto a defender Kristen nominalmente, mas não fez o mesmo por mim. Ele disse que a CNN não era "fake news" — todos nós sabemos isso —, mas permitiu que o comentário sobre a "desonestidade" ficasse no ar.

Roberts foi meu colega e, eu achava, meu amigo durante muitos anos. Trabalhamos no mesmo programa da CNN, *American Morning*, por algum tempo. Ele era o âncora do programa, e eu, um dos correspondentes em Washington. De vez em quando eu o substituía como âncora. E, antes de nosso tempo juntos na CNN, trabalhamos na CBS News. John era o âncora do fim de semana e eu trabalhava na sucursal de Nova York. Sempre tive grande respeito por John, que parecia a caminho de substituir Dan Rather como âncora da CBS. Eu me lembro de cobrir o furacão

Katrina em Biloxi, no Mississippi, para a CBS, enquanto ele desafiava a tempestade em Nova Orleans. Nós dois estivemos à frente do CBS *Evening News* na noite em que o Katrina chegou. Infelizmente, John não ficou com a vaga de âncora na CBS e foi para a CNN. Eu fui em seguida.

Quando saí da CBS News para a CNN, John avalizou o meu trabalho para a direção da emissora. Era útil tê-lo ao meu lado. Outros, como Scott Pelley, da CBS, também falaram bem de mim. Além disso, John conhecia meu pai da época em que comprava no supermercado em que ele trabalhava, um Safeway na Virgínia. Meu pai perguntava o tempo todo: "Como vai o John? Como vai a família dele?"

Quando chegamos a Helsinque, o dano à nossa amizade estava feito. Pouco depois de nossa chegada, eu e minha produtora, Allie, estávamos caminhando numa rua perto do hotel em Helsinque, e John e seu produtor, Fin Gomez, vinham andando em nossa direção. Então, de repente, os dois atravessaram a rua para evitar passar por nós. Não falei com John desde então.

Quando as pessoas perguntam se me arrependo de alguma coisa, não posso deixar de dizer que desejaria não ter perdido amizades durante esses anos malucos cobrindo Trump. Mas aconteceu. Infelizmente, acho que aconteceu com muitos de nós.

Não demorou muito para entrarmos no ônibus da imprensa rumo ao evento principal, a entrevista coletiva conjunta de Trump e Putin. Quando entrei no ônibus, vi na hora dois dos meus maiores críticos: Tucker Carlson e Sean Hannity, o principal agente de propaganda de Trump na Fox, sentados no ônibus. E quer saber? Depois de todos os ataques que fizeram a mim em seus programas no horário nobre do "canal estatal", eles não me dirigiram uma palavra. Era de se imaginar que teriam algo a dizer pessoalmente, mas suas poses de falsos machões, na verdade, só vão até a porta da sede da Fox News.

Quando cheguei ao palácio presidencial na capital da Finlândia, um ambiente grandioso para a coletiva, encontrei uma cena caótica. Uma multidão de jornalistas do mundo inteiro estava aglomerada na área de espera lotada, ansiosa para pegar seus lugares. Houve empurrões e cotoveladas. Repórteres de jornais impressos gritavam com cinegrafistas, que esbarravam uns nos outros com seus equipamentos pesados.

A cena ficou ainda mais maluca quando entramos. Minutos depois, enquanto esperávamos Trump e Putin encerrarem sua reunião a portas fechadas, houve uma confusão. Seguranças finlandeses e americanos abordaram um sujeito sentado algumas fileiras atrás de mim e pediram que ele se retirasse. O homem, que disse trabalhar para *The Nation*, foi arrancado da área destinada à imprensa no salão, mas não sem antes exibir um cartaz que dizia: "Tratado para Banir as Armas Nucleares". Ele insistiu que não fizera nada de errado. Só posso dizer o que vi de onde estava. Pode ser que tivesse boas intenções, mas, quando se é jornalista, não se leva um cartaz de protesto a uma coletiva.

O breve imbróglio só aumentou a tensão na sala. Os jornalistas tinham sido divididos em dois grupos. Os russos ficaram de um lado da sala; os americanos e demais jornalistas estrangeiros ficaram do outro lado. Eu me lembro de pensar: "Sou convidado da noiva ou do noivo?" (Mas não levemos essa analogia adiante.) Finalmente chegou o momento, e Trump e Putin entraram na sala. Os dois fizeram breves discursos sobre o encontro e deram início à coletiva.

A verdadeira notícia do dia surgiu durante a sessão de perguntas e respostas. Os repórteres russos, sem nenhuma surpresa, fizeram perguntas que pareciam escritas pelo Kremlin: um lembrete da triste situação da imprensa no país. Então Jeff Mason, meu colega da agência de notícias Reuters e ex-presidente da Associação de Correspondentes da Casa Branca, começou a entrar em detalhes. Ele deu partida, como qualquer bom repórter faria, perguntando sobre a notícia do dia. Ainda hoje, a resposta de Trump em Helsinque continua estarrecedora.

> MASON: Presidente, o senhor disse no Twitter hoje de manhã que a culpa pelo declínio das relações entre Estados Unidos e Rússia é da tolice e da estupidez americana e da investigação de Mueller. O senhor acredita que a Rússia tem alguma responsabilidade? E, se for o caso, em que o senhor os consideraria... pelo que eles são responsáveis?
>
> TRUMP: Sim, considero. Acho que os dois países são responsáveis. Acho que os Estados Unidos foram tolos. Acho que todos fomos tolos. Devíamos ter tido esse diálogo muito tempo atrás — muito tempo antes, sinceramente, de eu ter assumido. E acho que a culpa é de todo mundo... Mas acho que ambos cometemos erros. Acho essa investigação um desastre para nosso país. Acho que nos afastou. Nos manteve separados. Não existiu conluio. Todo mundo sabe. As pessoas estão sendo expostas.

Começamos mal. O presidente americano estava chamando os Estados Unidos de "tolos" na frente de Putin. As palavras de Trump estavam recheadas de submissão. Ele disse que a investigação de Mueller era um "desastre" para os Estados Unidos. De novo, se não tinha motivos para se preocupar, por que a investigação seria um desastre?

Putin também gerou notícias, oferecendo-se para cooperar com a investigação de Mueller, mas sem negar em momento nenhum ter interferido na eleição. Mais adiante na coletiva, depois de os repórteres russos terem feito mais uma rodada de perguntas, Jonathan Lemire, da Associated Press, foi ao ponto mais importante do assunto com Trump.

> LEMIRE: Minha primeira pergunta, presidente, é: em quem o senhor acredita? A minha segunda pergunta é: o senhor agora, diante do mundo inteiro, diria ao presidente Putin... o senhor denunciaria o que aconteceu em 2016? E o senhor o alertaria para jamais voltar a fazê-lo?

Trump cometeria em seguida aquela que talvez seja a maior gafe de sua vida política, mas para as pessoas em Washington, tanto democratas quanto republicanos, o momento pareceu bem mais do que uma gafe.

> TRUMP: O meu pessoal veio falar comigo — Dan Coats e alguns outros vieram falar comigo —, eles disseram que acham que foi a Rússia. Eu estou com o presidente Putin; ele acaba de dizer que não foi a Rússia. Digo o seguinte: eu não vejo motivos para ter sido... Confio muito no pessoal da inteligência, mas digo que o presidente Putin negou tudo de maneira muito enérgica hoje.

Trump só percebeu o tamanho da controvérsia criada por seus comentários quando chegou a Washington, segundo me contou Kellyanne Conway. O presidente disse a Kellyanne que cometera um erro.

"Ele disse: 'Por que eu não iria acreditar nele? Eu queria perguntar que motivos tinha para não acreditar nele'", Conway lembra de Trump ter dito.

Conway e o resto da equipe do presidente trabalharam com Trump para elaborar uma nova declaração para a imprensa, explicando aquilo que ele alegava ser um erro.

"A frase deveria ter sido: 'Não vejo motivos para descartar a ação da Rússia'", disse Trump a repórteres.

Conway me disse em uma entrevista que ela entendia ser parte de seu trabalho dizer a Trump que ele errou em Helsinque.

"Não tenho medo de dizer a verdade a ele. Ele aceita e *espera* isso. Qual seria o sentido de trabalhar aqui se a minha voz não fosse ouvida e meu ponto de vista não fosse levado em consideração?", falou.

O presidente tinha basicamente se curvado diante de Putin, o mestre de marionetes contra o qual Hillary o alertou em seu debate em Las Vegas. Não foi necessário nenhum indiciamento de Mueller. Trump era culpado por demonstrar fraqueza. O presidente disse ao mundo que preferia a palavra de Putin à palavra dos agentes da inteligência que havia escolhido a dedo, incluindo Dan Coats, o diretor de inteligência nacional.

Putin "negou de maneira muito enérgica hoje"? Os repórteres na sala estavam perplexos. A bandeira branca havia sido erguida. Putin, pelo menos naquele dia, atingiu um objetivo desejado havia muito tempo. Depois da queda da União Soviética e do colapso econômico que se seguiu, ele elevara novamente os russos ao mesmo patamar dos Estados Unidos. E não precisou mover um dedo. Trump fez todo o trabalho para ele.

Jonathan então fez a Putin aquilo que se poderia chamar de "a pergunta de um milhão de dólares".

> LEMIRE: O governo russo tem algum material comprometedor sobre o presidente Trump ou a família dele?

Putin riu, e muita gente na sala riu. Mas o líder russo não pretendia diminuir a tensão. Quando riu, ele pareceu mais um vilão de um filme de James Bond do que um aliado americano.

> PUTIN: Veja, meu distinto colega, deixe eu lhe dizer isso: quando o presidente Trump foi a Moscou, eu nem sabia que ele estava em Moscou. Eu trato o presidente Trump com o maior respeito. Mas, à época, quando ele era uma pessoa privada, um executivo, ninguém me informou que ele estava em Moscou.

Aí veio a negativa de Putin, que na verdade não negava nada.

> PUTIN: Bom, falemos do Fórum Econômico de São Petersburgo, por exemplo. Havia mais de quinhentos executivos americanos — executivos de alto escalão, de alto nível. Eu nem me lembro dos sobrenomes de todos eles. Bem, você lembra — você acha que nós tentamos obter material comprometedor sobre cada um deles? É difícil imaginar um

disparate maior. Bem, por favor, simplesmente desconsidere essas questões e não pense mais nisso.

Sim, isso mesmo. Putin não negou que tinha informações comprometedoras sobre Trump. E tratemos do elefante na sala: todos sabíamos do que Putin estava falando. Ele não estava negando que seu governo estava de posse do infame "vídeo do xixi" com prostitutas no Ritz-Carlton Hotel em Moscou. Na verdade, com base na resposta de Putin, a impressão era de que seus espiões tentavam obter informações comprometedoras sobre executivos americanos na Rússia, mas simplesmente não tinham condições de coletar "material comprometedor" sobre *todos eles*.

Então, em um último e chocante momento de uma coletiva insana, Trump também mencionou a história do "vídeo do xixi".

Se fosse verdade, ele parecia dizer, "já teria vazado havia muito tempo".

E assim se encerrou a coletiva. Com repórteres ainda tentando fazer perguntas, Putin e Trump saíram da sala. A CNN cortou para o âncora Anderson Cooper, que imediatamente falou aquilo que os comentaristas estavam sentindo e repetiriam pelo resto do dia.

"Você acaba de assistir a uma das atuações mais desastrosas que eu já vi de um presidente americano em uma reunião de cúpula diante de um líder russo, sem dúvida."

Jamais vou me esquecer do que aconteceu na sequência. Durante a coletiva, Putin presenteou Trump com uma bola de futebol, uma pequena publicidade do presidente russo para a Copa do Mundo da FIFA, realizada em seu país no verão. Foi mais uma tentativa de Putin de aliviar o clima. Como o Serviço Secreto deveria saber, jamais se deve confiar num presente de um ex-agente da KGB.

Ao sair da coletiva, encontrei um desses agentes do Serviço Secreto carregando a bola de futebol na rua. Parecia que tinha acabado de examinar o presente de Putin em busca de grampos. Provavelmente uma boa ideia.

Na partida de Helsinque, foi difícil me livrar da impressão de que eu acabara de testemunhar um espetáculo vergonhoso. Por mais sórdida que nossa política interna tivesse se tornado, por mais perturbador que tivesse sido o episódio de Charlottesville, pelo menos era a nossa política, a história que nós compartilhamos. Mas Trump agir como agiu em Helsinque, diante do mundo inteiro, era uma humilhação realmente ímpar para nosso país, uma amostra do quanto havíamos decaído. Era tarefa dos presidentes americanos havia décadas, fossem republicanos ou democratas, defender o país das agressões russas; em vez disso, diante do mais descarado ataque russo a interesses americanos em décadas, Trump na realidade ficou do lado da Rússia. Ele podia ter se inspirado em Reagan. Reagan certa vez disse a Gorbachev: "Derrube esse muro." Trump tinha nas mãos um momento semelhante. Ele podia ter dito a Putin "vá para o inferno", e os americanos teriam adorado. Em vez disso, ele escolheu se prostrar. Foi uma visão horrorosa, algo que pareceu verdadeiramente antiamericano.

Mesmo para aqueles que tendem a dar a Trump o benefício da dúvida, foi quase impossível justificar o que todos havíamos testemunhado. Os mais ardorosos defensores de Trump no Congresso tiveram dificuldade para defendê-lo. Para qualquer um que duvidasse da conexão entre Trump e a Rússia antes de Helsinque, a coletiva foi, na melhor das hipóteses, atordoante, demonstrando até onde Trump estava disposto a ir para aceitar a versão de Putin, em detrimento da palavra de homens e mulheres que trabalhavam duro na comunidade americana de inteligência.

Como todos ficaríamos sabendo em março de 2019, o procurador especial Robert Mueller finalmente encerrou sua investigação, informando ao procurador-geral William Barr sua conclusão de que a campanha de Trump não participou de conluio com o governo russo durante a eleição de 2016. Além disso, Mueller não podia provar que o presidente havia praticado obstrução de justiça. Apesar do comentário de Trump para a NBC dizendo que havia demitido o diretor do FBI, James Comey, por causa da investigação russa, sem contar os pedidos que fez a Comey para abandonar a investigação sobre Flynn e as falsas afirmações feitas em público sobre o encontro de Don Jr. na Trump Tower, Mueller deixou a questão da obstrução de justiça para Barr e para o subprocurador-geral Rod Rosenstein, que decidiram não levar o caso adiante. Então, naquilo que pareceu uma sinalização ao público de que descobrira alguma infração da equipe de Trump, Mueller deixou claro em seu relatório ao procurador-geral que seu trabalho não "isentava" o presidente. Isso era assombroso. O presidente não foi acusado de crime. Mas também não foi "isentado". Uma fonte da equipe jurídica de Trump me disse que o relatório de Mueller foi "melhor do poderíamos esperar". A estratégia legal deles, segundo a fonte, de cooperação, com a entrega de resmas de documentos ao procurador especial, e ao mesmo tempo impedindo que Mueller entrevistasse o presidente (ele só respondia às perguntas por escrito), foi um tremendo sucesso. Rudy de repente era um gênio?

A Casa Branca comemorou passando ao ataque, acusando os democratas e alguns integrantes da mídia de tentar derrubar o governo. Além disso, Trump voltou a chamar a imprensa de "inimiga do povo".

"Vocês estão mortos agora", disse-me um porta-voz de Trump, referindo-se à mídia convencional.

Mesmo assim, o encerramento da investigação de Mueller passou longe de colocar um ponto final na história da Rússia. Como vinha acontecendo desde o início da saga, ainda havia questões legítimas sem resposta. O mais perturbador de tudo era isso: se não houve conluio nem conspiração, por que Trump estava fazendo tudo aquilo? Por que Trump capitulou diante de Putin se os russos não tinham nada contra ele? Algum dia saberemos?

Mas vamos falar sério. Não precisamos de um relatório de Mueller para saber a que estávamos assistindo em Helsinque. Olhando novamente para aquele dia, sempre vou enxergar um momento humilhante para os Estados Unidos.

Você não?

11

Os comícios

A atuação desastrosa em Helsinque criou um tom sinistro no momento em que o país se aproximava das eleições de meio de mandato.

Desde a eleição de Trump, todos sabíamos que essas eleições seriam marcadas pela raiva e que seriam tumultuadas. Havia coisas demais em jogo, tanto para Trump quanto para os democratas, e, portanto, não tinha como ser diferente. Mesmo assim, fiquei surpreso com o nível de baixaria na eleição. Como veterano de 2016, achei que já havia visto de tudo; na verdade, 2016 foi uma eleição supercivilizada em comparação àquilo que eu veria na campanha de 2018. Assim como os ataques de Trump à mídia tinham se tornado mais acalorados e mais virulentos desde a campanha de 2016, a raiva e a linguagem também chegavam a seus apoiadores. Como estávamos todos prestes a descobrir, as ameaças irresponsáveis e os insultos de Trump à mídia teriam consequências perturbadoras na vida real.

Minha avaliação do presidente durante o verão de 2018 era de que ele era como um jogador compulsivo em um de seus cassinos, alguém que não conseguia se manter longe da mesa de pôquer, apesar de perder uma partida após a outra. Mas os fatos ocorridos no governo Trump na segunda metade de 2018 indicavam outros planos. Esses fatos de certo modo deixaram mais visível o dano que ele estava causando ao país e, ao mesmo tempo, tornaram a vida dele mais difícil no momento em que seu partido tentava manter o controle do Congresso.

Nada simbolizou tanto o estado do mundo de Trump em meados de 2018 quanto os comícios das eleições de meio de mandato. Os comícios começaram para valer no verão e chegaram ao auge no outono. No período de um ano e meio transcorrido desde a eleição de Trump, a única constante de sua presidência tinham sido os comícios. A maior parte dos presidentes deixa seus comícios no retrovisor depois de ganhar a eleição. Algumas vezes, já na presidência, parecia que Trump nunca tinha deixado o palanque. Embora pudesse ser rabugento e até mesmo ficar furioso quando estava na Casa Branca, ele ganhava vida nos comícios, que pareciam lhe oferecer o amor que ele não encontrava em Washington. Ele tirava sua energia da base de apoiadores que comparecia a esses carnavais de campanha. Os assessores contam que os comícios são o lugar em que Trump de fato é feliz, com milhares de eleitores gritando "Construa o muro" e canções dos Rolling Stones no volume máximo nas caixas de som — apesar do pedido judicial da lendária banda para que suas músicas não fossem mais usadas.

Sempre achei que, das milhares de pessoas que vão aos comícios de Trump, a imensa maioria é de bons americanos, que respeitam a lei, embora definitivamente muito conservadores. Trata-se dos mesmos americanos de classe trabalhadora e de classe média que encontrei inúmeras vezes como jornalista ao longo das duas décadas em que cobri de tudo, desde desastres naturais até eleições. Como eu mesmo venho de uma família de operários, por muito tempo achei que compreendia bem os frequentadores dos comícios de Trump. Meus pais se divorciaram quando eu tinha cinco anos, e minha mãe, que trabalhava em restaurantes desde os 22, criou a mim e a minha irmã praticamente sozinha. (Meu pai continuou por perto e ajudava a cuidar de nós aos fins de semana, quando não estava trabalhando no supermercado.) Observar minha mãe me ensinou uma lição sobre autoconfiança em que acredito até hoje. Falo sobre meu pai o tempo todo, mas, na verdade, grande parte da minha força vem da minha mãe.

Tudo isso para dizer que entendo as pessoas da classe trabalhadora mais do que elas possam imaginar. Na verdade, sou mais parecido com elas do que o homem que elas veem nos comícios, um sujeito que conta apenas meia verdade quando diz que se fez sozinho.

Observando em retrospecto o que aconteceu na campanha de 2016, acho inacreditável que todos tenham saído ilesos. Em parte, o que seduzia algumas pessoas que iam ouvir os discursos de Trump em 2016 era a real perspectiva de violência. Testemunhei brigas nesses eventos. Apoiadores de Trump davam um soco num manifestante. O candidato não via nenhum mal em jogar mais lenha na fogueira. Ele se divertia muito fazendo dos manifestantes parte do seu teatro, chamando seus seguranças particulares para tirá-los de seus eventos.

"Tirem esses caras daqui!", rosnava Trump ao microfone. E a plateia delirava.

Em um comício em Las Vegas em 2016, fiquei horrorizado ao ver Trump praticamente incitar uma briga na plateia. Quando um manifestante apareceu, Trump gritou para o segurança "tirar esse cara daqui", e depois disse que gostaria de resolver o assunto por conta própria.

"Queria dar um soco na cara dele", disse. "Antigamente [os manifestantes seriam] carregados em macas", continuou ele, com a plateia gritando. "A gente não tem mais permissão pra reagir", acrescentou ele, concordando com as queixas de seus eleitores.

Dar um soco na cara? Manifestantes sendo carregados em macas?

No dia seguinte, confirmei com o segurança do hotel. Ninguém ali tinha visto o manifestante agir de modo violento. Trump inventou aquilo, segundo um segurança do hotel me informou ao telefone, para incitar a multidão. Os repórteres que cobriam a campanha perguntavam uns aos outros: "Quem fala desse jeito?" A gente não sabia o que estava acontecendo. Sem dúvida, essas excentricidades acabariam com a campanha dele, dizíamos entre nós. Mas Trump e sua equipe tinham descoberto que esses eram os momentos que dominavam as manchetes e que direcionavam a cobertura da mídia. Pouco depois do incidente em Las Vegas, Trump venceu as primárias em Nevada e incendiou o universo do Twitter dizendo às pessoas reunidas na festa da vitória em Las Vegas algo que jamais vou esquecer.

"Adoro gente com baixa instrução", disse. Sim, ele disse isso.

Uma semana depois, houve mais violência em um comício no campus da Universidade Radford, na Virgínia. Teve início quando alguns manifestantes na plateia passaram a interromper Trump.

"Vocês são do México?", perguntou Trump a um deles.

À sua direita, mais ou menos duas dezenas de ativistas do movimento Black Lives Matter [Vidas Negras Importam] se faziam ouvir. Trump pediu que os seguranças os escoltassem até a saída do prédio.

"Toda vida importa", respondeu Trump, provocando os ativistas.

Enquanto os manifestantes estavam a caminho da saída, alguns eleitores de Trump decidiram fazer outra provocação, o que levou a mais um bate-boca perto de nossa área de imprensa ou, como a gente chamava, da "jaula dos repórteres". Como é típico de jornalistas, todos queríamos ver mais de perto. Naquele momento, o fotógrafo da revista *Time* Chris Morris tentou sair da área de imprensa para fazer algumas fotos, mas foi imediatamente confrontado por um agente do Serviço Secreto americano que o mandou ficar onde estava. Morris, um repórter fotográfico veterano, não aceitou a negativa e tentou forçar passagem pelo agente, que surtou. Depois do comício, fui atrás de Morris para perguntar o que tinha acontecido.

"Saí trinta centímetros da área de imprensa e o sujeito me pegou pelo pescoço e começou a me sufocar, e aí me atirou no chão", contou-me Morris.

O Serviço Secreto investigou o caso, mas Morris, sempre profissional, disse que não tinha interesse em fazer uma acusação formal. Mesmo assim, em poucos minutos, um vídeo com a cena de violência corria as mídias sociais no mundo todo. Vi em primeira mão vários episódios de violência nos comícios de Trump. As emoções estavam tão à flor da pele que até mesmo um agente treinado do Serviço Secreto poderia sucumbir à energia violenta que tomava conta desses eventos. Eu começava a temer que, em breve, algo inconcebível pudesse acontecer em um comício. Eu temia que houvesse um motim num comício de Trump.

Em 11 de março de 2016, foi o que aconteceu. A equipe de Trump planejou um comício no campus da Universidade de Illinois, em Chicago, sede de um dos corpos discentes mais diversificados do país. Grupos estudantis e organizações de direitos civis também fizeram seus planos: protestar pacificamente contra uma campanha que tinha se tornado desagregadora. Esse comício não acabaria bem.

Dentro do local onde ocorreria o comício, eu me lembro de passar os olhos pela multidão e pensar que não havia muitos bonés de Trump. Em vez disso, centenas de pessoas estavam ali evidentemente para protestar contra Trump. Dessa vez, eu não via três ou quatro possíveis manifestantes; vi setores inteiros do ginásio tomados por pessoas dispostas a fazer barulho. Não demorou muito para começar o empurra-empurra no chão do ginásio. Então um dos assessores de Trump subiu ao palco e se aproximou do microfone.

“O comício de hoje será adiado”, disse à plateia.

A plateia foi ao delírio por ter conseguido cancelar o evento.

Não sei quem deu o primeiro soco, mas em segundos o comício virou um tumulto; uma imensa briga envolvendo mais ou menos vinte eleitores de Trump e outros manifestantes começou na área atrás do setor reservado à imprensa. Americanos estavam batendo em compatriotas. Nas arquibancadas, mais pancadaria. Em frente à jaula, outra briga. Esses são os Estados Unidos de Trump, pensei. Gente querendo comer o fígado uns dos outros.

O pior era que não havia policiais suficientes dentro do ginásio para dar conta do tumulto. Mais ou menos meia hora depois, cerca de cem policiais de Chicago desceram pela arquibancada vindo de todos os lados para separar os envolvidos na briga e levá-los para fora. Isso acabou com a violência dentro do estádio. Do lado de fora, o problema continuou. Os que protestavam contra Trump e seus eleitores, separados por policiais com equipamentos para contenção de rebeliões, gritavam uns com os outros. E os policiais, alguns a cavalo, começavam a agir.

Um dos repórteres que acompanhavam a campanha, Sopan Deb, da CBS News, foi preso. A polícia acusou Sopan, que estava coberto de sangue, de resistir à prisão. Felizmente, o episódio foi filmado e ficou claro que ele não tinha resistido à prisão; estava simplesmente fazendo seu trabalho. A acusação acabou sendo retirada. Fiquei com medo do que poderia acontecer a outros jovens repórteres da campanha: Ali Vitali, da NBC, Jeremy Diamond, da CNN, e Jill Colvin, da Associated Press.

Os confrontos daquela noite pareciam um mau sinal. Trump foi à CNN mais tarde aquela noite para se defender, dizendo a Don Lemon que o ambiente de seus comícios não era responsável pela violência em Chicago.

"O que eu defendo basicamente é a proteção das nossas fronteiras, defendo a existência de um país", disse ele, acrescentando que seus eventos tinham a ver com "amor". Você entendeu? O candidato que queria esmurrar manifestantes na cara e que certa vez se gabou de que poderia se safar depois de atirar em alguém na Quinta Avenida estava falando de "amor".

Trump acusou a mídia de exagerar sobre o que aconteceu em Chicago. Mas alguns de seus rivais deram declarações colocando a culpa nele. "Esta noite as sementes de divisão que Donald Trump vem plantando durante toda a campanha finalmente deram frutos, e não foi bonito", disse o então governador de Ohio, John Kasich. "Todo candidato é responsável pela cultura de sua campanha", acrescentou o senador Ted Cruz, do Texas, que também culpou os manifestantes. Nos meses seguintes, os assessores de Trump não demonstraram remorso pelo tom da campanha.

"Eu não tenho problemas para pegar no sono à noite. Só olho a minha conta bancária e vou direto para a cama", disse-me certa vez Corey Lewandowski, ex-coordenador da campanha.

Os comícios continuavam imprevisíveis, e os repórteres que cobriam a campanha de Trump começaram a tomar precauções. Como foi noticiado, nossas equipes passaram a ser acompanhadas por seguranças depois do fim dos comícios, rumo a nossos carros. Em alguns momentos esses guarda-costas eram um pouco intrometidos; às vezes tentavam nos seguir até o banheiro. Mas ter essa camada extra de proteção era essencial. Nossas equipes de cinegrafistas também eram alvo da hostilidade dos apoiadores de Trump, que viam o logo da CNN nos equipamentos e começavam a xingar. Em um comício em Orlando, perto do fim da campanha, mais ou menos uma dezena de eleitores de Trump começou a me incomodar durante a minha entrada ao vivo. Alguns deles ficaram furiosos, gritando obscenidades para mim. Uma mulher me bateu com um cartaz de campanha. Outro homem disse que queria me encher de porrada no estacionamento. Ele estava espumando de raiva, cuspia ao falar. Então, sim, eu era grato por estar acompanhado de seguranças.

Mas o momento mais deprimente aconteceu em um comício em Palm Beach, na Flórida. Quando Trump acabou de falar, lembro-me de ter visto um cartaz em cima de uma das mesas da imprensa. Quando o peguei, mal pude acreditar no que via. O cartaz tinha uma suástica nazista ao lado da palavra *mídia*. Segurei o cartaz durante uma das minhas entradas ao vivo naquela noite, para mostrar ao mundo em que os comícios de Trump haviam se transformado. O ódio que ele despejou na mídia durante meses estava se espalhando como um vírus. O que eu pensei foi: se realmente tínhamos nos tornado algo parecido com nazistas aos olhos dos eleitores mais raivosos de Trump, o que os impediria de machucar algum de nós?

A atuação de Trump nos comícios de 2018 não mudou muito em relação ao que tinha acontecido dois anos antes. De certo modo, os comícios pareciam nostálgicos. Trump levantava, fazia um discurso e incentivava gritos de "Construa o muro" e "Prendam Hillary". Ele continuava adorando poder incendiar as pessoas falando sobre temas que iam do comércio internacional à imigração. A retórica mudou pouco. Do mesmo modo, a plateia era basicamente a mesma multidão barulhenta de antes: gritando, ressentida e enlouquecida. Na superfície, a produção como um todo lembrava muito 2016, mas as aparências contavam apenas metade da história.

Para muitos dos jornalistas que passaram por essa experiência, os comícios de 2018 foram muito piores. Afinal, eles vieram na sequência de meses e meses de ataques contra a mídia feitos por Trump e pela Casa Branca, ataques nos quais os jornalistas eram retratados como vis e indignos. Os eleitores de Trump tinham passado boa parte dos últimos três anos (os últimos dois com Trump na Casa Branca) ouvindo que éramos pessoas repulsivas. Àquela altura, os ataques verbais tinham cobrado seu preço, fazendo com que alguns de nós ficássemos marcados como alvo dos ataques da direita. No entanto, durante todo esse tempo, o único veículo que os seguidores mais raivosos de Trump tiveram para exprimir sua raiva foram as mensagens ameaçadoras ou maldosas postadas nas mídias sociais. Agora eles estavam a poucos metros de nós, e não surpreendia que eles não tivessem problemas em nos mostrar como se sentiam.

A pura hostilidade de 2016 ainda era palpável nesses eventos das eleições de 2018, mas havia outra ameaça, uma ameaça que pairava sobre os ginásios e que fazia o confronto parecer menos uma possibilidade e mais uma questão de tempo. O tom sempre tinha sido pouco amistoso e receptivo, mas, em 2018, nós, repórteres, estávamos cada vez mais conscientes do fato de que algo poderia acontecer a qualquer momento.

Uma enorme diferença, para mim, entre os comícios de Trump durante a campanha de 2016 e os discursos que ele fez a seus apoiadores como presidente, em 2018, era o fato de eu ter me tornado um alvo importante de hostilidade. Claro, os eleitores de Trump pegavam pesado comigo durante a campanha de 2016, mas, desde o momento em que Trump me chamou de "fake news" na coletiva na Trump Tower antes da posse, tudo mudou. A partir de então, os gestos de assédio e intimidação, que incluíam ameaças de mortes vindas de seus apoiadores, nunca cessaram. Até hoje, esses atos são uma presença tão constante na minha vida quanto os tuítes de Trump.

"Se Trump perder a presidência, seja como for, você está morto", dizia um comentário postado em minha conta no Instagram.

"Eu adoraria olhar nos seus olhos enquanto te sufoco e tiro o último restinho de ar dos seus pulmões", dizia outra mensagem, postada em minha conta pública no Facebook.

E agora, chegando à campanha de 2018, grande parte disso deixou de acontecer apenas via internet e passou a acontecer também pessoalmente. Em função de minhas batalhas com Trump, Spicer, Sanders e Miller, e da cobertura que a Fox News fez disso, sempre me retratando como uma espécie de vilão jornalístico, as plateias desses comícios prestavam bem mais atenção a mim. Apoiadores de Trump com olhos de águia me enxergavam minutos depois de eu chegar ao ginásio ou ao centro de convenções, quando entrávamos nas horas que antecediam a subida do presidente ao palco. Às vezes ouvíamos os insultos esperando na fila para passar pela segurança e entrar no local do comício.

"Olha, é o fake news", gritavam eleitores com bonés MAGA. "A CNN é uma droga!", alguns gritavam quando íamos para o evento, num tira-gosto dos insultos que iríamos ouvir.

Para esses fiéis eleitores de Trump, eu era algo entre o vilão de uma luta de telecatch e um genuíno inimigo do povo. O modo como era tratado variava de um eleitor de Trump para outro. Alguns se aproximavam e pediam selfies e autógrafos. Outros se aproximavam e ficavam olhando sem dizer nada. E tinha o pessoal com boné MAGA, que variava entre uma dezena a mais de uma centena em cada comício, que era realmente muito hostil, insultando, mostrando o dedo do meio e por vezes dando a entender ou dizendo na cara dura que coisas ruins aconteceriam comigo.

Muitas dessas pessoas estavam apenas desabafando suas frustrações, imagino, em função daquilo que Trump havia colocado na cabeça delas. Ele odiava nossa cobertura e, portanto, eles também nos desprezavam. Outros queriam só gritar com a gente. Mas seus gritos de guerra e atos de fúria diziam muito sobre o homem que tinham ido ver. Eles eram uma extensão viva do quadragésimo quinto presidente dos Estados Unidos, usavam a linguagem dele e falavam dos mesmos assuntos para nos atacar. Durante mais de dois anos, desde a campanha de 2016, ele vinha demonizando a imprensa, e, agora que tinham os ouvidos dos repórteres a seu alcance, os eleitores de Trump estavam mais dispostos do que nunca a mostrar que registraram tudo.

Um dos primeiros comícios de que participei no ciclo de 2018 foi em Nashville. Foi ótimo voltar ao Tennessee. Knoxville, a leste, foi a primeira cidade em que trabalhei numa TV local, e viajei muitas vezes a Nashville para cobrir o Legislativo dali. Trump estava atiçando os ânimos da multidão naquela noite de fim de maio, referindo-se à então líder da oposição na Câmara, Nancy Pelosi, como “adoradora da MS-13”, numa prévia do que viria a seguir. Ele voltou a chamar Hillary de “trapaceira” e disse que a imprensa era “fake news”, mas o que se destacou naquela noite não foi sua retórica ridícula usual. Foi o sujeito, de preto, parado em frente à área reservada à imprensa, gritando “lixo” e “saco de lixo” para mim.

“Você é lixo”, gritou o sujeito. “Você é um saco de lixo”, continuou. Isso durou *meia hora*. Uma das minhas colegas, do *New York Times*, pediu que ele parasse. Aí ele gritou com ela. Parecia um mau sinal para o resto do ano.

Mais ou menos um mês depois, viajei à Carolina do Sul para outro comício. Assim que cheguei ao local do evento, em Columbia, houve problemas. Antes do discurso de Trump, uma mulher idosa se aproximou da área de imprensa e disse para eu “cair fora” dali. Conheci muitas avós ao longo dos anos, mas essa foi a primeira que me mandou “cair fora” de algum lugar. (Normalmente, as avós me amam.) Tenho que admitir, foi meio surreal. Será que eu tinha sido transportado para um planeta onde os idosos eram malvados e antipáticos? A plateia adorou esse episódio de *Vovós incendiárias* e começou a gritar: "Vai pra casa, Jim." Tudo isso aconteceu durante minha entrada ao vivo para *The Situation Room with Wolf Blitzer*. Tentei apertar a mão da velhinha, mas ela afastou a mão de mim e disse: "Cai fora daqui." Mais tarde, eu disse a Wolf que eles não nos expulsariam no grito e que continuaríamos ali, fazendo nosso trabalho.

"Minha senhora, eu tenho o direito de estar aqui", eu lembrei à mulher.

"Fora! Fora! Fora! Fora!", gritou ela, enquanto a plateia ao redor aplaudia.

Aparentemente, não consegui conquistá-la.

Mesmo assim, foi uma noite fascinante em função da grande variedade de interações que tive com os apoiadores de Trump. Veja bem, essas plateias não eram um reflexo perfeito dos Estados Unidos. A maioria esmagadora era de gente branca, de classe trabalhadora e idosa, e quase não vi negros. Mas, fossem bastante homogêneos, esses superfãs também tinham suas diferenças. A atitude deles variava do sal da terra à terra arrasada. Muitos se aproximavam de mim e pediam desculpas pelo comportamento indisciplinado nos comícios. Outros diziam as coisas mais horrorosas que podem passar pela cabeça de alguém. Estranhamente, havia dezenas de pessoas que simplesmente queriam uma selfie comigo. Tentei conversar com a maior quantidade de pessoas que pude. Por quê?, você me perguntaria. Em parte, era estratégico. Descobri que, se ouvisse com atenção o que eles tinham a dizer, muitos deles se acalmavam. Ignorar não funcionava. Ah, Deus, eu também tentei fazer isso, mas só tornava as coisas piores. Eles se sentiam desrespeitados e subiam o tom da agressividade. Desse jeito, o grau de hostilidade aumentava, ao invés de diminuir. Tente fazer isso e depois me conte o resultado.

Tive uma conversa bem longa com uma mulher que me repreendeu por meu trabalho. Ela me acusou de ser rude tanto com o presidente quanto com Sarah Sanders. Fiquei de boca fechada e ouvi. O que ela me disse foi profundamente perturbador. Ela me acusou de levar o país a outra guerra civil.

"O que está acontecendo é que vamos acabar em outra guerra civil. Você vai fazer pessoas morrerem", alertou ela. "Você precisa maneirar. A linguagem, tudo. Isso tem que parar. Seja decente, por favor, seja decente. Não faça mais perguntas estúpidas", acrescentou ela, parecendo aliviada por desabafar antes de ir embora.

Eu fiquei ali pensando. Outra guerra civil? É para isso que estamos caminhando?

E sim, havia gente que, do nada, dava mostras incríveis de gentileza. Eu sempre tentei ser gentil com eles. Pouco antes do discurso de Trump, um senhor que devia estar na casa dos cinquenta anos perguntou se alguém da imprensa poderia emprestar uma cadeira para uma mulher idosa que não se sentia bem. Ela, assim como tantos outros apoiadores do presidente, ficou horas na fila num calor de mais de trinta graus só para poder ver Trump. Sem hesitar, ofereci minha cadeira. O sujeito mais tarde voltou à área de imprensa com a mãe para me agradecer. Uma repórter da Associated Press em Columbia, Meg Kinnard, registrou o momento.

Ainda bem, pensei. Ninguém acreditaria que tive um momento civilizado com um apoiador de Trump.

"Você é um homem bom", disse-me o filho da senhora. "Sua mãe o educou direitinho."

"Ela tentou", brinquei com ele.

Ele então fez um comentário estranho: disse ter ficado impressionado por eu ter recitado o juramento à bandeira e cantado o hino americano antes do início do comício.

Eu pensei comigo mesmo: sim, eu sei o juramento e o hino nacional. Sou americano.

Mas o momento foi muito significativo. A imprensa tinha sido tão atacada por Trump e seus agentes de propaganda na mídia que os jornalistas chegavam a parecer quase estrangeiros ou antiamericanos para seus apoiadores. Em retrospecto, a observação espantosa do sujeito não é nem um pouco incomum. É habitual que eleitores de Trump olhem para o palanque da imprensa para verificar se nós, repórteres, estamos recitando o juramento ou cantando o hino nacional. Permitam-me garantir a todo apoiador de Trump que esteja lendo este livro: os repórteres que cobrem esses comícios não só sabem o juramento e o hino nacional (algo que o presidente parece não ter memorizado — você já viu os vídeos dele tentando acompanhar a letra?), como também somos patriotas.

Enquanto o presidente falava mal da imprensa em seu discurso, o mesmo homem olhou para mim e sorriu. Ele sabia que eu não era o inimigo. Ao fim do comício, eu apertei a mão da mãe dele, e ela ficou segurando minha mão por um instante, antes de dizer: "Espero que você fique bem." Minutos mais tarde, com nossos seguranças tentando nos proteger, corremos de volta para os carros enquanto outros apoiadores de Trump gritavam: "Fake news!"

No fim de julho, fui a Tampa, onde eu e meu produtor, Matt Hoye, decidimos começar a documentar em vídeo parte dos abusos que vínhamos sofrendo. Isso era fundamental, uma vez que as mensagens violentas e as ameaças nas mídias sociais estavam crescendo. Eu queria ter certeza de que parte dessa reação hostil fosse registrada em vídeo, para que não houvesse risco de confusão quanto ao que se passava conosco. Como vários vídeos virais demonstraram mais tarde, estávamos expostos a um lamaçal impressionante de fúria e insultos. Centenas de eleitores de Trump gritaram "A CNN é uma droga!" enquanto eu fazia minhas entradas ao vivo. Depois de nos reunirmos ao fim do comício, peguei meu celular e gravei um vídeo de mais ou menos um minuto em que os apoiadores de Trump gritavam todo tipo de insulto, de "você é horrível" até "traidor". Outros me mostravam o dedo do meio ou usavam camisetas onde se lia "Foda-se a imprensa". No fundo, por trás de todos os gritos, ouve-se a música de encerramento dos comícios de Trump, "You Can't Always Get What You Want", dos Rolling Stones. A virulência dos fãs de Trump naquele dia se espalhou subitamente pelas mídias sociais, já que vários outros repórteres também registraram o momento. A foto de mulher que estava me mostrando os dois dedos médios viralizou na internet por um tempo.

Trump estava feliz com toda aquela hostilidade. Seu filho, Eric, tuitou o link para um vídeo da cena vergonhosa com a legenda "Verdade". Trump retuitou a postagem, o que catapultou o número de visualizações para a casa de dezenas de milhões. Do meu ponto de vista, aquilo significava dar um selo de aprovação da família do presidente aos insultos contra a imprensa. Alguém se lembra da campanha da primeira-dama, Melania Trump, contra o bullying na internet, Seja Melhor? Isso é ser melhor? Não para o presidente.

No dia seguinte, meu vídeo com todos os gritos e dedos do meio tinha viralizado, aparecendo não só no *Morning Joe* como em sites de notícias do mundo inteiro. Recebi uma enxurrada de pedidos de entrevistas da imprensa internacional. Todo mundo, aparentemente, queria saber como era estar no meio do fogo cruzado de Trump. Seria desonesto negar que seus insultos tinham me dado certa notoriedade, mas havia um preço a pagar. Eu me tornara "o inimigo público número um", de acordo com uma das minhas fontes, uma autoridade do governo que também percebia o perigo dos ataques de Trump.

À época de Tampa, as ameaças de morte tinham voltado piores do que antes. Criavam memes com imagens em que eu aparecia jogado no chão de um quarto com paredes acolchoadas de um hospital psiquiátrico e assim por diante. Na minha conta no Instagram, um visitante deixou uma mensagem perturbadora, uma entre muitas: "Torço para que ele morra espancado em breve."

Nem todas as mensagens eram ameaçadoras. Felizmente, minha mãe me mandou uma mensagem de texto me apoiando: "Conte as coisas como elas são. Brilhe, Jim", escreveu ela. Uma antiga âncora da Fox cujo nome você reconheceria me escreveu para dizer que me "mandava força". E uma autoridade do governo próxima ao presidente escreveu dizendo que lamentava o que tinha acontecido. Salvei todos esses textos e as mensagens diretas, então nem adianta dizer que estou inventando.

Durante todo esse tempo, eu não conseguia parar de pensar naquelas pessoas tão cheias de fúria e ódio na plateia em Tampa. Uma mulher ergueu um bebê que tinha um adesivo no macacão. Estava escrito: “A CNN é uma droga!”. A única coisa que consegui pensar foi: Meu Deus! Estão criando bebês para nos odiarem, quase desde o ventre. O que acontecerá a seguir? Doutrinação intrauterina?

Todo aquele veneno era o resultado natural, eu acreditava, dos anos que Trump passou atacando a mídia. Ele tinha transformou a maldade e a crueldade em algo normal. As pessoas não viam nada de mais em direcionar esse nível de hostilidade a outros americanos. Para eles, nós nem éramos mais seres humanos exatamente. Esse era o clima de medo criado por Trump. Nesse ambiente, um eleitor de Trump poderia recorrer à violência, raciocinei. Os tempos eram perigosos nos Estados Unidos.

Talvez a imagem mais perturbadora em Tampa tenha sido a impressionante quantidade de pessoas com a palavra “QAnon” vistas na plateia. Havia referências a essa teoria da conspiração em camisetas, cartazes e bonés. QAnon é o modo como os americanos se referem à falsa acusação de que celebridades de Hollywood estão envolvidas com exploração sexual e pedofilia. É o mesmo tipo de bobagem que vimos na teoria da conspiração falaciosa do Pizzagate, que acusou falsamente o coordenador da campanha de Hillary, John Podesta, de estar envolvido com tráfico sexual numa pizzaria em Washington. Com o QAnon, o vírus se espalhou para atingir adversários políticos em Hollywood. Essa insanidade, posta em movimento pelas mais sombrias forças da extrema direita, parecia não ter fim.

Meus colegas se perguntavam por que eu queria ir aos comícios de Trump. Eis o porquê: de que outra maneira eu veria com meus próprios olhos o que o fenômeno Trump tinha causado aos Estados Unidos? A teoria do QAnon é um exemplo perfeito. Quando se tem um conhecido teórico da conspiração no Salão Oval, é natural que seus defensores mais ardorosos aceitem a mesma história bizarra e sem provas. Um dos fracassos da era Trump foi a falta de disposição do presidente para eliminar essas perigosas teorias. Assim como no caso de seus ataques a jornalistas, a avidez com que Trump explorava esse tipo de comportamento amalucado poderia trazer consequências ruins para jornalistas.

Desde que o presidente se referiu à imprensa como "inimiga do povo" em 2017, muitos de nós na mídia ficamos preocupados, achando que poderia ser apenas uma questão de tempo até um repórter ser assassinado. Esses receios só aumentaram depois do ataque a tiros ao jornal *Capital Gazette* em Annapolis, em junho de 2018. O atentado não foi resultado direto da retórica do presidente, mas pareceu ser uma retaliação pelo trabalho que o jornal havia feito. Depois do atentado, alguns dos funcionários da *Gazette* expressaram sua preocupação com os comentários do presidente em uma carta para Trump.

"Nós não nos esqueceremos de ter sido chamados de inimigos do povo", escreveram. "Não, não nos esqueceremos disso. Porque expor o mal, jogar luz sobre os erros e combater a injustiça é o que fazemos."

Como morei na capital de Maryland por vários anos, conheço bem o jornal de Annapolis. É tudo que um jornal generalista local deveria ser, cobrindo a cena política, crimes e esporte estudantil, e publicando resenhas de todos os maravilhosos restaurantes de frutos do mar que a cidade oferece. O jornal tem um quadro de funcionários reduzido mas dedicado, e para eles nenhum assunto é pequeno ou grande demais. Jamais vou me esquecer de quando uma foto de meu filho patinando no gelo saiu no jornal. Várias pessoas da região de Annapolis têm fotos de filhos ou netos em cima da geladeira de casa graças aos fotógrafos do jornal da cidade. Não são inimigos do povo.

No dia do ataque em Annapolis, Trump maneirou sua retórica sobre a imprensa num evento na Casa Branca que não tinha a ver com o tema.

"Os jornalistas, assim como todos os americanos, não deveriam sentir medo de ser atacados com violência ao fazerem seu trabalho", disse a uma pequena plateia de apoiadores reunida no Salão Leste.

Mesmo assim, naquele mesmo evento na Casa Branca, achei que seria importante fazer com que o presidente falasse sobre uma questão fundamental: ele pararia de se referir à imprensa como "inimiga"?

"Presidente, o senhor vai parar de chamar a imprensa de 'inimiga do povo'?", perguntei dos fundos da sala quando ele terminou de falar. Passavam pela minha cabeça os repórteres da *Capital Gazette* mortos naquela semana: Gerald Fischman, Rob Hiaasen, John McNamara, Rebecca Smith e Wendi Winters. Sentia que os funcionários do jornal gostariam que essa pergunta fosse feita.

Não houve resposta.

Mais ou menos um mês depois, Ivanka Trump disse a Mike Allen, repórter do Axios, que não concordava com a linha de ataque do pai ao chamar a imprensa de inimiga do povo.

"Não, não concordo", respondeu ela. "Sem dúvida já tive minha cota de matérias a meu respeito que não eram totalmente precisas, por isso sou sensível aos motivos que levam as pessoas a se preocupar e a reclamar, especialmente quando são um alvo", acrescentou. "Mas não, não acho que a mídia seja inimiga do povo."

Naquele mesmo dia, em um raro encontro com a imprensa na Casa Branca, Sarah Sanders foi questionada sobre a rejeição de Ivanka à linha de ataque do pai contra a imprensa. Sarah não respondeu, o que não foi surpresa para ninguém. Por isso, eu insisti.

> ACOSTA: Acho que seria bom se você dissesse, aqui mesmo, neste encontro, que a imprensa, que as pessoas que estão reunidas nesta sala neste momento, fazendo seu trabalho todo dia, fazendo perguntas para autoridades como as que você trouxe antes, não são inimigas do povo. Acho que merecemos isso.

> SANDERS: Se o presidente tornou pública a posição dele, eu também acho que é uma ironia...

Ela começou a desviar da pergunta outra vez. Interrompi. Ficamos nessas idas e vindas durante um tempo. E aí, finalmente, ela começou a falar algo que se parecia com uma resposta.

> SANDERS: É uma ironia, Jim, que não apenas você e a mídia ataquem o presidente pela retórica dele quando normalmente é a imprensa que baixa o nível do debate neste país. Repetidamente — repetidamente — a mídia recorre a ataques pessoais sem qualquer conteúdo, simplesmente para incitar a fúria. A mídia me atacou pessoalmente em várias ocasiões, o que inclui a rede em que você trabalha; disseram que eu deveria ser atormentada pelo resto da vida; que eu deveria morrer engasgada... Quando fui ao jantar da Associação de Correspondentes, da qual a maioria de vocês faz parte, vocês levaram uma comediante para atacar minha aparência e me chamaram de traidora de meu próprio gênero.

Ela estava se referindo à apresentação da comediante Michele Wolf no jantar da Associação de Correspondentes da Casa Branca daquele ano. Wolf, durante um ataque violento ao governo Trump, tirou sarro do "olho esfumado" de Sarah. Para ser franco, eu não tinha ideia do que isso queria dizer à época, e só fiquei sabendo quando algumas colegas me contaram que era um comentário sobre a maquiagem de Sarah, além de ter duplo sentido, referindo-se à tendência da secretária de mentir nos encontros com a imprensa. Parte dos jornalistas criticou a apresentação de Wolf, dizendo que ela não esteve à altura da dignidade do evento. Mas, para ser justo, o jantar da WHCA já havia perdido muito de sua credibilidade ao longo dos anos, com muitas celebridades comparecendo a um evento que deveria funcionar como uma espécie de aprendizado para jovens jornalistas. Mas, de novo, isso é assunto para outra hora.

Em minha conversa com Sarah, lembrei a ela que a imprensa não tirou sarro de sua maquiagem naquele evento; quem fez isso foi uma comediante.

ACOSTA: Nós não tentamos fazer isso, Sarah.
SANDERS: Na verdade, eu sei. Até onde eu sei, sou a primeira secretária de imprensa da história dos Estados Unidos que pediu proteção ao Serviço Secreto... A mídia continua a elevar o tom do ataque verbal ao presidente e a todos os que fazem parte do governo, e certamente nós temos um papel, mas a mídia também tem um papel no debate que acontece neste país.

Proteção do Serviço Secreto, disse Sanders. E o que dizer do serviço de segurança do qual nós precisamos?, pensei. Mas eu não deixaria que ela se safasse tão fácil.

ACOSTA: Perdão. Você não disse, em meio a essas observações, que a imprensa não é inimiga do povo. Será que devemos entender, a partir do que disse agora — todos nós passamos pela máquina de moer carne, todo mundo nesta cidade passa pela máquina de triturar, e você não é exceção. Lamento que isso tenha acontecido a você. Gostaria que não tivesse acontecido. Mas, pelas pessoas que estão nesta sala, por esta democracia, por este país, por todas as pessoas no mundo inteiro que estão ouvindo você falar, Sarah. E pela Casa Branca, pelos Estados Unidos da América, o presidente dos Estados Unidos não deveria se referir a nós como inimigos do povo. A própria filha dele admite isso, e a única coisa que estou pedindo, Sarah, é que você reconheça isso aqui e agora.
SANDERS: Admiro a sua paixão; compartilho dela. Respondi à pergunta. Falei dos meus sentimentos pessoais. Estou aqui para falar em nome do presidente, e ele deixou claro o que pensa em seus comentários.

A única conclusão razoável dessa conversa é que a secretária de imprensa da Casa Branca, uma porta-voz que fala em nome dos Estados Unidos e é remunerada com o dinheiro do contribuinte, acredita que a imprensa é inimiga do povo — ou, no mínimo, não tem coragem de discordar do chefe. Igualmente alarmante é o fato de ela obviamente alimentar rancores em função do que aconteceu no jantar da WHCA e deixar que isso afete seu trabalho na Sala de Conferências. Sarah, aparentemente, gostava de criticar, mas não sabia ser criticada. Afinal de contas, ela atacara jornalistas individualmente nos encontros com a imprensa; chamara a CNN de "fake news". Mas uma comediante faz uma piada e ela não aguenta a crítica. Dá um tempo.

Sanders parecia dizer naquele momento que as palavras de fato *importam*, que as palavras *podem* machucar — e esse é o motivo pelo qual tive dificuldade em compreender como ela aderiria à crença do presidente de que a imprensa é sua inimiga. Ela sabe as consequências desse tipo de retórica. Talvez tenha decidido que era o caso de "olho por olho", ou quem sabe de olho esfumado.

Eis aí a batalha com que todos nós deparamos no debate sobre a retórica de Trump e o efeito tóxico que ela teve sobre o diálogo político nos Estados Unidos. Se Sarah pode defender os comentários do presidente de que a imprensa é a inimiga, usando como argumento algo que uma comediante disse sobre sua aparência física, então praticamente tudo pode servir de justificativa aos ataques à imprensa. O problema com essa história de responder a cada acusação com um contra-ataque é a falta de perspectiva. Um repórter ou um político comum, seja de esquerda ou de direita, não tem o mesmo megafone que Trump tem à disposição para difamar seus adversários. Isso atinge o cerne dos direitos e das responsabilidades de qualquer presidente americano. Claro, o presidente tem o direito de se expressar livremente, mas mesmo a livre expressão tem limites. Você não tem direito de gritar "fogo" num teatro lotado. Do mesmo modo, o presidente jurou à nação defender a Constituição dos Estados Unidos. Trump, acredito, mostrou que não respeita aquela que talvez seja a proteção mais vital oferecida pela Constituição — nossa liberdade de expressão.

Claro, ninguém vai pedir o impeachment do presidente por nos chamar de inimigos do povo. E, no mínimo, Sanders garantiu mais um ano como secretária de imprensa. Mas o vídeo do encontro com a imprensa durará para sempre; não há como apagá-lo da internet. Assim como é impossível apagar a demonização que Trump faz dos jornalistas. Esse uso do cargo como arma para esmagar dissidentes e aqueles que nos Estados Unidos pensam diferente foi registrado para o futuro. A história nos mostrou que usos como os que Trump faz da linguagem põem muita coisa em jogo e trazem riscos reais, e este momento da história, em que o presidente americano chamou os jornalistas de "inimigos do povo", ficará gravado na nossa consciência pelas próximas gerações. Poderemos ler isso nos livros de história — isso se não acabarmos um dia jogando nossos livros na fogueira.

12

Temor e perda

Eu jamais poderia prever tudo que as eleições de meio de mandato trariam, ou o modo como elas convergiriam de maneira tão perturbadora com as investigações sobre a Rússia, com o medo de imigrantes que Trump estimulava e, é claro, com sua crescente guerra à mídia. À medida que eu noticiava os fatos de várias regiões do país diariamente, ficava claro que a eleição de meio de mantado era mais do que simplesmente uma eleição, ou do que um referendo sobre o mandato do presidente até aquele ponto; ela seria um momento de inflexão decisivo para o país, respondendo a uma pergunta que para mim era essencial: será que Trump pagaria um preço por seu comportamento problemático? Os eleitores estavam prestes a ter uma oportunidade de avaliar os impulsos autoritários, as mentiras, a xenofobia e os ataques às instituições americanas que se tornaram marca registrada dos dois primeiros anos de Trump no cargo. Para Trump, as eleições de meio de mandato eram o Juízo Final. Teríamos um veredito.

Todos os elementos inflamáveis dos primeiros dois anos do governo, desde a primeira coletiva de Spicer, estavam presentes naqueles últimos dias antes das eleições para o Congresso. Mais uma vez, Trump usaria os truques de sua cartola de mago da mídia para dominar a narrativa do noticiário diário com uma retórica explosiva, cheia de ódio. Já havia funcionado uma vez, foi assim que ele chegou à Casa Branca. Mas o que estava em jogo agora era mais importante. Havia desespero no mundo de Trump. Nas últimas semanas antes das eleições de 2018, o que houve foi nada menos do que uma tentativa febril de preservar o controle republicano do Congresso e evitar que Trump tivesse uma supervisão maior. Trump sabia que um Congresso controlado pelos democratas investigaria tudo. O inquérito sobre a Rússia, as declarações de impostos de Trump ocultas havia tanto tempo e os segredos sombrios de sua política imigratória poderiam ser trazidos à tona em audiências públicas no Congresso presididas por democratas que vinham afiando suas facas nos dois anos que passaram fora do poder.

A última defesa de Trump era sua "base", o exército de apoiadores que acompanhava cada palavra sua na mídia conservadora, no Twitter e, claro, em seus comícios. A retórica de Trump garantia que esses superfãs continuassem energizados. Para a imprensa, isso significava que os comícios continuariam tendo visibilidade e que continuaria havendo ameaças aos repórteres que cobriam o governo. Mas em breve descobriríamos que havia perigos ainda maiores, trazidos pelo frenesi dos meses finais do período eleitoral.

Poucas semanas depois de Tampa, viajei para a Virgínia Ocidental. Trump iria até lá para apoiar o candidato republicano ao Senado que tentava derrotar o democrata Joe Manchin, que detinha a cadeira na época. Estávamos em meados de agosto, faltando pouco mais de dois meses para as eleições, e Trump tinha esperança de vencer em vários estados tradicionalmente republicanos nos quais os democratas estavam com dificuldades para se reeleger — Manchin na Virgínia Ocidental, Joe Donnelly em Indiana, Jon Tester em Montana, Claire McCaskill no Missouri, e assim por diante. Sempre preocupado com a investigação sobre a Rússia, Trump estava desesperado para manter as duas casas do Congresso nas mãos dos republicanos. Ele sabia, assim como seus conselheiros, que os democratas poderiam dar início a um processo de impeachment caso conseguissem vitórias tanto no Senado quanto na

Câmara. Mas a verdadeira notícia daquele dia aconteceu longe do centro de convenções de Charleston.

Mais cedo, o ex-coordenador da campanha de Trump, Paul Manafort, foi condenado pela Justiça Federal por vários crimes financeiros que, à época, não tinham relação com a investigação sobre a Rússia. A Casa Branca respondeu às notícias a respeito de Manafort do mesmo modo como havia feito inúmeras vezes, distanciando o presidente do ex-coordenador de campanha ao descrever Manafort, um antigo operador republicano, como alguém que teve papel limitado na equipe de Trump antes da eleição. Trump descreveu os crimes de Manafort repetidas vezes como algo distante do trabalho que ele realizou na campanha.

"Isso não me diz respeito", declarou Trump a repórteres naquele dia. À época era verdade, mas o perigo para Trump era Manafort acabar se voltando contra o presidente e colaborando com os procuradores federais. Mesmo assim, até o momento parecia que Manafort estava determinado a permanecer leal a Trump, na esperança de garantir um indulto presidencial.

Mas outra bomba, potencialmente mais devastadora, explodiria naquele dia, quando o ex-faz-tudo de Trump, Michael Cohen, que havia sido seu advogado pessoal, se declarou culpado por violar a legislação de financiamento de campanha ao direcionar dinheiro para duas das supostas amantes do presidente, incluindo a estrela de cinema pornô Stormy Daniels. Cohen admitiu a procuradores federais que fez os pagamentos "por orientação de" um candidato político, numa clara referência ao presidente, o que colocou Trump imediatamente em risco. Como o dinheiro foi usado para influenciar as eleições de 2016, Cohen tinha violado as leis de financiamento de campanha, segundo os procuradores. Para tornar o melodrama da saga Stormy Daniels ainda pior, o advogado da estrela pornô, Michael Avenatti, estava provocando Trump e seu advogado externo, Rudy Giuliani. O caso de Stormy Daniels certamente era menos explosivo do que a investigação sobre a Rússia, mas Avenatti tinha algo que poderia colocar Trump numa situação realmente perigosa. Especialistas em direito discutiam se um presidente poderia ser indiciado enquanto estivesse no cargo. Mas, se Trump tivesse violado as leis de financiamento de campanha, ele estaria entrando no domínio da quebra de decoro, o que poderia levar ao impeachment.

Apertem os cintos, tuitou Avenatti.

Quanto a Cohen, o fato de ter se declarado culpado foi uma virada atordoante para o ex-faz-tudo de Trump, um sujeito que era "uma versão menos bacana de Ray Donovan", segundo a descrição feita a mim por um conselheiro de Trump, em referência ao personagem título da série da Showtime vivida por Liev Schreiber. A decisão de Cohen de falar a verdade custou caro para a equipe do presidente, revelando um padrão de mentiras em que a Casa Branca mergulhou por meses enquanto tentava ocultar o envolvimento de Trump nos pagamentos feitos a Stormy Daniels. As más notícias para Cohen tinham começado em janeiro de 2018, quando o *Wall Street Journal* deu a primeira matéria informando que ele havia entregado 130 mil dólares para a estrela pornô não falar o que sabia. Como todos sabemos, talvez com um nível excessivo de detalhe, o pagamento secreto foi feito à atriz, cujo nome verdadeiro é Stephanie Clifford, para evitar que ela falasse do relacionamento que manteve com Trump nos últimos dias antes da eleição de 2016. O pagamento não foi declarado nas contas de campanha entregues à Comissão Eleitoral Federal. Assim como no caso da reunião com os russos na Trump Tower, as explicações iniciais dadas pela equipe de Trump se revelaram mentirosas.

Mais uma vez, Sarah Sanders desempenhou papel central na farsa montada para enganar o público a respeito dos problemas jurídicos do presidente. No encontro com a imprensa em 7 de março de 2018, Sanders foi questionada por meu colega Jeff Zeleny sobre o pagamento a Stormy Daniels.

> ZELENY: O presidente aprovou o pagamento feito em outubro de 2016 por seu advogado e conselheiro Michael Cohen?

> SANDERS: Veja, o presidente abordou esse assunto diretamente e deixou muito claro que nenhuma das acusações é verdadeira.

Trump foi questionado diretamente por Catherine Lucey, da Associated Press, poucas semanas depois, se sabia de onde tinha saído o dinheiro que pagou Stormy Daniels.

"Não, não sei", respondeu Trump, numa mentira descarada. "Você tem que perguntar ao Michael Cohen. Michael é meu advogado", acrescentou, em um comentário que mais tarde voltaria para assombrá-lo.

Cerca de um mês depois, em 2 de maio de 2018, Giuliani escancarou tudo ao explicar que o dinheiro tinha sido repassado por Cohen e seu escritório de advocacia e que "o presidente o ressarciu".

No encontro com a imprensa na Casa Branca no dia seguinte, perguntei a Sarah sobre a falsa declaração que ela tinha dado a respeito do pagamento a Stormy Daniels.

> ACOSTA: Se eu puder prosseguir — você disse, em 7 de março, que "o presidente não tinha qualquer conhecimento dos pagamentos, e que negou todas essas acusações". Você estava mentindo para nós o tempo todo, ou não sabia da verdade?
>
> SANDERS: O presidente negou e continua a negar a afirmação que está por trás disso tudo. E, mais uma vez, eu ofereci a melhor informação que tinha à época. Vou pedir que você observe os comentários que você mesmo acabou de mencionar há poucos minutos, sobre a cronologia do prefeito Giuliani.

Muito se discutiu sobre minha pergunta básica a Sanders: "Você estava mentindo para nós o tempo todo, ou não sabia da verdade?" A sugestão era de que eu havia feito uma pergunta injusta para chamar atenção. Mesmo que ela não soubesse a verdade, Trump quase certamente sabia e tinha mentido sobre isso, tanto para as pessoas do seu governo quanto para os americanos em geral. A verdade deve ser importante para a Casa Branca, e esse era um exemplo flagrante de como o presidente e seus principais assessores mentiam para os americanos. A história da propina paga à estrela pornô era mais do que um escândalo. Caso o suposto romance de Stormy Daniels com o presidente tivesse vindo a público nos últimos dias antes da campanha, é bem possível que o resultado da eleição fosse diferente. A propina paga a Stormy Daniels foi uma tentativa bem-sucedida de encobrir uma história que Trump sabia ser prejudicial. Portanto, essas questões têm importância.

Não muito depois do desempenho de Sanders naquele dia, vimos uma redução na quantidade de encontros com a imprensa na Casa Branca. Sarah passou a fazer, em média, um encontro com a imprensa por semana. No final de 2018, esses eventos com a secretária de imprensa tinham praticamente desaparecido da agenda. Os próprios encontros se tornaram mais breves, levando de quinze a vinte minutos cada. Os críticos conservadores culpavam a imprensa, e pessoas como eu, por essa tendência, mas a responsabilidade é unicamente do presidente e de sua secretária de imprensa. Minha impressão é de que Sanders percebia que não tinha como continuar realizando encontros com a imprensa regularmente e ao mesmo tempo manter o último fio de credibilidade que ainda tinha, especialmente levando em conta que suas declarações falsas poderiam ter sérias consequências legais.

No entanto, um funcionário graduado da Casa Branca disse que Trump já havia tido encontros com a imprensa o suficiente. Em uma admissão que não chegou a me surpreender, o funcionário me explicou que Trump preferia que as câmeras de TV transmitissem tudo o que ele dizia.

"É o presidente", explicou o funcionário. "Ele gosta de fazer isso. Ele gosta de falar no Gramado Sul e nos eventos."

Em abril de 2018, poucos dias depois de Trump mentir sobre o pagamento a Stormy Daniels, o FBI fez uma operação de busca e apreensão no escritório de Michael Cohen, coletando vários documentos e registros relacionados à investigação da promotoria do Distrito Sul de Nova York sobre o caso de Stormy Daniels. Como soubemos mais tarde, Michael Cohen se voltou contra o patrão e começou a ajudar aqueles procuradores.

Cohen rapidamente aprendeu como era a vida de quem não estava nas graças do presidente. Um mês depois da busca e apreensão, o *National Enquirer*, o tabloide de supermercado dirigido pelo amigo de Trump David Pecker, publicou uma reportagem totalmente parcial sobre Cohen intitulada “Segredos e mentiras do faz-tudo de Trump”. Havia muito se suspeitava que o *Enquirer* fosse um jornal a serviço de Trump, disposto a comprar direitos exclusivos de reportagens só para não as publicar depois, como no caso de Karen McDougal, uma modelo da Playboy que também acusou Trump de ter um caso com ela. A empresa dona do *Enquirer*, segundo se diz, pagou a McDougal para garantir seu silêncio. Quanto à reportagem que acusava Cohen de “mentir”, perguntei se a matéria era um recado que Trump estava mandando para ele.

A resposta de Cohen, que noticiamos à época: “O que *você* acha?”

A cooperação de Michael Cohen com os procuradores federais fez com que ele fosse excomungado do mundo de Trump. Mais tarde, Trump chamaria seu ex-faz-tudo de “rato” no Twitter, o tipo de linguagem usada por chefes da máfia antes de mandar matar um traidor. Posteriormente, Cohen viria a se preocupar com a possibilidade de toda a pressão feita pela equipe de Trump pôr sua família em perigo. Eu tinha conversado com Michael ao telefone algumas vezes. Como seu caso ainda estava à espera de julgamento, ele não queria falar em *on*, mas conversando com ele ao telefone ficava claro que sua vida estava em frangalhos. A carreira que ele construíra no mundo jurídico, trabalhando para um astro de programas de reality show que virou presidente, estava desabando. Os assessores e conselheiros de Trump foram impiedosos, chamando Cohen de um “mentiroso” no qual não se podia confiar — o que levantava a questão: se isso era verdade, como ele pôde trabalhar para Trump? Mesmo assim, um conselheiro de Trump me disse que ficou “triste” por Cohen, descrevendo-o com um homem que “não tem pátria". Quando se deixa o mundo de Trump, aparentemente a pessoa é banida para sempre.

No dia do comício na Virgínia Ocidental, no fim de agosto, foi pura coincidência que as notícias sobre Cohen e Manafort tenham vindo a público praticamente ao mesmo tempo, horas antes de Trump subir ao palco. A coincidência demonstrou o quanto o presidente estava atolado em escândalos. É claro que Trump não mencionou nada disso no comício. Mesmo assim, pareceu murcho ao atacar os alvos de sempre — ou seja, a mídia, os imigrantes e os democratas do Congresso. Eu não esperava que ele discutisse longamente a condenação de seu ex-coordenador de campanha, ou o fato de seu ex-advogado pessoal ter se declarado culpado. Em todo caso, imaginei que muita gente que estava no ginásio naquele dia não dava importância a essas notícias. Convencidos de que a mídia convencional espalhava mentiras sobre Trump, eles simplesmente escolhiam não acreditar que pessoas próximas ao presidente foram naquele mesmo dia declaradas culpadas de crimes federais. Era o "Estado oculto" trabalhando com a mídia "fake news" para culpar Trump, o presidente lhes contaria. Os apoiadores de Trump que passaram o comício tentando nos intimidar com olhares e cartazes pretendiam pôr os jornalistas no lugar de criminosos, e, no entanto, eram pessoas próximas a Trump que estavam prestes a ir para a cadeia. Uma justaposição impressionante.

Enquanto eu estava ali tentando conciliar a cena à minha frente com o que acontecia nos tribunais naquele dia, olhei e vi um imenso apoiador de Trump me encarando. Por uns bons vinte minutos ele simplesmente ficou me fitando de um jeito ameaçador. Várias vezes tentei acenar para pessoas como esse cara, para ver se elas queriam ser notadas. Mas não funcionou com ele, que simplesmente continuou me encarando. Francamente, parecia um psicopata. Nosso segurança no comício, um sujeito igualmente grande e intimidador, com cabelo moicano, e que durante o dia trabalhava como agente penitenciário, ficou encarando o sujeito também, pronto para a briga. Eu só queria cair fora dali. Mesmo com nosso impressionante segurança, não parecia seguro.

Enquanto tentávamos sair rapidamente do centro de convenções, houve mais problemas, quase imediatamente. Uma jovem repórter, Millie Weaver, do site alternativo Infowars, me emboscou na rua. Do nada, enfiou um microfone do Infowars na minha cara enquanto a câmera me filmava. Meu produtor Matt e nosso segurança com corte moicano tentaram bloqueá-la para que pudéssemos continuar andando. Temendo que o Infowars nos detonasse por passar pelas câmeras daquele jeito, pensei, sabe o quê?, deixe que ela pergunte.

Millie me perguntou sobre a decisão do Facebook de banir o Infowars por causa de seu histórico de discurso de ódio, incluindo a falsa teoria da conspiração de que o atentado a tiros na Escola Fundamental Sandy Hook, em Newtown, Connecticut, não passara de um boato espalhado pelo governo. Os pais das vítimas processaram o site por causa da falsa matéria, um exemplo vivo de fake news de verdade (perdão pelo oximoro). A entrevista em que Millie me emboscou hoje vive eternamente na Internet com o título "Millie Weaver dá uma aula sobre a Primeira Emenda a Jim Acosta". Você pode ver no YouTube. Na verdade, quem recebeu uma aula foi ela.

"Ei, Jim Acosta, o que você acha de Alex Jones ter sido banido?", perguntou ela.

Tivemos um breve debate sobre a questão do lado de fora do Centro Cívico de Charleston. Falei sobre o valor da imprensa livre, sabendo que não era isso que ela tinha em mente.

"Você se preocupa com isso?", continuou ela.

"Certamente apoio a liberdade de imprensa", eu disse a Millie. "Apoio a liberdade de expressão. Certamente não gosto do que vi ao longo dos últimos dois anos, [com] o presidente atacando a imprensa. Acho que isso certamente joga luz sobre a importância da imprensa livre. E acredito que qualquer pessoa que exerça de modo responsável o direito à liberdade de expressão e o direito à liberdade de imprensa deva ser respeitada."

"E você não acha que está no direito da Primeira Emenda do presidente (sic) criticar e fazer comentários contra a mídia?", rebateu ela.

"Claro, está dentro dos direitos garantidos a ele pela Primeira Emenda fazer comentários sobre a mídia", respondi. "Mas também está dentro dos meus direitos garantidos pela Primeira Emenda dizer que não acho uma boa ideia o presidente dos Estados Unidos demonizar a imprensa e nos chamar de inimigos do povo e esse tipo de coisa. Acho que esse tipo de discurso pode potencialmente colocar os jornalistas em risco."

Weaver passou a comparar o Infowars à CNN e à NBC, dizendo que todos passamos a ser chamados de "fake news".

"A minha opinião pessoal é que você não pode colocar a CNN na mesma categoria do Infowars, com todo o respeito", eu disse. "Acho que se você analisar o que os pais das vítimas de Sandy Hook estão passando hoje..."

Ela tentou me cortar, mas continuei.

"Acho que, se você analisar o que os pais das vítimas de Sandy Hook estão passando hoje, com respeito ao Infowars, acho que é preciso debater o que está sendo dito na esfera pública e o que está sendo dito nas mídias sociais e o que está sendo dito a muita gente lá fora que confia no que vocês dizem. E, por exemplo, não acho certo dizer aos pais das vítimas de Sandy Hook que o que aconteceu ali foi um boato. Acho que não é apropriado."

A expressão facial de Millie era impagável. Em resumo, ela não podia suportar a verdade. Ela sabia que a conspiração de Sandy Hook era uma besteirada. Dava para ver que estava se esforçando para desdenhar do que eu dizia, como uma criança lutando contra o pai que tenta lhe dar uma dose de xarope para tosse.

O episódio era significativo. As teorias de conspiração se tornaram uma força poderosa em nossa política por lidarem com um medo específico. Para os entusiastas das armas, é o medo do confisco das armas de fogo. Para os xenófobos, o medo de milhões de imigrantes inundarem as ruas das cidades americanas. Trump sabe que as mentiras funcionam melhor quando têm raízes no medo.

Enquanto o país se aproximava rapidamente das eleições no outono, Trump alimentava sua base instigando esse tipo de medo. Ele atraía as multidões do Infowars e do QAnon com seus ataques à imprensa e mostrava simpatia pela indignação deles com o que consideravam censura nas mídias sociais, muitas vezes parecendo, em vários comícios, o teórico-da-conspiração-chefe. Mas foi só em outubro que vimos Trump usar uma mensagem de campanha que somava a tentativa de atingir esse público dos veículos alternativos com uma verdadeira ideia de política pública. Depois de aprovar um dos cortes de impostos mais impopulares da história e de tentar retirar o plano de saúde de milhões de pessoas, ele voltou a abandonar sua pauta legislativa para falar de imigração e surfar na onda de medo nacionalista que o levara à Casa Branca dois anos antes. Mas, se dois anos antes ele tinha construído esse argumento em torno da imagem do muro, agora, com o poder da presidência à disposição, ele pôde fabricar uma crise imigratória planejada para semear a discórdia racial e levar sua base às urnas.

Começou em outubro, quando Trump, para vender a ideia do muro na fronteira que ele queria construir havia tanto tempo, aproveitou que havia uma caravana de quatro mil pessoas caminhando pela América Central com destino à fronteira americana e descreveu a ameaça representada por esse grupo em busca de asilo nos termos mais sombrios possíveis. A campanha de Trump chegou a produzir um anúncio racista retratando os migrantes como invasores pulando o muro, no que ficou conhecido como o "anúncio Willie Horton" de 2018. Para quem não lembra, é uma referência a um comercial da campanha eleitoral de George H. W. Bush de 1988, baseado na decisão do democrata Michael Dukakis, quando governador do Massachussetts, de conceder indulto a um negro, Willie Horton, que depois de sair da cadeia cometeu estupro e assassinato. Mesmo à época, o anúncio sobre Willie Horton foi visto como discriminatório do ponto de vista racial. O mesmo aconteceu com o anúncio de Trump sobre a invasão, que não passava de uma tentativa desesperada de causar reviravolta numa eleição que tinha se voltado contra os republicanos, especialmente nas disputas pela Câmara, o que significava a diferença entre ter na presidência da Casa Branca Paul Ryan ou Nancy Pelosi. Várias redes de televisão, incluindo a CNN, a Fox News e a Fox Business, se recusaram a exibir o anúncio de Trump.

Como se não bastasse, Trump acrescentava novas camadas a seu discurso para conseguir apelo junto à sua base xenófoba. Nos comícios, passou a especular que por trás da caravana havia dinheiro sujo doado por democratas, o que dava credibilidade à teoria da conspiração aventada por algumas pessoas da direita de que o filantropo bilionário George Soros estaria bancando os migrantes para mobilizar o eleitorado de esquerda.

"Estamos começando a descobrir — e não vou dizer com cem por cento de certeza, vou colocar um pequeno, minúsculo [sic] ponto de interrogação no final, mas não vamos chegar lá, mas temos as fake news ali atrás, fake news — que muito dinheiro foi entregue a gente que está tentando chegar à fronteira antes da data da eleição, porque acham que isso é negativo para a gente", disse Trump num comício em Montana, em outubro.

Como se suas afirmações não confirmadas sobre Soros não bastassem, Trump retratou a caravana como uma espécie de tempestade perfeita de caos imigratório, expandindo sua teoria da conspiração para incluir afirmações não comprovadas sobre muçulmanos que estariam infiltrados entre os imigrantes, o que tornava a caminhada rumo à fronteira a materialização visual dos medos de sua base, tanto em questões econômicas quanto no que dizia respeito à segurança. Trump sugeria que havia descendentes de pessoas do Oriente Médio usando a caravana como disfarce para supostamente entrar nos Estados Unidos e realizar ataques terroristas. Ele chegou a fazer essa acusação racista num tuíte.

@realDonaldTrump
Infelizmente, parece que a polícia e o exército do México não conseguem parar a caravana que ruma para a fronteira sul dos Estados Unidos. Há criminosos e gente desconhecida do Oriente Médio na caravana. Alertei a Patrulha de Fronteira e o Exército de que isso é uma emergência nacional. Precisamos mudar as leis!
8h37 — 22 out, 2018

Apesar de não existirem indícios de haver pessoas do Oriente Médio na caravana, Trump continuou insistindo nessa fantasia, algo que questionei naquela mesma semana no Salão Oval. Estávamos ali para a sanção de uma lei não relacionada a isso. Então a caravana veio à tona novamente, quando alguns repórteres começaram a fazer perguntas.

"Tenho informações muito boas", disse Trump aos repórteres.

Pressionei para descobrir se ele tinha alguma prova. Não tinha.

"Não há prova de nada, mas pode muito bem ser verdade", declarou, acrescentando uma nova expressão à categoria dos "fatos alternativos" e ao comentário feito por Rudy Giuliani, na NBC, de que "a verdade não é verdade". "Não há prova de nada" parecia um slogan adequado para a compreensão distorcida que Trump tem do poder. Em sua cabeça, qualquer afirmação falsa dita de maneira suficientemente passional tem o mesmo peso de uma verdade objetiva com base na realidade. Se Trump conseguisse convencer uma quantidade suficiente de pessoas de que havia terroristas em potencial atravessando a fronteira, então era possível que garantisse apoio suficiente para qualquer tipo de política, desde um muro medieval até uma política de separação familiar que devasta a vida de incontáveis crianças.

Durante quase dois anos, todos vínhamos testemunhando um governo obstinadamente desconectado da verdade, mas, naquela não crise representada pela caravana, o país inteiro podia ver como Trump, se deixado à vontade e sem o escrutínio da imprensa, poderia politizar e fabricar uma crise que atendesse às suas necessidades políticas.

E o fato de Hillary Clinton não disputar a eleição não significava que Trump fosse deixar de atacá-la. Aparentemente, Trump continuava obcecado por ela. Ele a mencionava nos discursos como se 2016 não tivesse terminado. Simplesmente não conseguia deixar aquilo para trás. Tuitava sobre a controvérsia dos e-mails dela, muitas vezes reclamando que a ex-secretária de Estado deveria ser o alvo de Mueller, e não ele. Uma fonte próxima a Trump me revelou que, quando Trump estava retirando as permissões de segurança de outro rival, o ex-diretor da CIA John Brennan, em agosto de 2018, queria fazer o mesmo com Hillary. O presidente e o ex-chefe de gabinete da Casa Branca, John Kelly, entraram numa discussão tão acalorada sobre o desejo de Trump de revogar as permissões de seus rivais que seus gritos foram ouvidos por terceiros. Uma fonte no Congresso confirmou que a Casa Branca estava se esforçando para pegar Hillary. Trump acabou conseguindo o que queria. Em uma carta ao Departamento de Estado no final de agosto, David Kendall, advogado de Hillary, sem saber dos desejos de Trump, escreveu ao governo solicitando voluntariamente que a permissão de acesso a documentos da ex-secretária fosse cancelada. O Departamento de Estado atendeu ao pedido dela no dia seguinte, segundo as cartas relativas à saga que obtive.

Nem a ausência de uma crise na fronteira nem a ausência de Hillary Clinton na cédula eleitoral importavam. E, é claro, o único modo de convencer a base de Trump a acreditar na sua versão da realidade era manter o ataque à imprensa e tornar ainda mais aguda sua guerra à verdade. Num dos pontos realmente baixos das eleições de meio de mandato, em um comício em Missoula, em Montana, Trump elogiou o único congressista do estado, Greg Gianforte, por atacar meu amigo e colega Ben Jacobs, do jornal *The Guardian*, e jogá-lo no chão, num ataque de fúria causado por perguntas de que não gostou.

"A propósito, nunca briguem com ele. Um sujeito que consegue levantar o outro e jogá-lo no chão é o tipo de cara que eu gosto", disse Trump sobre Gianforte no comício, levando a plateia ao delírio.

Era um exemplo perfeito de por que eu não me preocupava apenas com o comportamento do presidente. Eu me preocupava com o efeito que isso tinha sobre o restante do país. Naquela noite em Missoula, depois de Trump elogiar um congressista por atacar um repórter, vi um grupo de jovens na plateia me encarando e gargalhando com o apoio que Trump deu a Gianforte. Um desses homens, que parecia ter vinte e poucos anos, começou a fazer mímica de quem está jogando alguém no chão, pouco antes de passar o polegar pela garganta como se indicasse que queria cortar meu pescoço.

São só pequenos gestos e ameaças, claro, mas esse é o comportamento que Trump tornou aceitável e incentivou. Mais preocupante é saber quando as coisas ultrapassam o limite. Nem sempre é fácil discernir quando é apenas uma pessoa agindo para intimidar e quando uma ameaça representa um perigo verdadeiro. Até então, o perigo em grande medida era teórico, mas infelizmente isso estava prestes a mudar.

Poucos dias depois de Trump elogiar Gianforte, os primeiros de uma série de pacotes suspeitos, contendo bombas caseiras, começaram a chegar a casas e escritórios de vários democratas de destaque em várias partes dos Estados Unidos. A primeira bomba foi enviada a George Soros, um dos alvos recentes de Trump. No dia seguinte, outro pacote foi enviado a Hillary Clinton. No dia seguinte, a sede da CNN em Nova York teve de ser evacuada depois que mais uma bomba foi descoberta, enviada ao ex-diretor da CIA, John Brennan. Meus colegas da CNN, incluindo os âncoras Poppy Harlow e Jim Sciutto, continuaram a transmitir ao vivo, usando seus celulares, com a ajuda de nossos talentosos produtores e cinegrafistas, que fizeram as coisas funcionarem. Fiquei muito orgulhoso do trabalho deles.

Mas não era hora de batermos palmas uns para os outros. Outras bombas caseiras foram enviadas ao ex-presidente Barack Obama, à deputada Debbie Wasserman Schultz e ao ex-procurador-geral Eric Holder. Até o ator Robert De Niro, ativista anti-Trump, recebeu um pacote suspeito. Uma fonte ligada aos órgãos de investigação me repassou imagens de alerta enviadas pelo Serviço Secreto que ofereciam detalhes exclusivos sobre os pacotes e os alvos. Era de arrepiar. O responsável pelas bombas, embora trabalhasse com materiais baratos, parecia um terrorista americano querendo vingar Trump.

Jornalistas supostamente não devem se impressionar tão fácil, mas o atentado a bomba à nossa sede em Nova York, que fez surgirem receios de que outras bombas pudessem ser encontradas em sucursais da CNN no país, levou o verdadeiro perigo da retórica de Trump a nosso local de trabalho. Não se tratava mais de apanhar num comício de Trump. Os funcionários da CNN, que têm vidas reais fora do trabalho, com famílias, podiam ter sido assassinados, em parte por causa da retórica violenta que impulsionou Trump rumo à presidência. A direção da emissora, incluindo o presidente da CNN, Jeff Zucker, precisou acalmar os funcionários apavorados em um dos maiores grupos de comunicação do mundo. Sim, as pessoas estavam assustadas. Esse era o resultado de anos de ataques de Trump à CNN. Fomos chamados de “fake news”. Fomos chamados de “inimigos do povo”. Ouvimos gritos de “a CNN é uma droga” nos comícios. Mas isso não estava acontecendo apenas comigo ou com algum outro funcionário individual da CNN. De repente, eram tempos perigosos para todos nós.

Apesar das bombas caseiras enviadas à CNN e a outros alvos em várias partes do país, Trump e sua secretária de imprensa, Sarah Sanders, não tiveram a decência de parar de chamar a imprensa de “inimiga do povo”. Sanders não demonstrou nenhuma empatia pela CNN em seu primeiro tuíte depois de encontrarem o explosivo na sede da emissora.

Sua primeira declaração condenava "as tentativas de ataques violentos" contra Obama e os Clinton, mas nem sequer mencionava a CNN. Depois de ser denunciada no Twitter por essa evidente omissão, ela tentou se redimir com mais um tuíte que incluía a CNN.

Nossa condenação desses atos *despresíveis* certamente inclui as ameaças feitas à CNN e também a funcionários públicos, tuitou ela, errando a grafia da palavra *desprezíveis*.

A primeira-dama Melania Trump também deixou de mencionar a CNN em sua primeira declaração sobre o ocorrido, quando condenou "tentativas de ataque ao presidente Clinton, ao presidente Obama, às famílias deles, a funcionários públicos, indivíduos e organizações".

Era outro sinal espantoso emitido da Ala Oeste para a Ala Leste, deixando claro que o ódio do mundo de Trump pela CNN tinha se tornado cancerígeno. Portanto, não foi surpresa quando a CNN finalmente respondeu. Jeff Zucker, que durante meses controlara a língua e resistira à vontade de gastar tempo rebatendo os ataques quase diários de Trump à imprensa, simplesmente não aguentou mais.

"O presidente e especialmente a secretária de imprensa da Casa Branca deveriam compreender que suas palavras têm peso", declarou Zucker em nota emitida pela CNN.

Seis horas depois, Sanders contra-atacou com um tuíte, insistindo que Trump havia **pedido aos americanos "para se unirem e mandar uma mensagem muito clara, forte, inequívoca de que atos ou ameaças de violência política de qualquer tipo não têm lugar nos EUA". No entanto, vocês escolheram atacar e dividir. Os Estados Unidos deveriam se unir contra todo tipo de violência política.** O tuíte de Sanders ignorava o fato de que foram a retórica e a hostilidade do presidente que inspiraram a pessoa que enviou as bombas. Foi mais um momento vergonhoso para Sanders, que novamente perdeu de vista seu papel, que deveria ser de trabalhar com a imprensa.

No fim da semana, o efeito tóxico de Trump no debate nacional ficou claro quando agentes do FBI capturaram Cesar Sayoc, de 56 anos, e acusaram o fanático eleitor de Trump de enviar treze bombas caseiras à CNN e a alvos democratas em várias partes do país. A van branca de Sayoc, que o país viu com clareza no dia de sua prisão, estava coberta de adesivos contra a mídia, grande parte de sua fúria dirigida à CNN. Um adesivo na van trazia um dos gritos de guerra favoritos da plateia dos comícios de Trump: "A CNN é uma droga!". Fotos do comentarista da CNN Van Jones e do cineasta Michael Moore também foram vistas nas laterais da van de Sayoc. Os dois homens tinham alvos ou miras no rosto, e o mesmo acontecia numa foto de Hillary Clinton.

Sayoc, que vinha sobrevivendo do que tinha dentro da van depois de ser expulso da casa dos pais, frequentava os comícios de Trump na Flórida. Ex-entregador de pizza e fisiculturista, ele também usou as mídias sociais para enviar mensagens ameaçadoras a vários alvos, incluindo este repórter.

@CNN @Acosta Você está acabado inimigo dos EUA. Você é o próximo, dizia um dos tuítes direcionados a mim.

Acosta, você o próximo. Te vejo no próximo comício, dizia outro.

No total nove tuítes pareciam ameaças a mim e à CNN. O tuíte mais perturbador, direcionado à minha conta de Twitter, @Acosta, tinha imagens de uma cabra decapitada e de sua cabeça decepada. Essas imagens aparentemente foram usadas por Sayoc para ameaçar outros críticos de Trump. Vários de seus tuítes foram postados durante a primeira semana de agosto, depois que fui atormentado pela turba furiosa de eleitores de Trump em Tampa, na mesma noite em que Trump e seu filho Eric postaram seus próprios tuítes aprovando aqueles dedos médios.

Só fiquei sabendo dos tuítes ameaçadores de Sayoc depois que ele foi preso. Andrew Kaczynski, da CNN, fez captura de tela em alguns deles antes do suposto autor dos atentados ter suas contas apagadas. O fato de eu não ter visto essas mensagens ressalta um dos problemas das mídias sociais hoje em dia: a quase invisibilidade de um comportamento perigoso que devia disparar um alerta vermelho. Aplicativos populares como Twitter e Instagram são tão grandes que essas empresas não têm como bloquear todas as mensagens ameaçadoras postadas em seus sites, o que cria um ambiente seguro para maníacos como Cesar Sayoc ameaçarem jornalistas de modo violento em plena luz do dia. Trump era o herói de Sayoc. Nós éramos seus inimigos.

Sayoc é exatamente o tipo de pessoa sobre a qual vínhamos alertando o pessoal ligado a Trump. Não nos preocupávamos com todos os eleitores de Trump, em todos os comícios. Tínhamos medo de gente como Sayoc. Sim, ele claramente tinha um parafuso a menos, mas *era isso* o que mais preocupava. Era a personificação daquela minúscula fração de eleitores dementes de Trump que alguns de nós temíamos, alguém que não tinha pleno controle sobre seus impulsos, mas que foi radicalizado a ponto de realizar atos de violência. Nós sabíamos que bastava um sujeito como ele para que as coisas passassem do limite.

Você pode achar que a prisão de Cesar Sayoc faria Trump se conter. Mas não. Nem de perto. Cinco dias depois da troca de tuítes entre a CNN e Sanders, no dia em que as bombas caseiras apareceram em nossa sede, Trump e ela retomaram os ataques à imprensa. Na guerra contra a CNN e o resto da mídia, não haveria cessar-fogo. Faltando uma semana para as eleições de meio de mandato, Trump precisava animar sua base. Com ou sem bombas caseiras, ele voltou a chamar a imprensa de inimiga:

> **@realDonaldTrump**
> Há muita raiva no nosso país causada em parte por noticiários imprecisos e até fraudulentos. A Mídia Fake News, a verdadeira Inimiga do Povo, precisa parar com as hostilidades evidentes & óbvias & informar de maneira precisa & justa. Isso vai ser muito útil para acalmar os ânimos...

O tuíte de Trump sobre a existência de "muita raiva", inacreditavelmente, pretendia atribuir a responsabilidade por um terrível ataque ocorrido dias depois do envio das bombas caseiras. Um atentado a tiros na sinagoga Árvore da Vida em Pittsburgh matou onze pessoas. A polícia disse que o atirador, Robert Bowers, fizera comentários antissemitas tanto nas mídias sociais quanto durante o massacre. Num de seus ataques de fúria nas mídias sociais, Bowers acusou falsamente os judeus de terem ligação com o esforço de transportar a caravana de migrantes até a fronteira. Soa familiar? Era uma mentira nojenta, mas que parecia ter sido incentivada em parte pela retórica anti-imigratória de Trump, que tentava atingir, entre outros, George Soros, acusado falsamente de bancar a caravana de algum modo. Trump obviamente não gostou desse aspecto de nossa cobertura sobre o atentado à sinagoga. Portanto, ampliou seus ataques à imprensa, jogando mais gasolina na sua incendiária besteirada de que éramos "inimigos do povo".

> **@realDonaldTrump**
> CNN e outros da Indústria de Fake News insistem deliberada e imprecisamente que eu disse "A Mídia é Inimiga do Povo". Errado! Eu disse que a "(Mídia) Fake News é Inimiga do Povo", uma diferença muito grande. Quando você dá informações falsas — não é bom!

Voltando ao tuíte de Trump sobre a "raiva", também é importante notar que ele não estava assumindo nenhuma responsabilidade pelos eventos violentos que apavoravam os americanos. Trump afirmava que uma cobertura melhor de sua presidência seria "muito útil para acalmar os ânimos". O que ele queria dizer com isso? Que, se publicássemos as notícias que ele queria, ele pararia de fazer ataques retóricos? Isso é que é fake news. Alguém realmente acredita que ele teria parado com sua retórica ameaçadora? No mesmo dia, por acaso, Sanders realizou um encontro com a imprensa. E eu sabia exatamente o que queria perguntar. Como sempre, ela não demonstrou qualquer remorso.

> ACOSTA: Você não deveria reservar a palavra "inimigo" para pessoas que de fato são inimigos dos Estados Unidos, em vez de usá-la para jornalistas?

SANDERS: O presidente não está se referindo a toda a mídia. Está falando de uma quantidade crescente de notícias falsas que existe em nosso país. O presidente está chamando a atenção para isso.
ACOSTO: Posso insistir no tema, por favor? Já que você mencionou, o presidente disse hoje pela manhã: "A mídia fake news, a verdadeira inimiga do povo, precisa parar. Eles têm a responsabilidade de informar de maneira precisa e justa." Você poderia dizer oficialmente quais são os veículos que você e o presidente consideram inimigos do povo?
SANDERS: Não vou fazer uma lista, mas acho que essas pessoas provavelmente sabem de quem estamos falando.

Ah, então ela concordava totalmente com a ideia de que havia membros da imprensa que de certo modo eram "o inimigo". Se isso soa ao mesmo tempo ridículo e perigoso para você, imagine qual era a sensação ali de onde eu estava. Mas continuei pressionando.

ACOSTA: Isso incluiria meu veículo, que recebeu ameaças de bomba?
SANDERS: Acho que não se trata de generalizar um veículo inteiro. Às vezes, o presidente se refere a pessoas.

Para ser franco, eu estava furioso com Sarah por dizer de maneira tão calma uma das coisas mais vis, mais antiamericanas já ditas na Sala de Conferências da Casa Branca. Eu estava chocado. Eu sabia que as pessoas em casa estavam chocadas. Por isso, continuei, para ver até onde ela iria.

ACOSTA: Então você não vai dizer oficialmente? O presidente diz que a mídia fake news é sua inimiga, e, se você continuar dizendo por aí que há jornalistas e veículos de informação que se encaixam nessa descrição, você não deveria ter coragem, Sarah, de dizer quais veículos e jornalistas são inimigos do povo?

SANDERS: Acho que é irresponsável da parte de uma empresa de comunicação como a sua botar a responsabilidade de uma bomba que não foi enviada pelo presidente e não apenas culpar o presidente, mas também membros do governo dele por esses atos. Acho que isso é ultrajante e irresponsável.

Sanders não precisou especificar quem eram os "inimigos" de Trump naquele encontro com a imprensa. Era dolorosamente óbvio, antes mesmo de eu fazer a pergunta. Mas eu queria que tudo isso ficasse registrado. Queria que ficasse gravado em vídeo. Essas palavras deveriam ser registradas e gravadas para a eternidade. Ninguém me deu tapinhas nas costas quando saí da Sala de Conferências naquele dia, mas eu não queira a aprovação de ninguém. Se as pessoas acharam que eu estava me exibindo em meu diálogo com Sanders, problema delas. O que interessava era preservar um capítulo sombrio da história de nossa nação. As futuras gerações precisam ler e compreender que houve um momento neste país em que o presidente e sua principal porta-voz chamaram repórteres de "inimigos do povo" e, ainda por cima, de dentro da Casa Branca. Seria errado ignorar esses comentários e enfiar a cabeça na areia. Isso só tornaria o comportamento e a retórica do mundo de Trump mais palatáveis, quando ambas as coisas deveriam ser expostas, registradas e iluminadas com a luz mais clara possível. Foi isso que tentei fazer na Sala de Conferências naquele dia. Eu sabia que Sarah não seria responsabilizada por seus atos. Ela não perderia o emprego por aqueles comentários. Na verdade, provavelmente ela agiu mais para preservar o cargo do que por qualquer outro motivo. Mas seus comentários naquele dia serão lembrados mesmo depois que todos nós já não estivermos aqui.

Durante quase três anos, aturei os ataques, os xingamentos e os insultos em inúmeros comícios de Trump. O presidente havia jogado milhões de americanos num frenesi de ódio contra a imprensa. Senti isso na pele, tanto no palanque de imprensa de um comício de Trump quanto simplesmente lendo no meu celular as mais recentes ameaças de morte postadas nas mídias sociais. Agora, naqueles últimos dias antes das eleições de meio de mandato, eu começava a conversar ao telefone com agentes do FBI e com detetives da polícia local que investigavam as várias ameaças feitas contra este repórter e alguns de meus colegas. Os órgãos de segurança começaram a levar aquilo muito a sério. Havia temores, claro, de que Cesar Sayoc não fosse o único maluco solto por aí e que alguém acabasse se machucando. Eu não estava dormindo bem naquela época. Ficava espreitando pelos cantos ao caminhar por minha casa. Eu e meu produtor, Matt Hoye, começamos a discutir se devíamos usar coletes à prova de balas nos comícios, algo que o Serviço Secreto provavelmente não permitiria. Será que eu deveria andar com um taser?, eu me perguntava.

Sendo um repórter veterano, eu achava isso tudo meio ridículo, mas a verdade é que nenhum de nós sabia de fato quão sérios eram os riscos.

Com Sayoc atrás das grades, a CNN tinha uma eleição para cobrir. Tínhamos que esquecer nossa disputa com a Casa Branca relacionada ao sujeito apelidado de "terrorista MAGA". Faltando só uma semana para Trump descobrir se seus ataques aos imigrantes e à imprensa trariam dividendos eleitorais, ele usava sua retórica incendiária numa série de comícios na reta final da campanha. Viajei à Flórida para um de seus últimos comícios, em apoio ao candidato republicano ao Senado, Rick Scott, e a Ron DeSantis, que disputava o governo do estado. Estávamos nervosos, porque os comícios na Flórida normalmente tinham as plateias mais desordeiras. Mas tínhamos um plano.

Tendo em vista o que aconteceu com Sayoc, a CNN não queria correr riscos em relação à minha segurança. No comício de Fort Myers, permaneci cercado por um grupo de quatro policiais à paisana da região de Miami. Eram grandes e intimidadores e, para ser franco, fiquei um pouco constrangido. A CNN estava fazendo a coisa certa ao me oferecer toda aquela proteção, mas quem me conhece sabe que não gosto de chamar atenção. E aquilo chamava muita atenção.

Quando entramos no local em que o comício seria realizado, foi como ver mariposas diante de uma chama. Eleitores de Trump foram até a área reservada para a imprensa para me fazer todo tipo de pergunta. Uma mulher me perguntou se fui pago por George Soros para fazer perguntas a Trump. Não, respondi educadamente, "George Soros não está me pagando". Outro sujeito me perguntou se eu estava "na folha de pagamento da CIA". Esses são alguns dos exemplos mais bizarros, mas eles ilustram uma questão importante: muitos eleitores de Trump tinham sido enganados por teóricos da conspiração, sites alternativos e veículos de comunicação conservadores a ponto de acharem normal que um repórter da mídia tradicional fosse pago por George Soros ou pela CIA.

Nem tudo foi mal naquela noite. Depois do comício, um senhor idoso chamado Merlin se aproximou de mim com um gesto incrivelmente gentil. Disse que tinha estado no comício de Tampa em agosto e que havia gritado comigo. Se assistir ao vídeo em que todas aquelas pessoas me xingam, é possível ver Merlin erguendo o dedo do meio para mim no meio da plateia. Desde aquele dia, explicou Merlin, ele se sentia mal pelo que fizera. Queria pedir desculpas. Mal pude acreditar no que estava ouvindo. Francamente, achei que ia começar a chorar. Então perguntei se poderia gravar o pedido de desculpas dele no meu iPhone. Ele disse que não se importava.

"Eu só queria pedir desculpas por ter mostrado a você o dedo do meio em Tampa. Eu me deixei levar pelo momento", disse Merlin, com a esposa ao lado, toda sorridente. "Você sabe como é, é como se eu estivesse pedindo fatos, não opiniões. Era só o que eu queria. Às vezes, me deixo levar pelo momento e por isso eu só queria pedir desculpas." Depois disso ele foi embora.

Fiquei comovido com seu ato. Depois de todos aqueles comícios, de todos aqueles gritos dos eleitores de Trump e, sim, de todos aqueles dedos médios, era bom falar com alguém que mudara de opinião. Entendo que os eleitores de Trump não queiram me ver na CNN. Entendo isso. Eles podem encontrar o que querem ouvir na Fox News ou em sites conservadores. O que importava para mim era que Merlin percebeu algo maior do que aquilo tudo: nós continuamos juntos no mesmo barco. Ele compreendeu que não somos inimigos. Estamos do mesmo lado. Somos todos americanos. Ele sabia exatamente como devemos tratar uns aos outros, com dignidade e respeito.

Refleti bastante sobre aquela noite nos dias subsequentes e, quando Trump foi derrotado na noite da eleição, continuei pensando em Merlin. Sim, houve uma onda democrata naquela noite: os republicanos perderam o controle da Câmara, e Trump e os republicanos mantiveram o Senado por uma diferença minúscula. O Dia do Julgamento havia chegado para Trump. Ele estaria num mundo completamente diferente assim que os deputados eleitos fossem empossados. As audiências e as investigações logo começariam. O noticiário foi dominado por essa discussão. Um ex-funcionário graduado da Casa Branca de Trump acertou ao dizer o motivo pelo qual Trump foi derrotado. A energia conservadora que o levou à Casa Branca encontrou um adversário à altura no crescente entusiasmo da esquerda. "Cento e trinta milhões de pessoas saíram para votar. Quer saber por quê? Estavam entusiasmadas com a ideia de se livrar da porra do Donald Trump", disse ele.

Mas, pensando em minha própria experiência ao cobrir as eleições de meio de mandato e todos aqueles comícios malucos, eu estava mais impressionado com a onda de decência que tomara Merlin. Sabia que devia haver mais gente como ele por aí, sentindo-se do mesmo jeito. O medo e o ódio foram derrotados naquele dia. Por isso, eu estava me sentindo esperançoso pelos Estados Unidos, não porque Trump foi derrotado, mas porque o racismo e a xenofobia, encarnados nos ataques de Trump aos imigrantes, foram derrotados; a paranoia e a necessidade de encontrar bodes expiatórios, encarnados nos ataques de Trump à mídia, foram derrotados.

Pelo menos por hoje.

13

Uma falsa acusação da Casa Branca

Quando chegou a hora da entrevista coletiva depois das eleições de meio de mandato, em novembro de 2018, acho que eu deveria ter previsto o que aconteceria. Afinal, Trump tinha sofrido uma derrota contundente na Câmara, que estava prestes a ser controlada pelos democratas de novo. Os republicanos ganharam algum terreno no Senado, mas, olhando de perto, esses ganhos eram modestos; eles também haviam perdido uma cadeira importantíssima no Senado no Arizona, onde o ex-senador Jeff Flake decidiu não concorrer à reeleição, o que levou Kyrsten Sinema a tornar-se a primeira democrata eleita para o Senado pelo Arizona desde os anos 1990. Nem é preciso dizer que, para alguém que detestava perder como Trump, essa coletiva era garantia de confusão.

Como ficaria claro mais tarde, eu nem desconfiava do que estava por vir.

Verdade seja dita, eu havia me preparado mentalmente para o dia em que a Casa Branca confiscaria minha credencial de imprensa. Havia muito tempo eu considerava essa possibilidade, mesmo antes de o coordenador da campanha de Trump Brad Parscale sugeri-la no Twitter. Eu sabia que Trump já havia feito algo parecido. Num evento no início da campanha de 2016, ele expulsou Jorge Ramos da Univision por perguntar sobre seu comentário racista de que muitos imigrantes mexicanos eram estupradores e traficantes de drogas. Expulsar um repórter da cobertura de uma campanha presidencial era simplesmente inconcebível antes da candidatura de Trump. Mas o então candidato Trump estava ultrapassando limites que ninguém nunca imaginara que podiam ser ultrapassados.

Embora minhas credenciais jamais tenham sido ameaçadas durante a campanha, houve momentos durante o ciclo eleitoral de 2016 em que repórteres de outros veículos foram impedidos de entrar em eventos de Trump. Jenna Johnson, do *Washington Post*, e jornalistas do BuzzFeed eram às vezes proibidos de entrar na área de imprensa nos comícios de Trump. Era como a campanha mandava recados quando não gostava de alguma reportagem. A CNN estava em uma categoria diferente em 2016. Durante as primárias, o pessoal de Trump contava com a gente. Naquela época nós fazíamos cobertura ao vivo, normalmente sem interrupções, dos comícios de Trump, algo que as outras campanhas só podiam assistir de seus laptops, telefones e TVs, cheios de inveja. A campanha de Trump não colocaria em risco esse tipo de propaganda grátis retaliando nossos jornalistas. Na verdade, os responsáveis pela organização da campanha se desdobravam para garantir que eu e minha equipe entrássemos nos comícios a tempo para nossas matérias ao vivo, muitas vezes nos escoltando até que chegássemos à área reservada para a imprensa se estivéssemos atrasados.

Obviamente, porém, as coisas mudaram de modo drástico depois que eu e a CNN fomos chamados de "fake news" na infame coletiva de janeiro de 2017. Depois vieram os vários confrontos que tive com Trump, Spicer e Sanders. Olhando em retrospecto, acho que as coisas vinham se acumulando fazia algum tempo.

Durante a briga no outono por causa da segunda escolha de Trump para a Suprema Corte, Brett Kavanaugh, desafiei Sanders a defender o modo vergonhoso como o presidente zombou de Christine Blasey Ford (mulher que acusou Kavanaugh de assediá-la sexualmente quando ambos estavam no ensino médio) em um comício de campanha no Mississippi. Quando Sanders me chamou para fazer a pergunta, ela vinha fazendo o mesmo comentário repetidas vezes: Trump não estava zombando da dra. Ford, mas simplesmente sendo fiel aos fatos. Sei, claro. O vídeo fala por si. Ele tirava sarro de uma mulher que fazia acusações de assédio sexual. E, como é comum nos comícios de Trump, os eleitores riam e incentivaram o presidente.

Perguntei a Sarah se ela via problemas em defender Trump. Sua resposta foi previsível e horrorosa.

"Eu não vejo nenhum problema em ser fiel aos fatos... Sei que você provavelmente, como repórter, tem dificuldades em fazer isso, mas nós, não", disse ela causticamente.

Normalmente, um repórter leva um golpe como esse e o absorve. No entanto, eu respondi de maneira educada, mas incisiva.

"Na verdade, Sarah, nós somos fiéis aos fatos, sim", rebati, "e acredito que houve muitas ocasiões em que você não foi, se é que posso responder."

E houve vários momentos como esse na Casa Branca que ficavam entre a mesquinhez e o assédio. Em junho de 2018, a advogada da Casa Branca, Kellyanne Conway, tentou demonstrar que eu era antipatriótico por digitar no iPhone enquanto as pessoas cantavam "God Bless America" durante uma "Celebração dos Estados Unidos" realizada por Trump no Gramado Sul. Talvez você se lembre do evento, organizado às pressas para substituir uma homenagem aos campeões do Super Bowl, os Philadelphia Eagles. Trump ficou tão furioso com o fato de vários Eagles recusarem o convite à Casa Branca que cancelou o evento e fez no lugar um evento falsamente patriótico. Era parte da guerra cultural de Trump contra o pequeno grupo de jogadores da NFL, que se ajoelhara durante o hino nacional nos jogos da liga, em protesto contra a brutalidade da polícia pelos Estados Unidos.

Enquanto eu digitava uma nota sobre o evento no meu telefone e postava um tuíte, Conway veio em minha direção e me acusou de ter sido reprovado no teste de patriotismo do mundo de Trump. Ela ergueu o próprio celular e começou a me gravar, ou pelo menos fingiu que fazia isso.

"Ah, vejam só, é o Jim Acosta mexendo no telefone em vez de cantar 'God Bless America'", disse ela, sarcástica.

Então também ergui meu celular para gravar Kellyanne, porque ela também não estava cantando. Sim, isso é uma mera espiada nas tolices que acontecem diariamente na Casa Branca de Trump.

Momentos como esse, somados aos meus confrontos posteriores com Sarah Sanders por causa da reação ao caso de Cesar Sayoc e suas bombas caseiras, só me deram a certeza de que meu relacionamento com a Casa Branca estava cada vez mais complicado. Meu relacionamento com muitas pessoas ligadas a Trump, se é que essa é uma palavra adequada, se tornou problemático bem antes das eleições de meio de mandato. Mesmo assim, eu tinha um plano caso eles retirassem minhas credenciais. No momento em que tentassem tirá-las de mim, eu gravaria tudo no celular e me asseguraria de que tudo estivesse documentado. Eu não tinha ideia se iria usar essa gravação, ou quando.

Na manhã seguinte às eleições de meio de mandato, o que não faltavam eram perguntas para fazer a Trump. Àquela altura, ele não tinha demitido Sessions, mas muitos de nós imaginávamos que isso ocorreria em breve. Também tinha a questão dos democratas, que assumiriam o controle do Congresso. Trump teria como trabalhar com a futura presidente da Câmara, Nancy Pelosi? Como via os pedidos de investigações sobre suas declarações de imposto de renda, entre outras coisas, que vinham de muitos democratas que estavam às vésperas de assumir o poder? Todas essas eram questões fundamentais.

Parecia que o melhor jeito de medir a temperatura de Trump naquele momento seria confrontá-lo sobre a caravana de migrantes. Nos últimos dias antes das eleições ele apelara para alguns dos discursos mais racistas que já ouvi de um presidente americano. Ele afirmou, sem provas, que "gente desconhecida do Oriente Médio" se infiltrara na caravana. Sua campanha também exibiu um anúncio para TV que foi rejeitado pelas redes, incluindo a CNN (a Fox News chegou a exibir o anúncio, mas depois decidiu vetá-lo). A CNN classificou o anúncio de "racista". Claro, era apenas a continuação da retórica incendiária de Trump que tinha como alvo os imigrantes, que começou no dia em que ele anunciou que seria candidato à presidência. Mas o fato de o racismo ser seu pecado original como político não quer dizer que os comentários sobre a caravana devessem passar sem questionamentos. Durante anos, ouvi Trump levar sua linguagem a pontos ainda mais baixos, encontrando maneiras de retratar os imigrantes com as cores mais sombrias possíveis. Ele transformou o medo da caravana na pedra fundamental da campanha de meio de mandato, mas o povo americano não acreditou na crise fabricada e agora seu partido tinha perdido a Câmara. Sim, no dia seguinte à eleição, falar da caravana não era apenas justo; era necessário.

Trump começou a coletiva escolhendo previsivelmente a Fox News para fazer uma pergunta. O repórter perguntou sobre possíveis mudanças no ministério de Trump e possíveis investigações. Todas boas perguntas. A seguir veio uma pergunta sobre o muro na fronteira com o México, uma das obsessões de Trump. Depois uma pergunta sobre suas declarações de imposto de renda. Trump já estava ficando irritado. Ele repreendeu o repórter Brian Karem por perguntar sobre suas declarações de imposto de renda e se o presidente seria capaz de separar as disputas que teria com os democratas da vontade que ele dizia ter de trabalhar de maneira bipartidária. Trump interrompeu Karem várias vezes, chamando-o de "comediante". Depois, Trump, passados alguns minutos e de certo modo me surpreendendo, me escolheu para a quinta pergunta da coletiva.

Desde o início do diálogo, era claro que estávamos entrando num território que não o agradava — não pelas palavras que ele escolheu, mas por ficar interrompendo minhas perguntas repetidamente. Interromper é um artifício que Trump sempre usa para evitar dar respostas claras às questões. "Com licença, com licença", diz ele quando não gosta do rumo da pergunta. Eis uma regra: se ele interrompe você, quer dizer que está no caminho certo, então continue — e foi o que eu fiz.

ACOSTA: Ok. Obrigado, presidente. Eu queria perguntar sobre uma declaração que o senhor fez no finzinho da campanha, dizendo que...

TRUMP: Lá vamos nós.

ACOSTA: Bom, se o senhor não se importar, presidente...

TRUMP: Vamos lá. Vamos lá. Pergunte.

ACOSTA: Dizendo que essa caravana era uma "invasão". Como o senhor sabe, presidente...

TRUMP: Eu acho que é uma invasão.

ACOSTA: Como o senhor sabe, presidente, a caravana não era uma invasão. É um grupo de migrantes que caminha pela América Central rumo à fronteira com os Estados Unidos.

TRUMP: Obrigado por me contar. Agradeço.

ACOSTA: Por que o senhor caracterizou a caravana dessa forma? E...

TRUMP: Porque eu acho que é uma invasão. Nós temos opiniões diferentes.

ACOSTA: Mas o senhor acha que demonizou os imigrantes na eleição...

TRUMP: Nem um pouco. Não, nem um pouco.

ACOSTA: ... para tentar manter...

TRUMP: Eu quero que eles... quero que eles entrem no país, mas têm que ser dentro da lei. Sabe, eles têm que entrar, Jim, por meio de um processo. Quero que haja um processo. Quero que as pessoas venham. Precisamos das pessoas.

ACOSTA: Certo. Mas a sua campanha fez... a sua campanha...

TRUMP: Espere. Espere. Espere. Você sabe por que nós precisamos das pessoas, não sabe? Porque temos centenas de empresas indo embora. Nós precisamos das pessoas.

ACOSTA: Certo. Mas a sua campanha fez um anúncio mostrando migrantes escalando muros e assim por diante.

TRUMP: Bom, é verdade. Não eram atores. Não eram atores.

Conforme continuamos a duelar, tentei dizer que a caravana estava a centenas de quilômetros, o que significava que não passava nem perto de ser a invasão iminente que ele dizia ser. Quero dizer, se fosse uma invasão, os migrantes não deveriam carregar armas em vez de fraldas? Trump não concordava e queria pôr um fim àquilo, mas não antes de dar uma cutucada na CNN.

TRUMP: Acho que vocês deviam... sinceramente, acho que vocês deviam deixar que eu administre o país, vocês administram a CNN...
ACOSTA: Certo.
TRUMP: ... e, se fizessem tudo direito, os índices de audiência de vocês seriam bem melhores.
ACOSTA: Mas me deixe perguntar, se... se eu puder fazer mais uma pergunta...
TRUMP: Ok, basta.
ACOSTA: Presidente, se eu puder... se eu puder fazer mais uma pergunta...
TRUMP: Ok, Peter [Alexander], vá em frente.
ACOSTA: O senhor se preocupa...
TRUMP: Basta. Basta. Basta.
ACOSTA: Presidente, eu não... Bom, eu ia fazer mais uma pergunta. As outras pessoas que...
TRUMP: Basta. Basta.
ACOSTA: Perdão, senhora, eu... senhor presidente...

Foi nesse momento que uma estagiária da Casa Branca tentou tirar o microfone da minha mão. Eu estou na profissão há mais de vinte anos. Ninguém jamais tentou tirar um microfone das minhas mãos. Como você pode ver no vídeo, eu afastei a mão de perto da estagiária para ficar com o microfone. Foi por isso que disse: "Perdão, senhora." Naquele momento, o braço dela roçou no meu, entrando em contato comigo por um momento. Depois que segurei o microfone com as duas mãos, ela se afastou. Eu continuei enquanto Trump me desancava.

Trump tentou mais uma vez passar a palavra a Peter Alexander, da NBC, mas eu queria esclarecer as coisas. Primeiro, queria esclarecer que um presidente não deveria poder calar um repórter numa coletiva daquela forma. Os funcionários de Trump simplesmente tentaram tirar o microfone de mim. Trump estava me insultando para tentar me impedir de falar. Achei que era fundamental, naquele momento, não ceder.

TRUMP: Com licença, já basta.
ACOSTA: Presidente, eu tinha outra pergunta se...
TRUMP: Peter. Vá em frente.
ACOSTA: Se eu puder perguntar sobre a investigação sobre a Rússia. O senhor se preocupa com a possibilidade de indiciamentos...
TRUMP: Eu não estou nem um pouco preocupado com a investigação sobre a Rússia porque é uma fraude.
ACOSTA: ... com a possibilidade de indiciamentos a partir de agora? O senhor...
TRUMP: Basta. Largue o microfone.
ACOSTA: Presidente, o senhor se preocupa com a possibilidade de essa investigação acabar levando a indiciamentos?
TRUMP: Deixa-me dizer: a CNN deveria ter vergonha de ter você como repórter. Você é um sujeito grosseiro, uma pessoa terrível. Você não deveria estar trabalhando para a CNN. Vá em frente [para Peter Alexander].
ACOSTA: Acho isso injusto.
TRUMP: Você é uma pessoa muito grosseira. O modo como você trata Sarah Huckabee é horroroso. E o modo como você trata as outras pessoas é terrível. Você não devia tratar as pessoas assim. Vá em frente. Vá em frente, Peter. Vá em frente.

Nesse momento, Peter começou a falar. Eu tinha entregado o microfone e Peter deu início à sua pergunta. Basta dizer que eu não estava disposto a me calar enquanto Trump continuasse me atacando. A essa altura, a transcrição torna-se inútil, já que eu estava sem o microfone, mas você pode continuar a ouvir o que eu disse no vídeo, sem o microfone, lembrando ao presidente que nós da CNN tínhamos acabado de receber bombas caseiras pelo correio. Trump estava furioso. Foi aí que ele me chamou, a mim e a meus colegas de CNN, de "inimigos do povo" — mas não antes de Peter Alexander fazer um aparte.

Peter foi o verdadeiro herói daquela coletiva, na minha opinião, por ter feito naquele momento algo que deveríamos ver muito mais em Washington. Ele saiu em defesa de um colega de imprensa, eu. Vários outros repórteres teriam ficado em silêncio enquanto o presidente repreendia outro jornalista. Na verdade, isso já acontecera muitas vezes antes. O que torna esse momento tão importante é o fato de Peter não ter agido dessa forma. Ele não deixou que o valentão ganhasse naquele dia.

ALEXANDER: Em defesa de Jim, viajei com ele e observei seu comportamento. Ele é um repórter cuidadoso que rala como todos nós.
TRUMP: Bom, eu também não sou muito seu fã. Então, tudo certo.
(Risos.)
ALEXANDER: Entendo.
TRUMP: Estou sendo honesto com você.
ALEXANDER: Então eu quero... quero fazer uma pergunta, se eu puder...
TRUMP: Você não é... você não é o melhor.

Foi aí que tentei falar de novo. A transcrição é incompleta. Como disse, eu estava sem o microfone. Eu queria deixar claro que ele passara do limite. Trump podia ser o presidente, mas não tinha o direito de nos atacar, especialmente poucos dias depois que um eleitor dele tentou explodir a rede em que eu trabalhava. Era hora de enfrentar o valentão.

TRUMP: Bom, quando vocês põem fake news no ar...
ACOSTA: (inaudível)
TRUMP: Não. Quando vocês põem fake news no ar, uma coisa que a CNN faz muito, vocês são inimigos do povo. Vá em frente.

Era isso. Mesmo depois das bombas caseiras, o presidente dos Estados Unidos continuava nos chamando de "inimigos do povo".

Àquela altura, a coletiva tinha degringolado. Pensando hoje sobre aquele dia, não tenho como não me lembrar de quando Hope Hicks me disse que Trump falou: "O Jim entende tudo", no sentido de que eu entendia que o comportamento dele não passava de uma encenação — mas aquilo não era uma encenação, para nenhum de nós, incluindo Trump. Ao forçar a barra para deixar claro o que queria dizer, eu estava determinado a acabar com as mentiras e com a fantasia de que havia imigrantes invadindo o nosso país. E Trump odiou eu ter feito isso. Ele estava vermelho, andando o tempo todo de um lado para o outro atrás do púlpito. Depois que acabou, alguns colegas me disseram: "Achei que ele iria descer para dar uma porrada em você."

Trump ficou visivelmente irado durante todo o restante da coletiva. Eu nunca o vira tão irritado na frente dos repórteres. Mais tarde, Yamiche Alcindor, repórter da PBS, tentou perguntar sobre a decisão de se autoclassificar como nacionalista na reta final da campanha. Esse rótulo foi visto por muitos críticos como uma mensagem cifrada à sua base e que o verdadeiro significado daquilo era que ele se classificava como um nacionalista *branco*. Yamiche perguntou se Trump estava incentivando nacionalistas brancos quando usava essa linguagem.

"Essa é uma pergunta completamente racista", respondeu Trump. Ele chamou a pergunta dela de racista três vezes. Foi um momento chocante num conflito que só ficaria pior.

Ao longo dos próximos dias, Trump atacaria duas outras jornalistas negras, April Ryan, da American Urban Radio Network, e minha colega de CNN Abby Phillip. Trump disse a Phillip que a pergunta dela era "estúpida" quando ela perguntou sobre Matt Whitaker, que Trump acabara de escolher para substituir Sessions como procurador-geral interino. Junte tudo isso e você tem três ataques a três jornalistas negras. Não foi coincidência. Todas as perguntas delas eram perfeitamente legítimas.

Nos momentos que se seguiram a essa coletiva, ficou evidente que meu confronto com Trump estava repercutindo. Assim que o presidente deixou a Sala Leste, minha missão era entrar no ar, por isso corri até o Gramado Norte para uma entrada ao vivo. No caminho, vi Peter Alexander. Conversamos rapidamente e demos um abraço fraterno meio desajeitado. Eu queria agradecê-lo por ter declarado apoio num ambiente tão carregado. Os jornalistas que cobrem a Casa Branca foram muito criticados por oferecer a outra face quando um repórter era insultado por Trump. Essa foi a primeira vez, que eu me lembre, que um repórter de uma emissora defendeu um jornalista de outra emissora.

Durante minha entrada ao vivo minutos depois, Wolf Blitzer e Jake Tapper me perguntaram como tinha sido estar no meio daquela situação com Trump. Eu não lembro muito bem o que respondi, mas encerrei com a minha versão da fala de Michelle Obama na campanha de 2016: "Quando eles baixam o nível, nós subimos."

"Quando eles baixam o nível, nós continuamos fazendo o nosso trabalho", eu disse a Wolf e Jake.

A CNN emitiu uma nota depois do ataque do presidente na coletiva: "Os contínuos ataques do atual presidente à imprensa passaram dos limites. Eles não são apenas perigosos, são inquietantemente antiamericanos. Embora o presidente Trump tenha deixado claro que não respeita a imprensa livre, ele fez um juramento que o obriga a protegê-la. Uma imprensa livre é vital para a democracia, e nós apoiamos Jim Acosta e seus colegas jornalistas em todos os lugares", dizia a nota.

Foi mais uma demonstração inequívoca de apoio dada pela CNN à imprensa. Fiquei muito grato. A empresa havia soltado notas em apoio a vários de nós antes, por isso achei que depois disso o dia seria normal. Voltaríamos ao trabalho, prepararíamos nossas reportagens e depois faríamos nossas entradas ao vivo para falar dos fatos do dia na programação noturna. Fiz meus relatos em *The Situation Room with Wolf Blitzer*, como de costume, e depois saí da Casa Branca para jantar.

Foi aí que minha vida inteira começou a sair de controle.

Nos bastidores, Trump e seus assessores estavam furiosos. O presidente obviamente odiou o modo como eu o confrontei na coletiva. Não é todo dia que você ganha o apelido de "inimigo do povo" nesta cidade. Mas os ataques de Trump à imprensa, dos quais normalmente desdenhávamos como fanfarronice, estavam prestes a passar a um novo patamar. Uma das minhas fontes me disse que o diretor de comunicação da Casa Branca, Bill Shine, ex-executivo da Fox News, foi a força motriz por trás do que aconteceu. Mas até hoje os funcionários da Casa Branca se recusam a especificar exatamente quem esteve por trás daquilo. Talvez tenham sido todos eles.

Quando eu estava voltando do jantar naquela noite para minha próxima entrada ao vivo com Anderson Cooper, surgiu uma notificação no meu celular. Sarah Sanders anunciava que minha "permissão de segurança" tinha sido revogada. A "permissão de segurança", uma credencial essencial para a imprensa, permite ao repórter passar pelos pontos de revista sem ter de enfrentar todo o aborrecimento diariamente. Tecnicamente é possível trabalhar como repórter da Casa Branca sem essa credencial, mas é extremamente difícil. Seria possível obter uma "permissão diária", mas isso só me daria acesso à Casa Branca um dia de cada vez. A permissão de segurança é bastante cobiçada por todo repórter em Washington, já que dá direito a entrar no número 1.600 da avenida Pensilvânia basicamente a qualquer momento durante o horário comercial. Ninguém o incomoda ao passar pelo departamento de imprensa da Casa Branca e pelo Serviço Secreto. Com uma permissão de segurança, você simplesmente passa pela cabine de segurança e está lá dentro. Perder esse tipo de acesso à Casa Branca é um golpe e tanto se o seu trabalho é justamente cobrir o governo. Sem essa permissão, você poderia perder — não, você *iria* perder — notícias dentro da Casa Branca, já que os fatos podem acontecer a qualquer momento. Se você depender de uma permissão diária, você pode ter de ficar esperando na cabine do Serviço Secreto para ter acesso à Casa Branca enquanto os concorrentes estão do lado de dentro participando de um encontro com a imprensa ou de uma coletiva.

Sanders não deu sequer um aviso de que iria revogar a permissão. Por um momento, fiquei chocado. Depois li a declaração da secretária de imprensa.

A nota dela era uma acusação nojenta, feita pelo governo americano e paga com o dinheiro dos contribuintes do país. Sanders me acusou de agredir a estagiária quando, na verdade, aconteceu o contrário. A estagiária me abordou, invadiu meu espaço pessoal e tentou arrancar o microfone da minha mão. Como qualquer leigo pode ver no vídeo da cena, a estagiária colocou as mãos em mim ao tentar pegar o microfone. E, para ser claro, eu não culpo a estagiária pelo que aconteceu. Ela achou que estava fazendo o trabalho dela.

Sanders justificou o que fez contra mim em um tuíte desprezível, postado de uma conta oficial do governo anunciando a decisão da Casa Branca. O post continua no Twitter para que o mundo veja:

@PressSec
O presidente Trump acredita na imprensa livre e acolhe perguntas duras sobre ele e seu governo. Nós, porém, jamais vamos tolerar que um repórter encoste numa jovem que estava apenas tentando fazer seu trabalho como estagiária da Casa Branca...

"[Um] repórter encoste numa jovem que estava apenas tentando fazer seu trabalho" foi o modo como Sanders descreveu aquilo. Eu tinha sido atacado antes por meu trabalho. Fui chamado de exibido e cabotino, entre outras coisas. Mas nunca, nunca fui acusado de agressão. Foi o que Sanders fez aqui.

Eu estava digerindo essas palavras parado a vinte metros do complexo da Casa Branca. Meus olhos perderam o foco, porque aquilo era meio surreal. Minutos depois, cheguei à cabine do Serviço Secreto. Imediatamente, um agente olhou pela janela e me viu. Segundos depois, outro agente saiu da cabine por uma porta lateral e veio em minha direção.

Naquele momento, os agentes informaram que eu não tinha permissão para entrar na Casa Branca, um lugar onde eu vinha trabalhando todos os dias por mais de cinco anos. Lembrando-me do meu plano para aquele momento, saquei o celular para gravar a conversa.

"Você pode discutir isso com o departamento de imprensa", disse um dos agentes.

"Mas eu não tenho permissão para entrar", respondi.

"Você vai ter que discutir isso com o departamento de imprensa", repetiu o agente.

Enquanto travávamos essa conversa, o outro agente bloqueou a porta que levava ao complexo. Foi bizarro. Esse cara está cuidando da porta para que eu não possa entrar? Como se eu fosse um criminoso?

Nesse momento, comecei a voltar para a avenida Pensilvânia, percebendo que perderia minha entrada ao vivo às oito da noite. Quando estava prestes a ligar para a CNN e contar a novidade, o agente que bloqueava a porta se aproximou de mim. Mais uma vez, saquei o celular. A essa altura, eu não sabia o que iria acontecer. Eu seria preso? Iria para a cadeia? Eu queria tudo registrado em vídeo.

Ele pediu que eu entregasse minha permissão de segurança, por isso comecei a narrar a cena, como se fosse uma entrada ao vivo, pensando: Não pare. Continue filmando. Passou pela minha cabeça que talvez aquilo fosse algo sem precedentes e que provavelmente valeria a pena registrar para qualquer ação judicial que eu quisesse mover futuramente.

"Aqui é Jim Acosta. Estou em frente à Casa Branca. Este agente do Serviço Secreto está pedindo minha permissão de segurança. Obviamente não guardo nenhuma mágoa do agente. Mas agora vou entregar minha permissão de segurança ao Serviço Secreto", falei para a câmera do telefone.

Entreguei o cordão com as credenciais para o agente, que começou a retirar a permissão de segurança de seu invólucro transparente.

"Está aqui há um bom tempo", disse o agente, com dificuldade para tirar o documento dali.

"Obrigado", falei ao agente. E lá se ia minha permissão.

Minha cabeça girava. Ocorreu-me que isso, em tese, poderia ser o fim da minha carreira cobrindo a Casa Branca. Então pensei: Espere aí. Eles não podem fazer isso. Isso não faz sentido. Eles não têm o direito de escolher quem cobre o presidente.

Depois outras coisas passaram pela minha cabeça. O que a CNN vai fazer a respeito disso? Eles vão brigar? O que meus colegas da imprensa vão pensar? Ficarão do meu lado? Não eram perguntas fáceis. Parte disso remontava ao dia na Trump Tower em que Trump me chamou de "fake news". Como aprendi durante aquela experiência, alguns jornalistas (Peter Alexander, por exemplo) não se calam e defendem um colega; outros dão apoio ao colega, mas ficam com medo de defendê-lo; e há outros ainda que não estão nem aí ou que podem até mesmo ver um benefício potencial ao ficar do lado do presidente. Por mais estúpido que isso possa parecer, não tomar partido numa batalha entre outro jornalista ou veículo de imprensa e a Casa Branca tem seu lado positivo: a Casa Branca passa a vê-lo como alguém com quem é possível negociar. Eles podem te passar furos, dar entrevistas e garantir acesso — coisas que eu não tinha como oferecer.

Naquele momento, porém, eu tinha de deixar tudo isso de lado. Primeiro, era preciso tornar pública imediatamente a revogação da minha permissão de segurança. Sarah tinha divulgado a nota dela; agora eu tinha de responder à altura.

Fiz isso via Twitter, retuitando a acusação falsa de Sarah de que eu tinha agredido uma estagiária com uma mensagem simples. Ela ainda está no Twitter.

@Acosta
Isso é mentira.
https://twitter.com/PressSec/status/1060333176252448768

Mas eu precisava fazer mais do que simplesmente tuitar. Depois de perder minha entrada ao vivo no programa de Anderson Cooper, corri para a sede da CNN em Washington para falar pessoalmente com Anderson no estúdio. Como disse a ele, eu não encostei em ninguém. Num pequeno trecho no fim do programa, eu me defendi.

Antes de entrar no ar, falei ao telefone com o presidente da CNN, Jeff Zucker, que me aconselhou a ficar calmo, a me ater aos fatos e simplesmente contar aos espectadores o que acontecera. Anderson citou repórteres de outros veículos, que estavam na coletiva naquele dia, que afirmavam que eu não tinha feito nada com a estagiária.

"Esse é um teste para todos nós", eu disse a Anderson. "Eu realmente acho que eles estão tentando fazer com que a gente feche as portas."

Ao voltar para casa, tentei entender o que havia acontecido. Parecia que todo mundo na Casa Branca tinha enlouquecido. Aparentemente, eles estavam tão chateados com o resultado da eleição que não estavam sendo racionais. Eles se debatiam, como um nadador que se afoga, desesperados para colocar as mãos em alguém que estivesse por perto para arrastar junto com eles para o fundo do mar.

Nas mídias sociais, muita gente especulava que a tentativa da estagiária de pegar o microfone tinha sido uma cilada. A ideia por trás dessa teoria era que Trump tinha saído tão mal das eleições de meio de mandato que precisava mudar a narrativa indo atrás de seu nêmesis, a imprensa. Eu acho que provavelmente isso dá crédito demais à equipe do mundo de Trump. Minha percepção à época, e continuo acreditando nisso, é que aquilo simplesmente foi o resultado de Trump e sua Casa Branca entrando em colapso. Lembre-se de que estamos falando das mesmas pessoas que eles diziam ser tolas demais para conspirar com os russos. Claro, atacar a CNN ajudaria Trump a mudar a narrativa.

Mas por que, então, ele descreveu as perguntas de Yamiche Alcindor como "racistas"? Não, isso era Trump sendo Trump. Ele estava acuado e decidiu revidar. Mas estava perdendo. E, nesta Casa Branca, eles não são bons perdedores.

O próximo gesto de Sanders provaria isso. Como qualquer um que assistiu ao vídeo pôde ver claramente, não encostei em ninguém. Mas, sendo uma péssima mentirosa, Sanders decidiu ir além e postou um segundo tuíte. Aparentemente, Sarah sabia muito bem que estava sendo massacrada no Twitter por sua ridícula primeira tentativa de fazer uma acusação contra mim. Dessa vez, ela desistiu da palavra "agredir" e respondeu levando a novos patamares a crença orwelliana da Casa Branca de que era possível fazer as pessoas deixarem de acreditar nos próprios olhos.

@PressSec
Mantemos nossa decisão de revogar a permissão de segurança desse indivíduo. Não iremos tolerar o comportamento inadequado claramente documentado neste vídeo.

De modo bizarro, anexado ao tuíte havia um vídeo manipulado da cena com a estagiária — uma versão curta e acelerada do vídeo que enfatizava e exagerava o contato instantâneo e acidental que a estagiária teve comigo ao invadir meu espaço e pegar o microfone. Uma outra mudança inequívoca no vídeo postado por Sanders era o fato de que agora ele não tinha som — você não me ouvia mais dizendo "Perdão, senhora", uma omissão detectada imediatamente também por outras pessoas. A Casa Branca estava apresentando ao público mais do que fatos alternativos — essa era uma realidade alternativa, tuitada para o mundo inteiro.

De acordo com o noticiário da época, o movimento de "golpe de caratê" que fui acusado de fazer foi aparentemente criação de um indivíduo associado ao site alternativo Infowars. Esse foi outro gesto espantoso da

Casa Branca. Como muitos observadores disseram à época, era atordoante e surreal que a Casa Branca, ou o governo americano, se rebaixasse a usar um vídeo manipulado de um site sem credibilidade para acusar falsamente um jornalista. Era algo que um governo autoritário faria. Era algo que a China ou a Rússia fariam.

Também me ocorreu que era o ápice da hipocrisia. Afinal, esse era o presidente que em outro momento se gabara de não ver problema em pegar uma mulher pelos genitais. Era o presidente acusado de crime sexual por várias mulheres. Era o presidente que apoiara outras pessoas acusadas de crime sexual, como Roy Moore no Alabama e Rob Porter, de sua própria equipe na Casa Branca. Quem eram essas pessoas para me acusar de algo? Além disso, é difícil compreender como posso ter sido acusado de agressão quando estava apenas tentando segurar um microfone.

Pelo menos uma coisa ficou clara: finalmente a Casa Branca estava jogando para valer. O jogo estava chegando perto do momento decisivo. Não se tratava de mudar a narrativa. As pessoas próximas a Trump me queriam fora de cena e para isso estavam dispostas a inventar uma acusação falsa contra mim. Eu sabia que não tinha feito nada de errado. Vi o vídeo mais algumas vezes só para ter certeza. Será que eu tinha dado um "golpe de caratê" no braço da estagiária, como o vídeo manipulado mostrava? Não, eu não fiz isso. Era evidente.

Então aconteceu outra coisa estranha.

Recebi uma enxurrada de mensagens privadas de apoio. Antigos companheiros de trabalho que eu não via havia vinte anos me mandaram e-mails expressando sua indignação com algo que era claramente uma falsa acusação forjada para me silenciar. Alguns desses ex-colegas postaram o que sentiam no Facebook. Foi uma demonstração consistente de apoio, que me deu determinação para continuar lutando.

Nos bastidores da CNN, estávamos avaliando nossas opções. Era evidente que a Casa Branca tinha exagerado na reação. Mas havia algo mais profundo: eles violaram meus direitos como jornalista. Para começo de conversa, Sanders e o chefe dela, Bill Shine, nem sequer me notificaram de sua decisão. Em segundo lugar, a razão que deram para revogar minha permissão foi ridícula. Se tivessem uma acusação importante não seria necessário apelar para um vídeo editado. Além disso, Trump, como seus assessores sabem muito bem, incentiva um ambiente selvagem nas coletivas. Ele adora isso. Quando assisto outra vez ao vídeo da coletiva ou leio a transcrição, vejo claramente que quem comete a agressão é a Casa Branca. Trump começou a me interromper quando eu fazia a pergunta. Foi ele que começou a insultar, chamando a CNN de "inimiga do povo".

A mim, parecia que o que estava em jogo era bem mais do que o meu emprego ou a perspectiva de nunca mais cobrir a Casa Branca. Isso aconteceu poucas semanas depois de um eleitor de Trump enviar bombas para a CNN e outros alvos, depois de me ameaçar pessoalmente nas mídias sociais. Eu estaria mentindo se não admitisse que senti medo na época. Para alguns americanos, eu tinha me transformado no inimigo do povo. As ameaças de morte poluíam minhas redes sociais novamente. Além disso, eleitores de Trump repetiam os ataques da Casa Branca na internet, acusando-me de agressão e de coisas piores. Preocupado com o estado mental de muitas pessoas que estavam postando comentários do gênero, pensei pela primeira vez que existia a possibilidade real de alguém tentar me matar por fazer o meu trabalho. Nas duas semanas seguintes, eu estava o tempo todo olhando para os lados, preocupado. Eu já havia recebido ameaças de morte e deixado para lá, mas agora o número era grande demais.

Enquanto isso, havia preocupações mais urgentes, preocupações práticas. Eu precisava recuperar minha permissão de segurança. A CNN pediu que a Casa Branca reconsiderasse, mas eles não estavam dispostos a ceder. (Chocante, não?)

Por sorte, a agenda do resto da semana nos deu um pouco mais de tempo para avaliar nossas opções. Eu viajaria para Paris para cobrir a viagem de Trump à França em comemoração ao Dia do Armistício, o aniversário de cem anos do fim da Primeira Guerra Mundial. Não era necessário ter permissão de segurança para o trecho inicial da viagem, já que eu poderia entrar ao vivo da sucursal da CNN em Paris, com sua vista impressionante da Torre Eiffel. Mas no fim de semana as coisas ficariam mais complicadas, já que Trump iria participar de alguns eventos que exigiriam uma permissão de segurança. O primeiro evento ocorreria na manhã de domingo, quando Trump encontraria os líderes da França, da Alemanha, do Reino Unido e da Rússia (sim, Putin) para celebrar o fim da Primeira Guerra Mundial. Felizmente, eram os franceses que estavam organizando o evento. Eu e meu produtor discutimos a situação na véspera. A Casa Branca, raciocinamos, não iria ceder e devolver de repente minha permissão de segurança, por isso decidimos usar um caminho alternativo. Liguei para um contato no governo francês, que me arranjou uma credencial. *Vive la France!* Essa pessoa, que deve permanecer anônima, disse que o governo francês ficaria feliz com minha presença.

Então, naquele domingo de manhã, Matt e eu fomos ao Arco do Triunfo, onde Trump participava de seu primeiro evento relacionado ao armistício. A cena em Paris naquele domingo foi memorável, com o presidente francês Emmanuel Macron criticando duramente Trump por sua visão nacionalista e unilateral do mundo.

"Patriotismo é o exato oposto de nacionalismo", disse Macron sob a chuva forte no Arco do Triunfo. O nacionalismo, disse, era uma "traição ao patriotismo". Macron estava claramente repreendendo Trump. Trump tinha acabado de se descrever como "nacionalista", pouco antes da eleição de meio de mandato.

Alertando para "antigos demônios que estavam voltando à vida", Macron ligou implicitamente o tipo de política de Trump e a onda de nacionalismo que se espalhava por grande parte da Europa à ascensão do fascismo, o mesmo flagelo que ameaçou pôr fim à humanidade no século XX.

"A história por vezes ameaça repetir seus trágicos padrões e põe em risco o legado da paz que pensávamos ter sido selada com o sangue de nossos ancestrais", continuou Macron. Foi um ataque brutal e contundente a Trump.

O funcionário francês que me ajudou com a credencial disse que o discurso de Macron tinha como alvo não apenas Trump, mas o mundo inteiro. Estaria o mundo ouvindo?, perguntei-me. Macron, que se comportara como um "amigão" de Trump em encontros anteriores, com direito a apertos de mão machões, repreendeu o presidente dos Estados Unidos ao fazer um apelo típico de Kennedy pela liberdade. Naquele que deve ter sido um momento surreal para o líder francês, naquelas ruas que foram libertadas das mãos dos nazistas, Macron defendeu o tipo de liderança multilateral e global que manteve grande parte do mundo em paz por mais de meio século. Eu, pessoalmente, jamais vi um presidente americano ser repreendido por um líder estrangeiro daquela maneira. Ali estava Macron, defendendo princípios tipicamente americanos. Sem dúvida era um insulto para muitos americanos, mas Macron me pareceu estar fazendo aquilo por amor aos Estados Unidos e por todos os sacrifícios que o país fez para salvar o povo francês.

Eu estava lá para testemunhar o evento e relatar ao vivo para a CNN. Num lance de genialidade logística, meu produtor Matt conseguiu me colocar no ar usando apenas seu iPhone. Entramos na sala de controle via Skype e conseguimos entrar ao vivo para relatar esse momento histórico, tudo sem a permissão de segurança da Casa Branca.

Mais tarde naquele dia nos deparamos com um desafio ainda maior. Trump, que foi duramente criticado por não ter comparecido a uma visita a um cemitério no dia anterior por causa da chuva, estava indo a outro cemitério. Saímos às pressas da cidade para cobrir o evento, a pouco mais de quinze quilômetros de Paris. Chovia forte. Quando chegamos ao local, um agente do Serviço Secreto perguntou se tínhamos as credenciais necessárias para o evento. Mostramos nossas credenciais francesas e ele não nos mandou embora. (Talvez não tenha recebido o memorando.) Continuamos a exibir o presente do governo francês e chegamos ao cemitério a tempo de assistir ao único discurso de Trump durante a viagem. Como todo repórter que cobre eventos presidenciais pode confirmar, chegar ao local onde o presidente dos Estados Unidos estará não é uma tarefa fácil. E nesse caso não foi diferente: o perímetro de segurança era uma linha sinuosa, a um quilômetro e meio do cemitério.

Quando chegamos à barreira do Serviço Secreto para entrar no cemitério, percebemos que não conseguiríamos entrar. Um supervisor informou de maneira calma mas fria que não tínhamos as credenciais para participar do evento.

"Resolva isso com o departamento de imprensa", disse. E fim de papo.

Pela primeira vez em cinco anos cobrindo a Casa Branca, eu não tive permissão para participar de um evento presidencial. É estranho. Na hora não fiquei exatamente decepcionado ou frustrado. Foi mais uma sensação de espanto, e depois de clareza. Eles estavam falando sério quando me baniram, o que significava que era hora de agir com a mesma seriedade. Eu estava determinado a fazer com que esse absurdo inconstitucional não prevalecesse.

Em certo sentido, a Casa Branca tinha acabado de nos fazer um favor. No fim das contas, já havia um debate interno na CNN para contestar na Justiça a revogação da minha permissão de imprensa. O Departamento de Imprensa da Casa Branca tinha acabado de demonstrar o impacto que a proibição do meu trabalho tinha no mundo real. Sem nenhum aviso antecipado de que a revogação seria feita e sem nenhum tipo de processo legal para essa ação extrema, a Casa Branca fez algo que nenhum presidente havia ousado tentar em décadas. O presidente Trump tinha violado os direitos civis de um jornalista americano. E nós estávamos prestes a descobrir exatamente o que os Estados Unidos, com seu duradouro sistema de equilíbrio entre os poderes, fariam quanto a isso.

14

Revogação e redenção

Depois de ter o acesso ao cemitério na França negado pelo Serviço Secreto, fiquei imaginando quanto tempo poderíamos lutar contra essa medida. Eu achava que as chances de uma vitória incontestável eram remotas.

Meu voo de volta para casa atrasou quatro horas, por isso fiquei no aeroporto Charles de Gaulle checando o celular para receber atualizações sobre o que aconteceria a seguir na disputa sobre minhas credenciais. Àquela altura, a CNN tinha decidido entrar com uma ação judicial contra a Casa Branca para recuperar minha permissão. Nossos advogados na CNN, junto a uma maravilhosa equipe jurídica externa, discutiam opções de como proceder. As instruções a todos eram simples: nada de falar sobre o que iria acontecer (e certamente nada de falar sobre isso no Twitter — essa parte era para mim).

Como se adiantasse tomar esse tipo de cuidado. A história vazou de qualquer forma.

Sam Donaldson, ex-correspondente na Casa Branca que fora uma pedra no sapato do governo de Ronald Reagan, se ofereceu para ajudar no nosso caso. Donaldson e eu tínhamos nos encontrado antes em 2018, no encontro para gestores da CNN. Afiado e divertido como sempre, Sam surgiu para elevar o moral de todos nós, dizendo que nosso jornalismo estava totalmente dentro da tradição de cobrir a presidência de maneira agressiva.

"Quem ergue a cabeça acima da multidão acaba levando fruta podre na testa", disse Donaldson.

Enquanto me preparava para viajar a Paris, Donaldson era entrevistado no programa *Reliable Sources* ["Fontes Confiáveis"] da CNN, que cobre a imprensa, e falou inadvertidamente para o âncora Brian Stelter que estava oferecendo ajuda no nosso caso. Isso deu uma ajuda tremenda ao caso, já que Donaldson, que construiu uma reputação cobrindo Reagan, poderia simplesmente apontar para seu próprio histórico como prova de que perguntas difíceis, feitas de maneira assertiva para líderes mundiais, não apenas são parte da prática aceita na Casa Branca, mas são um componente essencial do modo como os veículos de imprensa cobrem qualquer presidência.

"Espero não estar errado, mas, pelo que sei, a CNN e Acosta entraram com um processo, e haverá uma audiência judicial na quinta-feira sobre o assunto que estamos discutindo", disse Donaldson a Stelter.

Isso, claro, surpreendeu Stelter, que não vira nada a respeito em lugar nenhum, pelo menos até aquele momento.

"Eu sei disso porque me pediram um depoimento, que eu redigi, para ser levado ao tribunal", acrescentou Donaldson.

Brian tinha um furo. Nós ainda não tínhamos entrado com o processo, mas estávamos prestes a fazer isso. Sem querer, Donaldson falou demais. Eu não me importei nem um pouco. Na verdade, achei adequado que tenha sido Sam Donaldson quem deu a notícia. Era gratificante ter uma lenda como Sam do nosso lado. Ele também foi chamado de "exibido" e de "cabotino" em sua época, quando cobria o governo Reagan. Ainda é possível encontrar vídeos de seus maiores sucessos no YouTube. Ele fazia perguntas para Reagan, que punha a mão em torno da orelha, fingindo não conseguir ouvir. Sam sabia que seríamos atacados se fôssemos duros com Trump; era previsível. Mas isso não devia fazer com que parássemos. Sam e eu mantivemos contato desde o encontro de gestores. Ele me mandou um e-mail depois da revogação da minha permissão de segurança e me incitou a "continuar dando duro".

Quando aterrissei de volta em Washington, encontrei um e-mail que exigia minha atenção imediata. Uma teleconferência sobre o processo estava agendada para dali a uma hora. Enquanto esperava na fila da alfândega, ouvi nossos advogados — o advogado que chefiava o departamento jurídico da CNN, David Vigilante, e nosso principal advogado externo, Ted Boutrous — explicando o caso. Deixando de lado a impressão unânime de que nossos direitos garantidos pela Primeira Emenda haviam sido violados, os advogados estavam particularmente interessados em uma decisão judicial anterior, que apontava para um aspecto mais obscuro, mas muito importante, do caso, e que na verdade não ocorreu a muita gente. Explicando de modo simples, ao retirar minha permissão de segurança sem nenhuma explicação prévia, a Casa Branca violou meu direito a um devido processo. Em outras palavras, também tínhamos um argumento ligado à Quinta Emenda.

Nossos advogados se referiam ao processo *Sherrill vs. Knight*, de 1977. Naquele caso, o repórter Robert Sherrill solicitou credenciamento, mas teve o pedido negado pela Casa Branca de Lyndon Johnson. Quer falar de decoro? Sherrill se meteu em encrenca ao dar um soco num assessor de um candidato ao governo da Flórida. Aparentemente, o incidente bastou para que o Serviço Secreto rejeitasse sua solicitação de credenciamento quando ele se tornou correspondente da revista *The Nation*. O erro da Casa Branca de Lyndon Johnson, e do Serviço Secreto, foi ter se recusado a notificar Sherrill sobre o motivo da decisão, o que levou a uma ação judicial contra o governo. Um juiz federal decidiu que o Serviço Secreto e a Casa Branca tinham violado o direito de Sherrill a um devido processo legal. A Primeira Emenda, segundo a decisão judicial, protegia os direitos de Sherrill como jornalista a entrar na Casa Branca para fazer seu trabalho. Uma corte recursal de Washington decidiu que "a proteção ao direito à apuração de notícias dada pela garantia da liberdade de imprensa constante da Primeira

Emenda exige que esse direito não seja negado de maneira arbitrária ou por razões que não sejam convincentes". Nossos advogados diriam que o mesmo aconteceu no meu caso.

Como era de se esperar, não dormi muito naquela noite. Antes de eu ir para a cama, a chefe de relações públicas da CNN, Allison Gollust, me informou que a imprensa daria a notícia sobre o processo pela manhã. A CNN estava levando Donald J. Trump, presidente dos Estados Unidos, aos tribunais. Era o caso *CNN vs. Donald J. Trump*. Também figuravam na ação Sarah Sanders e Bill Shine, o recém-contratado diretor de comunicação de Trump. Por mera questão procedimental, processamos também o agente anônimo do Serviço Secreto e o diretor do Serviço Secreto, já que tecnicamente a agência recolheu minha credencial em nome da Casa Branca. Detestei essa parte, já que sempre mantive boas relações com o Serviço Secreto. Eu sabia muito bem que o agente que confiscou minha credencial de imprensa estava apenas fazendo seu trabalho.

Além disso, o processo incluía uma declaração minha. Confesso que é um tanto estranho ler esse tipo de coisa em um processo judicial, mas é assim que funciona a justiça. Na declaração, falo sobre como a revogação da credencial acabaria com minha carreira, impossibilitando que eu trabalhasse como correspondente na Casa Branca para qualquer outro veículo. Será que isso faria o juiz sentir compaixão? Provavelmente não. Mas tive de colocar por escrito exatamente como a decisão do governo de retirar minha credencial basicamente impediria que eu cobrisse a Casa Branca como jornalista. Era justo dizer que, à época, caso eu fosse proibido de entrar na Casa Branca, outros veículos ficariam impedidos de me contratar como correspondente.

A manhã seguinte chegou e as notificações estavam piscando no meu iPhone: "CNN e Acosta processam Casa Branca por credencial" e assim por diante. O *Washington Post*, o *New York Times*, a CNN, a NBC, o Politico, o Axios e outros veículos deram a notícia, que também se espalhava em veículos de comunicação de outros países. Nas mídias sociais, os críticos foram rápidos ao me atacar, me acusando mais uma vez de me colocar sob os holofotes, como se eu tivesse escolha. Nesse caso, eu poderia virar notícia ou perder meu emprego.

Os executivos e os advogados da CNN recomendaram que eu me afastasse das mídias sociais durante o processo. Foi um sábio conselho. Deveríamos evitar que um tuíte mandasse a mensagem errada para o juiz responsável pelo caso, e certamente não queríamos dar inadvertidamente munição à Casa Branca.

O governo Trump parecia pronto para a batalha. Sanders anunciou que a Casa Branca iria "se defender vigorosamente" nos tribunais. Mas algo chamou a atenção na nova declaração da secretária de imprensa; ela mudou visivelmente o motivo oferecido para revogar minha permissão de segurança:

> Fomos informados de que a CNN entrou com uma ação judicial contestando a suspensão da permissão de segurança de Jim Acosta. Isso é mais um exibicionismo da CNN, e vamos nos defender vigorosamente nesse processo. A CNN, que tem aproximadamente cinquenta outros jornalistas com permissão de segurança, e o sr. Acosta não são mais nem menos especiais do que qualquer outro veículo ou repórter no que diz respeito à Primeira Emenda. Depois de o sr. Acosta ter feito duas perguntas ao presidente — e depois de o presidente responder a ambas —, ele fisicamente se recusou a entregar um microfone da Casa Branca a uma estagiária, de modo que outros repórteres pudessem fazer suas perguntas. Essa não foi a primeira vez que esse repórter se recusou a ceder a vez para outros repórteres. A Casa Branca não tem como fazer coletivas de imprensa organizadas e justas quando um repórter age desse modo, que não é nem adequado nem profissional. A Primeira Emenda não é respeitada quando um único repórter, dos mais de 150 presentes, tenta monopolizar a entrevista. Se não

contivermos esse tipo de comportamento, isso impedirá que o presidente, os funcionários da Casa Branca e os integrantes da imprensa façam seu trabalho.

Sanders evidentemente estava recuando de sua declaração inicial, que me acusava (de modo ridículo) de agredir uma estagiária. Dessa vez a linguagem foi bastante suavizada: "ele fisicamente se recusou a entregar um microfone da Casa Branca a uma estagiária, de modo que outros repórteres pudessem fazer suas perguntas. Essa não foi a primeira vez que esse repórter de recusou a ceder a vez para outros repórteres".

"Fisicamente se recusou a entregar" é um recuo e tanto, pensei. Nossos advogados pensaram o mesmo. Eu tinha "me recusado a ceder a vez para outros repórteres", acrescentava a declaração de Sanders. Espere aí, você já assistiu a um encontro com a imprensa na Casa Branca? Certamente não sou o primeiro repórter a fazer uma pergunta complementar. Poupe-me. Isso era basicamente a Casa Branca — e às vezes eu preciso lembrar a mim mesmo que estamos falando *da Casa Branca* — reconhecendo que eles haviam cometido um erro na nota que falava sobre o "golpe de caratê".

Outros repórteres concordaram com essa avaliação. "Casa Branca muda o motivo da retirada da credencial de Jim Acosta" foi a manchete do *Washington Post*. Isso era um desdobramento positivo para nós.

Para além dos desdobramentos positivos, eu estava nervoso. O dia do nosso julgamento se aproximava, e muita coisa estava em jogo. Sim, era ótimo que estivéssemos contestando a Casa Branca judicialmente, mas eu estaria mentindo se dissesse que não estava preocupado com a possibilidade de o tiro sair pela culatra, porque isso era uma possibilidade. Um obstáculo potencial que enfrentaríamos era o fato de o juiz do caso, Timothy J. Kelly, ter sido nomeado por Trump. Esse era um lembrete e tanto do impacto que um presidente tem sobre o sistema judiciário. Trump e o líder do governo no Senado, Mitchell McConnell, estabeleceram como prioridade preencher os tribunais de juízes conservadores. E, com um Senado dominado por republicanos, tiveram um tremendo sucesso, que muita gente em Washington jamais imaginaria.

Meu receio, à época, era que o juiz Kelly decidisse rapidamente contra a CNN, o que significaria uma batalha legal mais longa, chegando talvez até a Suprema Corte, um processo que poderia levar meses ou anos. Num cenário como esse, o debate sobre quem fez o quê durante a coletiva ficaria mais intenso. E mais importante, eu passaria um longo período sem minha credencial. Minha carreira como correspondente na Casa Branca seria de fato encerrada por Trump. O sujeito que me chamou de "fake news" e de "inimigo do povo" venceria.

Olhando em retrospecto, não queria ter pensado que o juiz Kelly decidiria contra nós simplesmente por ter sido nomeado por Trump. Nossa equipe jurídica disse que deveríamos confiar mais na independência do Judiciário. Mas, infelizmente, estávamos na era Trump. A fé nas instituições fora desgastada, até mesmo no meu caso. Apesar de me considerar um crente no nosso sistema de governo, eu estava bastante deprimido quando pensava em nossas perspectivas e sucumbia a certo cinismo. A era Trump me afetara. Todo mundo olhava para as coisas através de uma lente partidária. Certamente é assim que Trump vê o mundo, pondo em dúvida o que motiva as ações das pessoas em cada canto do governo, desde funcionários públicos de carreira até juízes aprovados pelo Senado. Durante dois anos, eu vinha acompanhando o modo como esse processo se desenvolveu, mas até ali nunca tinha me deixado vitimar por ele.

Um de nossos principais advogados, o lendário Ted Olson, famoso pelo caso *Bush vs. Gore*, tentou diminuir a tensão. Quando nos cumprimentamos no saguão do escritório Gibson, Dunn e Crutcher, Olson sorriu e desdenhou das acusações de "exibicionismo" que a Casa Branca fazia contra mim.

"Exibicionismo", resmungou Olson sorrindo. "Não acredito que haja exibicionismo na Casa Branca."

Eu ri. Todos rimos. Olson, com uma única frase hilária, mostrou o absurdo dos ataques que eu sofria da Casa Branca e, suponho, de parte de meus outros críticos. Como na famosa fala de *Casablanca*, em que o chefe de polícia de Vichy se diz "chocado" ao descobrir que há jogatina no Rick's Café no exato momento em que embolsa seus lucros, Olson estava, com razão, tirando sarro da ideia de que "exibicionismo" pudesse ser uma infração passível de punição na Casa Branca.

Mas Olson sabia ser sério tanto quanto sabia ser engraçado. Em uma entrevista mais cedo com Brooke Baldwin na CNN, ele explicou o que estava em jogo no nosso caso: "A Casa Branca não pode sair impune disso."

A audiência judicial foi ao mesmo tempo fascinante e assustadora. O juiz Kelly manteve uma expressão neutra durante o tempo todo. Ele foi respeitoso, mas fez perguntas difíceis para os dois lados. Não cheguei a depor. Como mostrou o artista responsável por fazer os croquis na sala de audiência, eu fiquei sentado impassível durante toda a audiência. Mas não se engane. Eu estava nervoso.

O procurador do Departamento de Justiça responsável pelo caso, que defendia o governo Trump, James Burnham, chamou nossa atenção ao defender de maneira ampla e geral que o presidente poderia impedir a entrada na Casa Branca de qualquer pessoa que considerasse inapropriada.

"Não há qualquer direito garantido pela Primeira Emenda" de que repórteres devem ter acesso ao complexo da Casa Branca, afirmou Burnham. "Não acho que alguém discordaria que, se [o presidente] quisesse excluir todos os repórteres da Casa Branca, ele claramente teria a autoridade para fazer isso." Ele disse ainda que eu poderia cobrir a Casa Branca e Trump simplesmente assistindo à TV.

Eu não acreditava no que estava ouvindo.

Burnham afirmou ainda que o presidente poderia inclusive barrar veículos dos quais não gostasse, dizendo basicamente que Trump ou qualquer futuro ocupante da Casa Branca poderia escolher quem cobriria o Poder Executivo. Essa era uma reivindicação espantosa e perigosa do poder presidencial, pensei. Caso o juiz Kelly decidisse a favor de Trump, era evidente que a Primeira Emenda sairia bastante prejudicada.

O juiz parecia cético em relação à generalização de Burnham e perguntou ao procurador se a Casa Branca poderia dizer para um repórter: "Nós não gostamos do seu trabalho, por isso retiraremos sua credencial."

A resposta de Burnham foi de cair o queixo. "Em termo legais... sim", disse.

O juiz Kelly também quis fazer outras perguntas. Ele quis saber quem foi o responsável pela decisão de retirar minha credencial, o que foi interessante. "O senhor tem alguma informação que sugira que outra pessoa, que não a sra. Sanders, tomou essa decisão?", perguntou ele.

Burnham não tinha uma boa resposta. "Não, não que eu possa oferecer hoje. Não estou sonegando informações, mas não tenho nada a acrescentar além do que consta no processo", respondeu ele.

Kelly, que aparentemente vinha prestando atenção à cobertura jornalística, percebeu que a explicação de Sanders para retirar minha credencial mudava o tempo todo. O que aconteceu com a alegação feita pela Casa Branca, acompanhada de um vídeo editado, que pretendia mostrar que eu encostei em uma estagiária que tentava pegar o microfone de volta?, quis saber ele.

"Por que o senhor não me esclarece?", perguntou Kelly. "Conte qual foi o motivo e informe se o governo mudou sua explicação sobre o motivo ao longo do tempo."

"Não estamos nos apoiando nisso, e não acredito que a Casa Branca esteja se apoiando nisso", disse Burnham mais tarde sobre o vídeo adulterado.

Deixe-me repetir isso. O próprio advogado do governo falou que eles não se apoiariam no vídeo.

Mesmo assim, Kelly deu motivos para que eu me preocupasse. Ele questionou nosso principal advogado no tribunal, o grande advogado especialista em Primeira Emenda Ted Boutrous, sobre minha conduta na coletiva.

"Todos vimos o vídeo", disse Kelly, observando que eu havia "continuado a falar depois que o [meu] tempo acabou" e que eu "me recusava a entregar o microfone".

Essa doeu, pensei.

Imperturbável, Boutrous, de modo calmo mas contundente, tratou das alegações do governo referentes a meu comportamento, comentando sobre a evidente falha no argumento da Casa Branca de que poderia retaliar jornalistas de que não gostasse.

"Quais são os critérios?", perguntou Boutrous. "Grosseria não é um bom critério. Caso fosse, ninguém poderia ter ido à coletiva." Além disso, acrescentou, o próprio Trump era bastante grosseiro.

"[O presidente] é a pessoa mais agressiva, ouso dizer a mais grosseira, ali", disse Boutrous. "Ele incentiva esse tipo de discussão mais acirrada... Conhecendo Trump, ele provavelmente escolherá o sr. Acosta para fazer uma pergunta no dia em que ele recuperar sua credencial", continuou.

Boutrous não tinha ideia de quanto estava certo, mas em parte esse diálogo me incomodou, confesso. Esse não deveria ser um debate sobre grosseria, pensei. Eu achava que estava evitando recuar ao ser atacado pelo presidente. Quantas vezes deixamos o valentão dar uma surra na gente no playground? Mas, se tratar disso com um juiz ajudava a chegarmos ao bem maior, que fosse.

Então Boutrous chegou ao argumento principal: que o presidente estava fundamentalmente tentando escolher os repórteres que cobriam a Casa Branca. Isso é algo que as empresas de comunicação têm o direito de decidir, não o presidente. "O presidente não tem o direito de escolher quem a CNN manda para cobrir a Casa Branca", disse Boutrous.

Amém, Ted!

Ele afirmou ainda que parte do arrazoado apresentado pela Casa Branca para tomar sua decisão era sua insatisfação com o que era percebido como o "viés progressista" da CNN. Pouco antes de nossa audiência, a campanha de Trump enviou um e-mail de arrecadação de fundos a seus eleitores que falava do processo da CNN contra Trump e a Casa Branca. O e-mail atacava a CNN por ter um "viés progressista". Boutrous apresentou o e-mail como indício de que a decisão contra mim fora motivada em parte por discriminação "baseada em conteúdo".

Eu olhava atentamente para ver se conseguia enxergar a reação dos advogados do Departamento de Justiça ao modo como Ted usou o e-mail de arrecadação de fundos. Sentados à sua mesa, eles pareciam nervosos, como se aquilo fosse prejudicar a defesa do governo.

"Eu te falei," vi Burnham falar com um dos outros advogados do governo na mesa, como se admitisse que, sim, o e-mail não ajudava no seu caso.

Boutrous então criticou a Casa Branca pela falsa acusação de que eu havia encostado na estagiária e pelo uso do vídeo editado do "golpe de caratê".

"É absolutamente falso", disse Boutrous. "Eles abandonaram esse argumento", acrescentou ele sobre a acusação de agressão.

Quanto ao argumento mais perigoso usado pelo governo, de que era concebível que as autoridades barrassem repórteres da Casa Branca sem que isso tivesse nenhuma interferência no trabalho feito pelos jornalistas, Boutrous também foi contundente, acusando o Departamento de Justiça de desprezar o processo de apuração dos repórteres. Repórteres se encontram com fontes na Casa Branca. Jornalistas participam de entrevistas coletivas com autoridades governamentais. Tudo isso deixaria de existir caso fôssemos forçados simplesmente a assistir a Trump e seus assessores pela televisão.

"Não é assim que repórteres descobrem notícias. Isso é uma concepção totalmente equivocada do que é o jornalismo", disse Boutrous.

Mas foi Burnham quem conseguiu a última palavra na audiência. Ele afirmou que a CNN tinha mais de cinquenta funcionários com credenciais para cobrir a Casa Branca. Os direitos da emissora não estavam ameaçados caso eu ficasse de fora, acrescentou.

"O presidente não precisa nunca mais falar com o sr. Acosta", argumentou Burnham. "O presidente não tem que dar uma entrevista ao sr. Acosta nunca mais. E o presidente não tem que escolher o sr. Acosta para fazer perguntas em uma coletiva de imprensa."

Se Trump decidisse me colocar na geladeira, Burnham disse, que diferença faria eu ter permissão para entrar na Casa Branca?

"A mim, parece que estamos discutindo um desrespeito muito estranho à Primeira Emenda", continuou ele.

Pensei com os meus botões: será que o sr. Burnham *conhece* Trump? É evidente que ele vai me escolher para fazer perguntas outra vez.

Mas o argumento do governo tinha um grande problema. Ele não fazia qualquer referência aos direitos garantidos pela Quinta Emenda, delineados em *Sherrill vs. Knight* que eram decisivos no meu processo contra a Casa Branca. Em resumo, eu não tive direito ao devido processo. Burnham não chegou de fato a abordar essa questão.

No entanto, o juiz Kelly, numa prévia de sua decisão, disse aos procuradores do governo que tinha de obedecer ao precedente do caso *Sherrill*. Isso me deu algum conforto quando a audiência, que durou quase duas horas excruciantes, se aproximava do fim. O juiz disse que, no dia seguinte, teria uma decisão sobre nosso pedido cautelar, basicamente uma suspensão por duas semanas da decisão da Casa Branca de revogar minhas credenciais.

Eu me lembro de me virar para a supervisora de relações públicas da sucursal da CNN em Washington, Lauren Pratapas, que estava sentada ao meu lado no tribunal. Quando a audiência acabou, nós suspiramos aliviados. Foi exaustivo. Estressante. Algumas coisas pareciam boas. Outras nem tanto.

Mesmo assim, havia um fator importante a nosso favor, pois recebemos uma calorosa enxurrada de mensagens de apoio de nossos colegas da imprensa. Treze veículos de comunicação, incluindo a Fox News (!), a NBC e o Politico, entraram como *amicus curiae* no processo contra o governo. Outros veículos aderiram mais tarde. Na prática, os veículos formaram uma coalizão.

"É imperativo que jornalistas independentes tenham acesso ao presidente e a suas atividades, e que jornalistas não sejam barrados por motivos arbitrários. Nossas empresas jornalísticas apoiam o direito constitucional fundamental de fazer perguntas a este presidente, ou a qualquer presidente", dizia o documento assinado pelas empresas de comunicação.

O juiz Kelly não tinha como ignorar esse tipo de solidariedade partindo de todos os veículos de imprensa de Washington. Claro, pode ser que isso não fizesse a balança inclinar a nosso favor, mas era uma demonstração de apoio fundamental. Até a Fox estava do nosso lado. Depois de todos aqueles blocos no horário nobre que a Fox News usou para atacar a mim e a meus colegas, esse bastião do jornalismo conservador estava nos defendendo.

Após a audiência, ficamos todos apertados numa salinha ao lado da sala de audiências para discutir o que tinha acontecido. Eu e os advogados concordamos que eu deveria permanecer em silêncio enquanto o juiz decidia sobre o caso.

Olson, que se sentou à mesa com a equipe da CNN durante a audiência, acrescentando o peso de sua presença a nossos argumentos legais, explicou por que achava que Kelly decidiria a nosso favor.

O juiz Kelly, segundo o raciocínio de Olson, se basearia na decisão do caso *Sherrill*, ele imaginou, por ser um modo rápido e simples de resolver um caso complexo ligado à Primeira Emenda. Tanto a CNN quanto a Casa Branca poderiam discutir se meus direitos garantidos pela Primeira Emenda haviam ou não sido violados, explicou Olson. Mas, no que dizia respeito ao devido processo, a Casa Branca não tinha muito onde se apoiar. Eu não tivera direito ao devido processo. O juiz Kelly, imaginou Olson, nos daria uma vitória com base em *Sherrill vs. Knight*.

No dia seguinte, outro drama. O juiz Kelly adiou sua decisão por mais 24 horas. Os advogados disseram que eu não deveria encarar isso como sinal positivo nem negativo. O tempo, se me lembro bem, estava horrível naquele dia. Eu tinha esperanças de que outro fator, embora tardio, pesasse na decisão do juiz. A Associação dos Correspondentes da Casa Branca, da qual sou membro, entrou com um pedido para ser *amicus curiae* naquela quinta-feira. Não foi o melhor momento para isso, nós pensamos. Poderíamos ter usado essa demonstração de apoio antes da audiência. E, para ser franco, eu estava decepcionado pelo fato de a WHCA não ter estado ao nosso lado quando fomos ao tribunal. Mas antes tarde do que nunca.

O presidente da WHCA, Olivier Knox, me explicou que o atraso se deveu em parte à natureza voluntária do trabalho da diretoria, composta por nove membros.

"É como tentar organizar um bando de gatos", disse Knox.

Outro fator foi que a organização cogitou fazer parte de um grupo que se apresentaria para aderir ao processo, formado por associações de liberdade de imprensa, mas depois reconsiderou.

"Achei que seria bom nos destacarmos do resto", disse Knox.

Minhas fontes na WHCA disseram que Knox e outros membros da associação discutiram com Sanders em minha defesa a portas fechadas. Sanders, segundo essas fontes, foi alertada de que a decisão do departamento de revogar minhas credenciais "havia sido um grande tiro no pé".

"Todo o grupo de jornalistas que cobre a Casa Branca vai se unir", a WHCA avisou a Sanders.

Ela não mudou de opinião. "Eles estavam agitadíssimos nos primeiros dias" depois da coletiva.

Quanto a Shine, ele não podia ser considerado exatamente um defensor dos jornalistas que cobriam a Casa Branca. Durante as reuniões com a WHCA, Sanders por vezes estava disposta a ouvir as preocupações dos membros da diretoria sobre as várias questões referentes a logística e cobertura. Shine só reclamava do que era noticiado pela mídia convencional, e mal levava em conta o fato de que ele trabalhara na Fox News antes de ir para a Casa Branca.

Mas o exagero na argumentação do governo durante a audiência, ao afirmar que o presidente poderia barrar qualquer jornalista que desejasse, deu à WHCA motivos mais do que suficientes para agir. A declaração assinada pela organização foi direto ao ponto: "O presidente dos Estados Unidos afirma ter poder absoluto e ilimitado para decidir quem pode trabalhar como jornalista na Casa Branca. De acordo com a visão que o presidente tem da lei, caso ele não goste de uma matéria que um jornalista escreva sobre ele, ele pode negar a esse jornalista o direito de acessar a Casa Branca. Se não gosta do ponto de vista que um jornalista expressa sobre ele, pode negar a esse jornalista o direito de acessar a Casa Branca", dizia o texto.

Eu fiquei realmente feliz com a última parte da declaração, que de fato ia ao encontro de nosso argumento sobre o perigo genuíno implícito no raciocínio que o governo usou no tribunal, de que Trump poderia levar suas falsas críticas à imprensa a um novo patamar. Ele poderia começar a expurgar a cobertura mais crítica a seu governo. Se bem-sucedido, Trump poderia forçar todos nós à submissão.

"Se não gostar de uma pergunta feita por um jornalista, ele pode negar a esse jornalista o direito de acessar a Casa Branca. Se decidir que a reportagem de um jornalista é 'fake news', ele pode negar a esse jornalista o direito de acessar a Casa Branca. Na verdade, de acordo com o presidente, se ele decidir por conta própria que um jornalista é uma pessoa 'má' ou 'grosseira', ele pode negar a esse jornalista o direito de acessar a Casa Branca. E pode fazer isso sem oferecer a esse jornalista nenhum tipo de processo. A interpretação que o presidente faz da lei é equivocada. Embora tenha poder absolutamente discricionário para expulsar um membro da imprensa de sua residência na Trump Tower, ele não tem poder absolutamente discricionário para excluir um membro da imprensa da Casa Branca."

A autoridade que o presidente estava reivindicando, a WHCA alertou ao juiz, ia longe demais. O meu caso, que começou com um ridículo ato de retaliação da parte da Casa Branca, se transformou numa ampla contestação dos direitos que a imprensa livre dos Estados Unidos tem de cobrir o cargo mais importante do país.

Mas, se você acha que eu estava me congratulando por isso, está enganado. Verdade seja dita, eu estava ficando preocupado, tremendamente preocupado, com a possibilidade de meu diálogo com Trump ter causado sérios danos à minha profissão e a vários dos meus colegas. Caso o juiz nomeado por Trump decidisse contra a CNN, independentemente da sentença, não seria exagero afirmar que poderia haver de imediato um péssimo efeito sobre o trabalho da imprensa nos Estados Unidos. Eu me preocupava por April Ryan. Eles tinham tentado punir minha colega, Kaitlan Collins, pelas perguntas que fez. Poderiam persegui-la também. A Casa Branca poderia começar a expulsar jornalistas que não a agradavam. Os governadores e os prefeitos do país poderiam começar a barrar repórteres de eventos oficiais. Essas autoridades, eu temia, só teriam de apontar para o caso *CNN vs. Trump* e fim de papo.

Pensei que a coisa toda poderia entrar em colapso, e eu seria o culpado. Eu seria radioativo. Outros veículos de comunicação não encostariam em mim. Isso poderia muito bem ser o fim da minha carreira.

Não é preciso dizer que não dormi bem naquela noite. Além do meu nível de estresse, havia o fluxo contínuo de ameaças que eu vinha recebendo nas mídias sociais. Um maluco me mandou uma série de e-mails violentos demais para serem publicados.

O dia seguinte chegou, e fomos ao tribunal. O chefe da sucursal, Sam Feist, junto de nossa executiva de relações públicas, Lauren Pratapas, o advogado da CNN, David Vigilante, e a equipe jurídica do escritório Gibson, Dunn e Crutcher entraram rapidamente no prédio. Conversamos um pouco e tentamos contar piadas, mas não havia como evitar a tensão. Estávamos com os nervos à flor da pele, na expectativa da decisão do juiz. Havia algumas previsões. Não tenho certeza se algum de nós achou que o juiz daria uma decisão adiando por duas semanas a revogação de minhas credenciais e as devolveria imediatamente. O vírus do cinismo tinha infectado todos nós.

E então... não poderíamos ficar mais felizes com o resultado.

O juiz Kelly, como Olson havia previsto, se apoiou na decisão do caso *Sherrill*. A Casa Branca "deve dar direito ao devido processo caso queira revogar as credenciais do sr. Acosta", disse.

Num lance interessante, o juiz pareceu sugerir que havia algum sentido na afirmação de que a Primeira Emenda não garantia o direito de entrar na Casa Branca. Mas mesmo isso foi uma vitória inútil para Trump e Sanders. Depois de entrarem na Casa Branca, continuou o juiz, a Primeira Emenda garante a eles direito de permanecer lá dentro.

Enquanto o juiz falava, um de nossos advogados do escritório Gibson Dunn, Joshua Lipshutz, me lançou um olhar difícil de descrever. Ele balançava a cabeça para cima e para baixo, espantado, enquanto o juiz lia a sentença, como se dissesse: "Uau, isso está ficando cada vez melhor." E, de fato, não parava de melhorar.

O juiz repreendeu a Casa Branca em vários momentos de sua decisão, observando que o governo não sabia indicar quem tomou a decisão que levou à revogação de minhas credenciais. Minhas fontes me disseram que Shine, Sanders e Trump tinham todos concordado com aquilo, mas que Shine foi a força motriz que levou à minha expulsão da Casa Branca. Pode ser que os advogados do governo só não quisessem admitir isso no tribunal. Numa pequena vitória para mim, o juiz repreendeu a Casa Branca pelo uso do vídeo manipulado, dizendo que a peça tinha "precisão questionável". Esse é o vocabulário mais desbocado que um juiz federal se permite. Era uma resposta a Sanders, dada por um juiz que o patrão dela colocara no Judiciário.

Kelly concedeu a cautelar e instruiu a Casa Branca a devolver minha permissão de segurança. Nem preciso dizer que ficamos em êxtase. Nós vencemos.

"Nossa sincera gratidão a todos os que apoiaram não apenas a CNN como a existência de uma imprensa livre, forte e independente nos Estados Unidos", declarou a CNN em nota.

Eu finalmente rompi o silêncio imposto pela empresa e por mim mesmo, falando aos repórteres que estavam do lado de fora do tribunal: "Apenas gostaria de agradecer a todos os meus colegas da imprensa que demonstraram seu apoio nesta semana. Quero agradecer ao juiz pela decisão que tomou. É hora de voltar ao trabalho."

Eu não consegui segurar. Depois que entramos no carro, extravasei.

"Vencemos Trump!", gritei.

Pode ser que tenham me escutado do outro lado da cidade, na Casa Branca, já que Sanders e Trump tentaram manter as aparências, o que não foi surpresa nenhuma. Durante uma breve aparição com a presença de repórteres, Trump insistiu que tinha orgulho de sua posição em defesa de uma imprensa livre.

"Queremos uma imprensa absolutamente livre", disse. "Mas deve-se agir com respeito quando se está na Casa Branca. E, quando vejo o modo como algumas pessoas do meu governo são tratadas nas coletivas, acho terrível. Então estamos estabelecendo certo padrão, que é o que a Justiça está pedindo", acrescentou ele.

Insira aqui a claque com as risadas. Trump estava me dizendo que "deve-se agir com respeito quando se está na Casa Branca". As palavras dele me pareceram o cúmulo da hipocrisia. Ele havia tratado a Casa Branca com respeito? Mais uma vez, ele estava em guerra contra a verdade. Trump não elevou a instituição da presidência.

Sanders escolheu a dedo a parte que lhe interessava da decisão do juiz. "O tribunal deixou claro que não existe um direito absoluto garantido pela Primeira Emenda de acesso à Casa Branca", disse por meio de nota. Mas ignorou o fato de o juiz Kelly ter afirmado que os repórteres que cobrem a presidência têm direitos garantidos pela Primeira Emenda depois de serem admitidos na Casa Branca. Achei bizarro que ela tenha continuado a repetir a afirmação exagerada e absurda do Departamento de Justiça sobre o acesso ao complexo da Casa Branca. Trump acabara de dizer: "Queremos uma imprensa absolutamente livre", e Sanders defendia algo bem mais restrito do que isso.

Eles não conseguiam nem combinar os absurdos entre eles.

Mas eu não tinha tempo para dar atenção a tudo isso. Como disse ao sair do tribunal: "É hora de voltar ao trabalho."

O presidente da CNN mandou um e-mail me parabenizando e disse basicamente a mesma coisa. De volta ao trabalho! O plano era voltar à Casa Branca, recuperar minha permissão de segurança e fazer uma reportagem para aquela noite, em *The Situation Room with Wolf Blitzer*. A única coisa que pedi foi que pudesse sair mais cedo para poder assistir ao espetáculo de dança da minha filha. Tendo em vista o tormento pelo qual eu acabara de passar, a autorização foi concedida.

Embora estivéssemos empolgados com a decisão do juiz, os eleitores de Trump continuavam nos atacando nas redes sociais. Alguns dos comentários voltaram a acender a luz de alerta.

Matem Jim Acosta, dizia um tuíte. Naquele momento, os responsáveis pela segurança na CNN determinaram que eu tivesse proteção em tempo integral pelos próximos dias. Foi mais um momento chocante, mas eu tinha de deixar aquilo de lado. Eu precisava retornar ao trabalho.

Ao voltar para a Casa Branca, nossa produtora que estava ali naquele dia, Allie Malloy, me avisou que dezenas de equipes de reportagem esperavam a minha volta. Ah não, pensei. Vão dizer de novo: "Você está se colocando no centro da notícia!"

Feist me acompanhou até a Casa Branca. E Allie tinha razão. Cerca de cinquenta produtores, cinegrafistas e repórteres estavam na entrada para carros da Casa Branca a fim de registrar o momento. Foi meio estranho estar do outro lado do balcão. Sem saber ao certo o que fazer naquele momento diante das câmeras, lembro-me de ter perguntado a todos se eles tinham alguma pergunta. Não tinham. Então repeti o que tinha dito ao sair do tribunal. Um repórter me perguntou que conselho eu daria a jovens jornalistas.

"Façam o seu trabalho e digam a verdade", respondi. Para ser franco, desejaria ter dito mais na época. Sou repórter de TV. Sempre quero dizer mais. Mas a CNN queria limitar meus comentários naquele dia. Por isso fui breve. Em tese, ainda estávamos em meio a uma batalha judicial. Sim, tínhamos conseguido uma medida cautelar, mas, naquele momento, ainda havia a possibilidade de precisarmos continuar com a disputa diante do juiz Kelly. A brevidade foi um conselho sábio.

Um dos fotógrafos da Casa Branca, chamado William Moon, fez uma imagem da minha permissão de segurança refletindo um raio de luz do sol. Mal pude acreditar no que vi quando ele me mandou. Tecnicamente, não devemos fotografar nossas permissões de segurança. O Serviço Secreto não gosta disso, suponho, porque poderia incentivar criminosos a usarem as imagens para produzir credenciais falsas. Mas essa foto era perfeitamente compartilhável porque não se via direito o documento. Era só uma explosão de luz pendurada num cordão em meu pescoço. Olhei para a foto e pensei: que semana maluca.

Quem teria imaginado, depois de todos aqueles comícios e coletivas, e depois de todos os insultos que engoli ao longo dos três últimos anos, que eu acabaria nos tribunais lutando por meus direitos de jornalista? Quem diria que eu ganharia essa batalha?

Eu não diria.

Assim, voltei ao trabalho, entreguei minha reportagem e consegui chegar a tempo do espetáculo de dança da minha filha. Mas eu ainda não estava livre dos problemas.

Enquanto eu dirigia para casa tarde da noite na sexta-feira, uma notificação de e-mail apareceu na tela do meu iPhone. Era de Sarah Sanders (com cópia para Shine), me informando que a Casa Branca tinha decidido persistir na tentativa de revogar minha permissão de segurança. Apesar da derrota judicial, decidida por um juiz nomeado por Trump, eles não desistiriam do processo. Está bem, pensei. Esse era o mundo de Trump. Jamais se admite um erro; dobra-se a aposta. O raciocínio de Sanders era que dessa vez eles estavam me notificando e me dando direito ao devido processo.

Telefonei imediatamente para Sam Feist, que tinha recebido uma cópia do e-mail. No primeiro momento pensei em deixar isso tudo para lá. Para mim aquilo parecia desespero. O pessoal de Trump não estava acostumado a perder. Portanto, poderia ser só um jogo de cena para salvar as aparências. Sugeri a Sam que não comentássemos uma palavra a respeito disso fora de um pequeno círculo na CNN. Assim, a carta de Sarah não vazaria por culpa nossa. O vazamento teria de vir da Casa Branca. A bola estaria com eles.

Ao contrário do que aconteceu da primeira vez, quando tuitei a nota de Sarah e o vídeo de minha permissão de segurança sendo confiscada, fiquei em completo silêncio. Vamos desfrutar do noticiário a nosso favor pelo maior tempo possível, pensamos. E vejamos quanto Sarah está interessada em começar a Terceira Guerra Mundial outra vez.

Entrei em contato com meu advogado, Robert Barnett, respeitado em Washington, para me aconselhar sobre a carta de Sarah. Ele previu que o movimento de Sarah não seria bem-sucedido. Você não pode começar retroativamente um processo que já aconteceu, explicou Barnett.

"Nunca é uma boa ideia provocar um juiz federal", acrescentou.

No fim de semana, nossa estratégia pareceu funcionar. A Casa Branca talvez esperasse que protestássemos imediatamente, mas ficamos em silêncio. Durante todo o sábado e parte do domingo, as manchetes foram todas favoráveis à CNN. As matérias falavam sobre como tínhamos vencido. Nós tínhamos vencido!

E então chegou a noite de domingo. A Casa Branca deve ter vazado a história. Mike Allen, do Axios, noticiou a existência da carta. Outros repórteres começaram a confirmar a história. O único ponto positivo era que tínhamos mantido a ridícula carta de Sarah longe das manchetes por umas boas 48 horas.

A CNN solicitou imediatamente uma audiência de emergência com o juiz Kelly, que tinha acabado de julgar o caso na sexta-feira anterior. Queríamos que a Casa Branca visse que também sabíamos jogar duro. Afinal, não havia razão para não levar a sério o novo movimento de Sanders. Sua carta dizia que Trump "está ciente dessa decisão preliminar e concorda com ela".

Nossa moção solicitando uma audiência emergencial descrevia a nova investida da Casa Branca como uma "tentativa de oferecer o devido processo retroativamente". Mas talvez a Casa Branca saísse ilesa disso, pensei. O juiz Kelly havia insistido que a Casa Branca precisava respeitar um processo para revogar permissões de segurança. Essa era uma tentativa bem mixuruca de respeitar o devido processo, mas era possível que atendesse ao padrão esperado pelo juiz. Fiquei novamente apavorado. Sanders disse na carta que minha suspensão entraria em vigor assim que a medida cautelar perdesse a validade. Mas a Casa Branca estava dando uma de esperta, desafiando a ordem do juiz e ao mesmo tempo tentando obedecê-la. Para mim, parecia uma falsa esperteza que não levaria a lugar nenhum. Talvez nós nos saíssemos bem, no fim das contas.

Em uma mensagem ao Departamento de Justiça, Ted Boutrous foi contundente com os advogados do governo, descrevendo a carta de Sanders como "mais uma prova da animosidade dos clientes deles em relação ao sr. Acosta, com base em seu trabalho como principal correspondente da CNN na Casa Branca". Boutrous acertou em cheio. A Casa Branca estava agindo por rancor. Eles não podiam se conter. E nós precisávamos que o juiz Kelly impedisse que continuassem.

Então na tarde de segunda-feira, menos de um dia depois do Axios ter noticiado a carta de Sanders, algo engraçado aconteceu. Um tuíte de John Roberts, da Fox, apareceu na minha tela. John dava em primeira mão a notícia de que a Casa Branca devolveria minha credencial. Sarah ou o ex-chefe de John, Bill Shine, devem ter passado a dica para ele. Mandei um e-mail para Sarah. É verdade? Ela confirmou. Em questão de minutos, ela soltou uma nota oficial.

"Nesta tarde, notificamos Jim Acosta e a CNN de que sua permissão de segurança foi restabelecida", disse Sanders. Depois, mais uma vez, tentou manter as aparências: "Nós também o notificamos sobre certas regras que regerão as coletivas de imprensa daqui por diante." Depois, com a graciosidade que todos aprendemos a esperar, deu uma última cutucada.

"Criamos essas regras com certo remorso."

Sei, tenho certeza de que você sente muito remorso, Sarah. Certeza absoluta.

As novas regras eram dolorosamente tolas, dando a impressão de terem sido escritas por uma professora de jardim de infância com um boné MAGA. Aqui vão elas:

1. Um jornalista chamado a fazer uma pergunta fará uma única pergunta e depois cederá a vez a outros jornalistas;
2. Por decisão do presidente ou de outra autoridade da Casa Branca que esteja respondendo a perguntas, serão permitidas uma ou mais perguntas complementares; e, depois de a pergunta complementar ter sido permitida e feita, o entrevistador deverá ceder a vez;
3. "Ceder a vez" inclui, quando se aplicar, entregar fisicamente o microfone a funcionários da Casa Branca, de modo a permitir seu uso pelo próximo entrevistador;
4. O desrespeito a qualquer uma das três primeiras regras pode levar à suspensão ou à revogação da permissão de segurança do jornalista.

Como eu disse a alguns de meus colegas, o pessoal de Trump não gosta de perder. E nesse episódio eles claramente levaram uma surra. Além disso, perderam para as pessoas que mais odiavam, a imprensa. Um juiz nomeado por eles mesmos rejeitou o ataque deles à imprensa. Quanto às novas regras, ninguém levou a sério, nem o presidente. Os jornalistas da Casa Branca continuaram a fazer perguntas complementares. E Trump continuou a aceitar, porque ele gosta da troca de farpas, pelo menos quando acha que está por cima.

No dia seguinte, Trump provou que eu estava certo. Ele saiu para o Gramado Sul, rumo a um evento, e respondeu algumas perguntas de repórteres. E quando digo perguntas, estou falando de múltiplas perguntas de múltiplos repórteres. Os repórteres fizeram várias perguntas complementares. David Martosko, do *Daily Mail*, perguntou várias vezes. (Pode-se dizer que David se recusava a ceder a vez a outros repórteres, mas ele estava certo em fazer o que fez; ele é um repórter.) E não houve drama. Quase instantaneamente e sem muita fanfarra, as regras de Sarah foram ignoradas.

Quando Trump me escolheu para uma pergunta, perguntei sobre o assassinato do jornalista saudita e colunista do *Washington Post*, Jamal Khashoggi. Apesar de a CIA ter sugerido que o príncipe saudita Mohammed Bin Salman Al Saud orquestrara o macabro assassinato de Khashoggi num consulado em Istambul, Trump havia emitido uma nota bizarra naquele dia, alinhando-se aos sauditas no que dizia respeito à morte de Khashoggi, dizendo que o príncipe saudita "talvez tenha feito isso, talvez não tenha feito nada". Perguntei a ele sobre o fato de ter desprezado a avaliação da CIA. Ele não chegou a responder. Por isso, fiz uma pergunta complementar. Mais uma vez, não houve drama e Trump continuou o diálogo.

"O senhor vai deixar que os sauditas saiam impunes num caso de assassinato, depois de matarem um jornalista?", perguntei.

"Não. Estamos falando dos Estados Unidos em primeiro lugar", respondeu ele. Defender um repórter é uma maneira de colocar os Estados Unidos em primeiro lugar, pensei. Mas Trump estava a caminho do próximo repórter e da próxima pergunta. No final da rodada, Trump apontou para mim, como se dissesse "Você está de volta". E eu estava.

Então aconteceu algo que me deixou revoltado. Ao passar a outros repórteres, Trump se recusou a responder uma pergunta da minha amiga April Ryan. April perguntou se a Casa Branca investigaria Ivanka Trump por ter usado uma conta pessoal de e-mail para enviar e receber mensagens relacionadas a assuntos governamentais. Trump simplesmente apontou para ela fazendo uma carranca. Depois se voltou a outras pessoas e perguntou: "Mais alguma pergunta?" Mesmo sendo durona, April pareceu magoada pela maldade de Trump naquele momento. Eu sei que ela superou isso, mas me senti mal.

Por mais que gostasse de estar de volta à Casa Branca fazendo meu trabalho com minha permissão de segurança no bolso, eu sabia que nossa vitória judicial jamais mudaria o comportamento de Trump. Vencemos a batalha, mas a guerra à imprensa não tinha acabado. Longe disso. Sarah e o pessoal da Casa Branca jamais pediram desculpas por me acusarem falsamente e por tentarem destruir minha carreira — embora eu jamais tenha esperado que fizessem isso.

Essa parte pode não agradar aos haters, mas não passo muito tempo em posição fetal, chorando até pegar no sono. Recebi de braços abertos o ódio do mundo de Trump. Além disso, prefiro me concentrar no enorme retorno positivo que veio de todo canto. Há funcionários anônimos da Casa Branca que me pararam na rua para dizer: "Não pare." (Sim, isso aconteceu.) Pilotos de alguns voos que fiz cruzando o país me mandaram bilhetes de suas cabines dizendo para eu "não diminuir a pressão". Não pense nem por um segundo que os insultos que recebemos na Casa Branca e nos comícios de Trump contam toda a história. Não é verdade.

Assim como meus colegas de imprensa, ouvi coisas boas de muita gente, do mundo inteiro. As pessoas vêm falar conosco em estações de trem, supermercados e restaurantes. Acreditam nessa coisa chamada imprensa livre. Sabem que temos um trabalho difícil, de descobrir o que há por trás das mentiras. Sabem que estamos sacrificando muita coisa. Viram o comportamento abusivo que enfrentamos. E as pessoas que vivem conosco disseram de modo retumbante: "Não parem", ou, nas palavras de Sam Donaldson: "Continue dando duro."

Pouco depois de voltar ao trabalho na Casa Branca, tive a oportunidade de desempenhar um pequeno papel na cobertura do falecimento do presidente George H.W. Bush. Eu estava do lado de fora da Catedral Nacional, em Washington. O culto tinha acabado. Foi uma cerimônia comovente. O mundo inteiro parecia estar enlutado junto à família Bush na despedida do quadragésimo primeiro presidente dos Estados Unidos. Tive a oportunidade de registrar o encontro entre as famílias Bush e Trump, que descrevi como "A Geração Grandiosa encontra a Faça a América Grande de Novo", um lembrete de que os Estados Unidos eram grandes muito antes do quadragésimo quinto presidente. Foi bom falar de outro presidente, de alguém que não Trump, para variar. George Bush jamais teria chamado a imprensa de inimiga do povo.

Depois que tudo acabou e os ricos e poderosos de Washington estavam voltando para casa, um rosto conhecido veio em minha direção. Era Tom Brokaw, o lendário âncora da NBC que escreveu o livro *The Great Generation* ["A geração grandiosa"]. Nunca tínhamos nos encontrado.

"Evitando encrenca?", perguntou Brokaw, rindo.

"Um pouquinho", respondi com um sorriso.

Epílogo: Estados Unidos, se vocês estiverem ouvindo...

Nas semanas seguintes ao restabelecimento da minha credencial da Casa Branca, muitos de meus colegas em outros veículos de imprensa, e mesmo alguns agentes do Serviço Secreto, se divertiram me provocando com toda a saga, o que é parte da diversão de ser repórter na Casa Branca.

"Deixaram você voltar para cá?", me perguntavam.

"Sim", eu respondia, rindo.

Mas também recebi alguns gestos de apoio. E, num jantar de premiação em Washington, o senador republicano aposentado, Jeff Flake, também perseguido por Trump, me agradeceu.

"Vá atrás deles, Acosta. E não desista", disse Flake.

Na recepção de fim de ano da Associação dos Correspondentes da Casa Branca no JW Marriott em Washington, Sarah Sanders e Bill Shine me abordaram numa tentativa evidentemente pouco sincera de aliviar o clima.

"Não fuja", disse Sarah, enquanto ela e Bill vinham em minha direção. "Viemos em missão de paz."

Eles me convenceram a cantar com eles uma versão não muito inspirada de "The Twelve Days of Christmas", com alguns colegas da imprensa ao redor, assistindo a tudo, curiosos.

"Cinco coletivas de ouro", brinquei, de modo um pouco tolo.[1] Houve algumas poucas risadas. Foi tudo muito constrangedor, então tomei um gole de vinho e caí fora.

Pessoas me perguntam se as coisas tinham voltado ao normal na Casa Branca. Não, claro que não, respondo. Como? Elas não estavam normais antes de revogarem minha credencial.

Depois das eleições de meio mandato, Trump continuou a testar a duradoura Constituição americana. Ele paralisou o governo para forçar os contribuintes americanos a pagar pelo muro na fronteira, projeto que em 2016 ele prometera que seria bancado pelo México. Como não conseguiu o que queria durante a paralisação, declarou emergência nacional para não ter de convencer o Congresso a aprovar uma estratégia para desviar recursos já empenhados para sua cruzada pela barreira na fronteira. Alguns republicanos acusaram o presidente de desrespeitar a Constituição, uma prova rara de vida em um partido mantido refém por seu líder. O já falecido senador John McCain, inimigo de longa data de Trump, teria ficado orgulhoso.

Mas o que mais Trump pode tentar fazer para conseguir outro mandato? Em algum momento, acredito, ambos os partidos desistirão e deixarão que Trump construa o muro. Os democratas realmente acreditam que Trump retribuirá com iniciativas bipartidárias para enfrentar, digamos, a epidemia de tiroteios em massa que afetou comunidades de Newton, em Connecticut, a Parkland, na Flórida, chegando a Las Vegas? Obviamente ele não enfrentará a iminente crise climática, que diz ser um boato, apesar de todas as provas científicas em contrário.

Quando se trata da fronteira, os fatos nem sempre estão na mente de Trump. Numa coletiva de imprensa no Rose Garden, quando anunciou a emergência na imigração, ele atacou minhas tentativas de fazer com que se explicasse. Quando o lembrei que pesquisas sérias mostram que

---

[1] A letra da música fala em "cinco anéis de ouro". [N.T.]

imigrantes, ainda que ilegais, cometem menos crimes que os americanos nativos, ele classificou o argumento de fake news.

"Você não acredita nisso realmente", afirmou Trump.

"Acredito em fatos e estatísticas", respondi a ele em outra discussão.

Outra emergência nacional que Trump parece ignorar completamente é a possibilidade de a Rússia interferir no processo democrático americano mais uma vez em 2020. Apesar de todo o intenso debate a respeito da possibilidade de assessores e pessoas próximas a Trump terem conspirado com Moscou, há algumas conclusões claras no relatório do procurador especial Robert Mueller sobre a interferência de Putin em 2016. Mueller descobriu, assim como a inteligência americana, que os russos realizaram com sucesso uma operação para alterar os resultados da eleição presidencial. Funcionários de alto escalão do governo, incluindo o diretor de inteligência nacional, Dan Coats, já alertaram que os russos farão nova tentativa em 2020.

No dia 18 de abril de 2019, o procurador especial Robert Mueller divulgou seu relatório sobre a investigação russa. Apesar de Trump não ter sido indiciado por conspiração com o governo russo em 2016, ele claramente não foi absolvido por tentar interferir na investigação. O relatório de Mueller registrou que Trump ordenou que o conselheiro da Casa Branca, Don McGahn, demitisse o procurador especial. McGahn ignorou a ordem. Trump ficou assustado com a indicação de Mueller, declarando a assessores: "Este é o fim da minha presidência." Também foi revelado que Sarah Sanders admitiu aos investigadores que havia mentido sobre a demissão de Comey.

Vale notar que, depois que os democratas conquistaram a maioria na Câmara nas eleições de meio de mandato em 2018, Trump começou a demonstrar preocupação com a possibilidade de sofrer impeachment, segundo me contaram. Ele via isso como uma "possibilidade real". Minhas fontes disseram que funcionários da Casa Branca acreditavam que a acusação de irregularidades no financiamento da campanha, ligadas aos pagamentos de propina para supostas amantes de Trump, era a parte mais problemática.

Ao analisarmos o impacto de Trump no mundo, devemos pensar em mais do que a ameaça russa. Talvez devêssemos avaliar o dano que estamos causando a nós mesmo ao trair os valores que sempre puseram os Estados Unidos em uma boa situação. Pense no caso do colunista do *Washington Post*, Jamal Khashoggi, o jornalista saudita que morava na Virgínia, cujos filhos são cidadãos americanos, e que foi assassinado dentro do consulado saudita em Istambul. A avaliação da inteligência dos Estados Unidos é de que a Arábia Saudita, provavelmente por ordem do príncipe Mohammad Bin Salman, foi mandante do assassinato de Khashoggi em retaliação por seus comentários sobre o governo de Riad.

Em sua defesa, os sauditas disseram a princípio que Khashoggi deixou o consulado vivo; de fato, havia imagens de uma câmera de vigilância mostrando isso. Mas, como o trabalho excepcional de reportagem da CNN sobre a morte do jornalista demonstrou, era um dublê vestido com as roupas de Khashoggi que aparecia no vídeo saindo do consulado. Khashoggi, descobrimos depois, nunca saiu do prédio. Em vez disso, o jornalista foi detido e lá dentro, afirmam os governos turco e americano, foi morto por agentes sauditas e desmembrado com uma serra.

Os sauditas tentaram enganar o mundo sobre o que aconteceu com Khashoggi, culpando num primeiro momento supostos "mercenários", uma mentira repetida por Trump para a imprensa. Era como se O.J. Simpson estivesse escrevendo os releases dos sauditas. A tentativa vergonhosa e amadora do governo de Riad de encobrir o assassinato, exposta em parte por jornalistas dedicados, mas também pelos seus rivais geopolíticos na Turquia, destacou o perigo de entregar o mundo a autocratas como a família real saudita.

Quando ficou ao lado dos sauditas em vez de acreditar na imprensa, o presidente americano deixou claro que os sauditas não seriam responsabilizados de nenhuma forma relevante pelo assassinato do jornalista. Aparentemente, a equipe de Trump concluiu que a vida de um "inimigo do povo" não merecia defesa, se isso significasse sacrificar a relação de proximidade dos Estados Unidos com Riad. Isso foi como um sinal verde para governos ao redor do mundo atacarem a imprensa — não que Vladimir Putin precisasse de autorização; mesmo assim, outros tiranos grandes e pequenos estavam de olho. Agora líderes estrangeiros chamam reportagens que querem abafar de "fake news". O vírus antiverdade de Trump está se espalhando.

Uma imprensa livre é certamente elemento vital da vacina democrática contra os ataques à verdade. Mesmo assim, é quase impossível observar nossa situação a caminho de 2020 sem perguntar quanto as coisas podem piorar para os jornalistas.

Pensei sobre o alto preço que os jornalistas pagam hoje por terem feito perguntas difíceis no fim de semana seguinte à devolução da minha credencial. Lá estava eu, na rua jogando bola com meu filho (como fazemos com frequência), e a cerca de quinze metros de nós estava um homem com uma arma na cintura: um segurança particular indicado para proteger a mim e à minha família por causa das ameaças de morte que recebi como parte das reações pela decisão favorável do juiz à CNN. Houve outras tentativas de assédio. Alguém passou um trote para a polícia que acabou assustando minha família, ao denunciar que um incidente violento estaria acontecendo na minha casa. A polícia chegou no meio da noite, com armas em punho. Por sorte, meus filhos permaneceram dormindo durante toda a confusão.

Pergunto a meus colegas jornalistas e a meus compatriotas americanos: é esse o nosso destino?

Os riscos não podem ser ignorados. Quando o chamado "terrorista MAGA", Cesar Sayoc, se declarou culpado na corte federal em março de 2019, ele expressou remorso por colocar em risco jornalistas e críticos de Trump, mas depois insistiu com o juiz que nunca quis que as bombas explodissem.

"A intenção era só intimidar e assustar", afirmou Sayoc numa carta ao juiz.

A prisão do “terrorista MAGA” não deteve as ameaças a jornalistas que cobrem o presidente. Em fevereiro de 2019, um homem com um boné MAGA atacou um cinegrafista da BBC num comício do presidente em El Paso.

Os jornalistas precisam continuar a denunciar esses atos de violência contra a imprensa. Não podemos nos intimidar e nos calar.

Em 2020 estaremos no quinto ano da guerra de Trump contra a imprensa e contra a verdade. A essa altura, os Estados Unidos terão sido modificados de forma profunda, de uma forma que hoje ainda não podemos prever. Uma sociedade livre, eu diria, não pode sustentar o peso coletivo do tipo de abuso que suportamos sem que suas instituições e seu povo tenham de passar por uma profunda metamorfose. Em todo o país, pessoas chegarão à idade adulta expostas a uma retórica perigosa que distorce nosso senso coletivo de realidade e que terá consequências que não temos como vislumbrar.

Para entender melhor a gravidade desse momento na história de nosso país, consultei alguns historiadores e estudiosos. Se você concorda que este é um momento perigoso para o país, saiba que não está sozinho.

“Estamos em águas turbulentas neste exato momento”, disse-se Douglas Brinkley, historiador da Universidade Rice. “Uma parte central do autoritarismo é a tentativa de sufocar a imprensa livre”, continuou. “Se [Trump] conseguir transformar a imprensa em ‘fake news’ e em ‘inimiga do povo’, isso vai de fato eliminar o principal empecilho para que o governo se torne autoritário”, acrescentou.

Outros historiadores que consultei não tinham certeza se estamos a caminho do autoritarismo, mas estavam igualmente preocupados com a situação lamentável de Washington e com o impacto que isso tem no resto do país. O historiador especializado na presidência Julian Zelizer, da Universidade de Princeton, pôs a culpa da maior parte dos problemas atuais da nação numa epidemia de hiperpartidarismo, que estaria sendo explorada por Trump. Vamos torcer para que seja só isso. Mas Larry Sabato, do Centro de Políticas da Universidade da Virgínia, foi mais longe, dizendo que Trump "pode ser descrito com justiça como o líder de um culto; milhões de seus seguidores acreditam em qualquer coisa que ele disser, e dane-se a verdade". Sabato continuou: "Desde os últimos dias de Nixon, em 1974, eu nunca mais havia cogitado que um presidente americano pudesse pensar na hipótese de um golpe para se manter no poder — até agora."

Perguntei a Larry se ele me permitia usar sua declaração. A resposta? "Use o que quiser, Jim... Não dê mole para esses caras." (Pode deixar.)

Na conclusão do depoimento do ex-advogado pessoal de Trump, Michael Cohen, é provável que o momento mais profundo tenha vindo quando o presidente da comissão, o deputado Elijah Cummings, um democrata de Maryland, fez um discurso apaixonado sobre o estado da política americana.

"Temos que voltar ao normal!", gritou. "Quando estivermos dançando com os anjos, a pergunta que ouviremos será: em 2019, o que fizemos para garantir que nossa democracia permanecesse intacta? Ficamos só olhando e não dissemos nada?", acrescentou Cummings.

Acho que o presidente da comissão disse algo importante. Se ficarmos nesse caminho anormal, é quase certo que sofreremos consequências. Se continuarmos nesse trajeto, não é exagero dizer que, aqui nos Estados Unidos, testemunharemos uma triste transformação. Dezenas de milhões de apoiadores de Trump poderão não mais acreditar no que é escrito ou noticiado pelos jornalistas que trabalham para os maiores veículos de imprensa. Além disso, Trump já demonstrou mais de uma vez que alimentará a animosidade contra a imprensa tradicional em sua base para beneficiar seus simpatizantes e defensores na mídia conservadora. A pergunta é: o sistema suporta até que ponto sem falhar? Afinal, não haverá como revelar a verdade e responsabilizar os poderosos se os poderosos puderem acabar com a verdade.

Tendo viajado para todos os cantos do país, estive em comícios estridentes e absorvi toda aquela hostilidade e aquele veneno, e estou menos preocupado com o que Trump está fazendo aos Estados Unidos e mais com o que fizemos para nós mesmos. Se os apoiadores de um político estão cegos por suas paixões a ponto de irem até uma jornalista num evento político para gritar que ela é uma traidora, ou chegam a ameaçar anonimamente a vida de um repórter nas redes sociais, nós, como sociedade, abrimos mão de algo bem maior do que a política. Abrimos mão de nossa decência e talvez até de nossa humanidade. É perfeitamente justo perguntar como isso pode acabar sem sofrimento.

Em última instância, há um limite na culpa que podemos colocar no presidente dos Estados Unidos. Os cidadãos ainda têm a capacidade de saber o que é certo e o que é errado, de reconhecer a diferença entre real e falso. Não deixem a verdade morrer num tuíte. Seria uma morte terrível.

Quando converso com grupos de pessoas que querem saber como é cobrir a Casa Branca neste momento, o que mais me perguntam é se enxergamos uma forma de sair desses dias sombrios para nosso país. Certamente não tenho todas as respostas. Mas a primeira coisa que digo é que estou menos preocupado com a "Síndrome do Trump Desgovernado", nome que alguns apoiadores do presidente usam para descrever a revolta de seus críticos, do que com aquilo que chamo de "Síndrome da Depressão Trump". É enorme a quantidade de pessoas que se sentem desanimadas, até mesmo derrotadas, por causa das notícias do dia, ou dos tuítes da manhã. Será que esse momento vai passar? Acredito que sim. Mas como chegar lá? Eis minha opinião sobre isso: simplesmente temos de ter mais fé, não apenas nos fatos, mas uns nos outros. Precisamos acreditar que ainda podemos contar com nossos vizinhos, mesmo com os desconhecidos usando os bonés MAGA vermelhos ou camisetas cor-de-rosa #RESIST, para formar a mais perfeita união. Estamos divididos, mas, na minha opinião, não de forma definitiva. Apesar do que aconteceu, ainda tenho fé em todos nós.

Chegar a esse ponto de uma união mais duradoura será uma tarefa difícil. É preciso que haja uma compreensão universal de que as palavras importam. De que elas têm significado. Palavras têm poder. Acredito que a expressão "inimigo do povo" ajudará a definir este momento, em que um grupo de pessoas foi colocado contra outro de uma forma que eu nunca vira em minha vida. Antes que o sol se ponha nesta democracia — e que esse dia nunca chegue —, é preciso dizer que a imprensa não é a inimiga. Somos os defensores do povo. Alguns de nós, não eu, já sacrificaram tudo por essa profissão, em zonas de guerra e, infelizmente, em redações. Jornalistas fizeram isso em nome de uma profunda devoção às pessoas. É uma devoção que nasce do amor por todas as pessoas. Essa é uma verdade que vale a pena defender, pois jornalistas também são pessoas.

Agradecimentos

Este livro não teria sido possível sem a ajuda de pessoas realmente especiais na minha vida. Quero agradecer especialmente a toda a minha família pela paciência durante o processo de escrita. As pessoas maravilhosas na CNN também me deram tremendo apoio. Gostaria de agradecer a Jeff Zucker, Michael Bass, Allison Gollust, Rick Davis, David Vigilante (e ao resto do jurídico da CNN!), Sam Feist, Virginia Moseley, Antoine Sanfuentes, Steve Brusk e Matt Hoye. Há muitos outros produtores e âncoras que me convidaram para seus programas ao longo de meus doze anos na CNN. Sou imensamente grato a todos vocês.

Além disso, quero agradecer a meus colegas na unidade da CNN na Casa Branca, tanto aos que estiveram lá em outros momentos quanto aos que estão agora: Laura Bernardini, Brianna Keilar, Dan Lothian, Jeff Zeleny, Pam Brown, Sara Murray, Kaitlan Collins, Joe Johns, Athena Jones, Abby Phillip, Boris Sanchez, Michelle Kosinski, Kevin Liptak, Allie Malloy, Jeremy Diamond, Dan Merica, Sarah Westwood, Meghan Vasquez, Betsy Klein, Noah Gray, Kristen Holmes, Becky Brittain Rieksts, Bonney Kapp e Elizabeth Landers. Os produtores da sede em Nova York, Laura Dolan e Julian Cummings, assim como os ex-colegas Jon Klein, James Kraft (hoje na NBC) e Edith Chapin (hoje na NPR), também me deram grande apoio durante meus anos de CNN.

Eu estaria sendo negligente se não mandasse um alô para nossa talentosa equipe de cinegrafistas nesse trabalho exigente: Khalil Abdallah,

Peter Morris, Jay McMichael, Bill Alberter, Geoff Parker, Burke Buckhorn, Mark Walz, John Bodnar, David Jenkins, Tony Umrani e Tim Garraty.

Quanto ao processo de escrita do livro, preciso agradecer à impetuosa Lisa Sharkey, da HarperCollins, que foi a primeira a me procurar para o projeto, e também a meu astuto e incansável editor, Matt Harper. A orientação que recebi de Matt durante essa empreitada foi nada menos que brilhante. Como sempre, sou grato a Robert Barnett pelos sábios conselhos e pelo apoio.

Há muitas fontes sem as quais eu não teria como cobrir este governo desafiador e pouco ortodoxo. Evidentemente, não posso citar seus nomes aqui, mas preciso que saibam que é raro eu não estar pensando neles.

Por fim, desejo o melhor para meus compatriotas, por dedicarem seu tempo à leitura deste livro, que foi escrito de todo o coração. Deus abençoe os Estados Unidos.

Este livro foi impresso pela Eskenazi, em 2019, para a HarperCollins Brasil. O papel do miolo é pólen soft $70g/m^2$, e o da capa é cartão $250g/m^2$.